Paul Lüth

Tagebuch eines Landarztes

Paul Lüth

Tagebuch eines Landarztes

Deutsche Verlags-Anstalt

CIP-Kurztitelaufnahme der Deutschen Bibliothek

Lüth, Paul:
Tagebuch eines Landarztes / Paul Lüth. – 2. Aufl. –
Stuttgart : Deutsche Verlags-Anstalt, 1984.
ISBN 3–421–06128–9

2. Auflage
Gesamtherstellung: Friedrich Pustet, Regensburg
Printed in Germany

Inhalt

Vorwort

Dieses Buch erzählt die Geschichte einer Begegnung. Ein Arzt verläßt die Stadt, wo ihm alles zu eng geworden ist, zu sicher, zu bequem. Er will sehen, wie er arbeitet, wenn ihm Verschiedenes fehlt, was er zuvor für unentbehrlich hielt. Er hat zunächst nicht besonders bedacht, daß er dabei anderen begegnen muß: Menschen und Dingen, Landschaften und Welten, und daß sie es sind, die das Urteil darüber sprechen werden, ob es ihm gelungen ist.

Zwanzig Tagebuch-Hefte liegen vor. Er hat sie durchgesehen, sich an Hand dieser Aufzeichnungen neu erinnert. Was längst vergessen war, wird wieder lebendig für ihn. Er konstruiert seine Wirklichkeit noch einmal, ganz von vorn, und er ist nicht in der Lage, die Fehler zu vermeiden, die er einst gemacht hat.

Was immer er erlebt hat – auf diesen Seiten ist alles anders geworden, und eigentlich ähnelt nichts mehr dem, was einmal war. Niemand kann sich gekränkt fühlen, denn da ist nichts, was einfach reproduziert wird, und da ist nichts ferner als der Gedanke, irgend jemand zu kränken. Dankbarkeit durchzieht vielmehr diese Seiten, jenes eigentümliche, seltene Gefühl, das vielleicht mit dem Glück identisch ist.

März 1983   P. L.

7

ERSTER TEIL

Ab nach Kassel!

»Denn der Arzt ist nicht von der Art, daß er sich
selbst behandele, sondern er behandelt nur die andren.
Wie ein Schaf nicht für sich Wolle trägt,
sondern für den Kürschner.«

Paracelsus, *Das Buch Paragranum*

Wir reden von Krankheiten, aber nicht von Gesundheiten. Vielleicht gibt es ebenso viele Gesundheiten, wie es Krankheiten gibt. Oder aber – es gibt nur eine Krankheit, wie es nur eine Gesundheit gibt?

Für die These von der einen Krankheit spricht mehr als für die von den vielen Krankheiten.

Wir werden uns die Zeit nehmen, darüber nachzudenken: lange und gründlich, vielleicht auch umständlich. Wie der Bauer, der in den Furchen hinter dem Pflug geht.

Ein Leben ohne Punkt und Komma, so war es bisher. Jetzt wird es anders werden, wir übernehmen eine Landpraxis – in einer Gegend, die offenbar unerforscht ist, denn keine Seele scheint sie zu kennen. Einige vermuten, daß noch nicht einmal die Elektrizität bis dorthin gedrungen sei, und natürlich, spottet einer, wird man auch Wasserleitung und Kanalisation vergeblich suchen.

Der Vorbesitzer der Praxis bestreitet das, gesteht aber, es gebe keine Müllabfuhr, was besonders ärgerlich sei wegen der unablässig einlaufenden Werbesendungen der pharmazeutischen Industrie. Diese also wenigstens hat die Gegend erschlossen.

Es ist die Gegend, wo früher die Hessen-Kasselschen und die Fürstlich Waldeckschen Lehen aneinanderstießen, und die Brüder Grimm haben hier ihre Märchen gesammelt.

Die Stadt haben wir bei schneidender Kälte verlassen. Es war ein grauer, dicht verhangener Tag, voller Lärm, nicht »still und traurig«, wie Tschechow solche Tage beschrieben hat. Als hätten sie alle kein Ziel, kam es uns vor, während wir die kreisenden Autos und Straßenbahnen verließen, die sinnlos blinkenden Reklamen, die hastigen Menschen, die immer nach unten blicken.

Hier riecht es nach Schnee, unter den Reifen des Wagens knirscht der Schnee, die Felder sind weiß, und schiefe Telegraphenstangen stecken wie Hölzer im Schnee, die sich Kinder abgeschnitten haben, um damit zu spielen.

Ab und zu, wenn der Wind ungehindert über die Wege jagen kann, ist es sehr glatt, und der Wagen fängt an zu rutschen. Birke macht dann ein erschrockenes Gesicht, soweit ich es von der Seite beobachten kann, und einen spitzen Mund, als wollte sie »O« sagen. Sie sagt aber nichts. Man darf nicht daran denken, wie lange man hier festsäße, wenn man eine Panne hätte. Niemand ist weit und breit zu sehen. Dann ganz ferne kleine Häuser, die sich um eine alte Kirche kauern.

Das Ortsschild ist nicht zu lesen. Schnee verdeckt den Namen.

»Es war einmal ein armer Junge, der mußte tagein, tagaus die Schweine in den Wald treiben, daß sie bei Bucheckern und Eichelmast fett würden.«

Ob sie hier fett geworden wären? Denn der Wald gehört nicht den Bauern. Sie hätten ihre Schweine also nicht hineintreiben dürfen. Ein merkwürdiges Märchen, das nicht von den Brüdern Grimm aufgezeichnet wurde, nicht aus dieser Gegend stammt, sondern das mir mein Großvater einmal erzählt hat. Der Junge mit den Schweinen kam eines Tages an einen riesigen Baum, dessen Spitze sich im Himmel verlor. Er kletterte, während die Schweine unten in der Erde wühlten, höher und höher. Schließlich geriet er in ein Dorf, das in die Zweige hineingebaut worden war, und die Bauern fragten ihn erstaunt, woher er denn komme. »Ich bin von unten heraufgestiegen«, antwortete ihnen der Junge, und sie sagten: »Dann hast du eine weite Reise gehabt, bleib bei uns, du kannst bei uns leben und arbeiten.«

Ich weiß nicht, wie das Märchen weitergeht. Der Junge jedenfalls blieb nicht dort, er stieg noch weiter auf.

Es klingelt, wie es mir vorkommt, um Mitternacht. Die Uhr zeigt aber sechs Uhr früh. Ich blicke zum Fenster hinaus. Ein Mann steht dort und fragt, ob ich schon den Urin seiner Frau untersucht hätte.

»Welchen Urin?« frage ich.

»Den ich vor einer Stunde hier abgestellt habe«, sagt er freundlich.

»Vor einer Stunde?« Es verschlägt mir die Sprache. »Wie soll ich wissen, daß Sie hier bei Nacht Urin an die Tür stellen?«

»Nicht an die Tür«, antwortet er, »sondern aufs Fenster, und ich habe dreimal geklingelt, so wie es üblich ist.«

Befremdliche Gewohnheiten hat mein Vorgänger hier eingeführt. Ich bescheide den Mann auf neun Uhr zur Sprechstunde.

Ohne Datum

Wahn kannte ich bisher nicht, nur aus Vorlesungen und Büchern. Jetzt werde ich damit konfrontiert. Ein Mädchen hat mich angerufen: Sie werde laufend überwacht, auch in ihrem Zimmer. Ich schlage ihr vor, in die Sprechstunde zu kommen. Bedenklich, daß Wahnvorstellungen fast immer Verfolgungs- oder Verschwörungsideen beinhalten. Die Zeit, in der der Mensch nicht Jäger, sondern Gejagter war, liegt noch nicht allzu lange zurück.

Ich sitze in der Vormittagssprechstunde, habe ein Kind auf dem Schoß, dem ich in die Ohren schauen will, da springt die Tür auf, ein Mädchen stürzt herein, schreit, greift nach dem Blutdruckmesser auf dem Tisch, schmettert ihn zu Boden, daß das Quecksilber spritzt, ich beuge mich über das Kind, um es zu schützen, aber das Mädchen läuft schon wieder zur Tür hinaus. Die Patienten im Wartezimmer sind aufgesprungen, ich eile hinter dem Mädchen her, hole es aber nicht ein.

Verfolgungswahn, der im Wartezimmer aufbricht: Wahrscheinlich weil jemand gelacht hat, das Lachen hat das Mädchen auf sich bezogen – Beziehungswahn. Ich rufe die nächste Psychiatrische Klinik an und einen Krankenwagen. Als der Fahrer hört, worum es sich handelt, bittet er mich, selbst dabei zu sein oder die Polizei einzuschalten. Ich beruhige ihn, Polizei werde nicht nötig sein.

Dann gehe ich in ihr Elternhaus. Sie ist schon da, wie mir die Eltern versichern, man hört, wie sie oben in ihrem Zimmer hin- und hergeht. Das mache sie schon lange so, sagt die Mutter, überhaupt könne man nur noch schlecht mit ihr sprechen, sie sei sehr abgewandt, beschäftige sich nur mit sich selbst, mache viele fahrige Bewegungen, so als wische sie Spinnennetze fort.

Ich sage den Eltern, was ich von der Sache halte, daß man das Mädchen eigentlich zwangseinweisen müßte. Sie sei ja in der Tat eine Gefahr für die Mitmenschen, weil man ihre Reaktionen nicht voraussehen könne; ich wolle es aber so versuchen, ohne Bemühung des Gerichts – wir würden ja sehen, denn gleich müsse der Wagen kommen.

Die Eltern sind verstört. So etwas sei noch nicht in ihrer Familie vorgekommen. Ob es denn nicht reiche, die Tochter ein paar Tage krank zu schreiben? Würde das ihre Nervosität nicht doch beheben?

Inzwischen fährt der Krankenwagen vor, nicht gerade unauffällig. Zwei Wärter ganz in Weiß steigen aus, gehen zögernd auf das Haus zu. Da hören wir Schritte, das Mädchen kommt von oben herunter und betritt die Küche – ein Schlachtermesser in der

Hand. Die Eltern erstarren. Irgend etwas muß man ja wohl in einer solchen Situation machen. Wenn der Wahn sie explodieren läßt, könnte es zu spät sein. Verrückte, so sagt man, haben ungeheure Kräfte, da nichts sie hemmt. Ich stehe auf, lache sie an, begrüße sie mit ihrem Vornamen und sage dann:

»Was soll das Messer, es wird doch erst morgen geschlachtet?« Und nehme es ihr einfach aus der Hand. Sie läßt es sich gefallen. Dann sage ich:

»Hör mal, ich wollte dir vorhin erklären, daß du jetzt an einen wirklich sicheren Ort mußt, damit du dich erst einmal ausruhen kannst. Ein solcher Ort ist heutzutage nur ein Krankenhaus. Ich habe einen Wagen bestellt, und diese beiden Herren werden dich dorthin fahren. Wenn es dir dort nicht gefällt, rufst du gleich an, dann schicke ich dich in ein anderes Krankenhaus.«

»Dankeschön«, sagt sie, »wo ist der Wagen?«

Ich zeige auf die beiden Männer, die hinter ihr eingetreten sind. Die Eltern wollen schnell etwas einpacken, doch ich winke ab, das könne man ihr nachbringen, jetzt müsse sie erst mal in Sicherheit. Sie zeigt keine Gemütsbewegung, aber sie ist offenbar einverstanden, denn sie geht ruhig mit den Sanitätern zum Auto, steigt ein und fährt mit ihnen davon.

Wochen später ruft die Stationsärztin der Nervenklinik an, um mich über den Verlauf zu orientieren.

»Herr Kollege«, sagt sie, »das ist jetzt eine echte Hebephrene, starke Persönlichkeitsveränderungen, bizarres Denken und so weiter, daraus wird nichts mehr.«

»Wie lange wird sie bei Ihnen bleiben müssen?« frage ich.

»Mindestens zwei Jahre«, antwortet sie. »Übrigens ist da noch etwas. Wußten Sie, daß sie verlobt ist? Ja, und der Verlobte kommt pünktlich wie ein Uhrwerk jedes Wochenende, geht aber nur zu ihr, von uns Ärzten nimmt er keinerlei Notiz, fragt nicht, was sie hat. Finden Sie das nicht merkwürdig?«

»Hm«, sage ich, »vielleicht ein neues Behandlungsprinzip? Die Patientin wird genommen, als wäre sie völlig normal.«

»Das fehlte noch«, sagt die Ärztin, »nach unserer Meinung ist er ebenfalls nicht normal. Ist Ihnen schon etwas in dieser Richtung an ihm aufgefallen?«

Ich muß verneinen, denn er wohnt nicht hier, ist nicht mein Patient. Ich habe ihn nur ein einziges Mal gesehen.

Das Mädchen wird überraschenderweise sehr viel früher entlassen als vorgesehen, schon nach einigen Monaten. Vermutlich hängt es mit der Therapie zusammen, die der Verlobte praktizierte, ohne zu ahnen, daß es sich um so etwas handelte. Diese Therapie bestand in nichts anderem als darin, die Ärzte, den Aufwand der Anstaltspsychiatrie und die medizinische Theorie zu ignorieren, mit der Patientin umzugehen und zu sprechen, als sei nichts weiter geschehen, völlig »normal«.

Auf diese Weise hat er sie zurückgeführt – wohin? In die Normalität, aber was ist das? In jedem Fall: aus der Wahnwelt heraus. Besteht die Normalität darin, vor der Wahnwelt abgeschottet zu sein?

14. April 1963

Der große Unterschied zwischen Stadt- und Landmedizin: in der Stadt die Aufgabe, die Funktion der »Ware Arbeitskraft« zu erhalten, alles andere ist Dekor. Auf dem Lande nicht Krankheiten, die an der Arbeitsfähigkeit orientiert werden müssen, sondern Kranke, Schicksale. Natürlich war das in der Stadt vor langer Zeit genauso, vielleicht noch zur Zeit meiner Kindheit. Inzwischen weiß man nichts mehr davon. Die Menschen sind in Rollen gesteckt worden, und im Grunde werden nicht die Menschen, sondern die Rollen behandelt, die sie spielen müssen. Pirandello: die Menschen haben ihre Rollen, aber es fehlt jemand, der sie zu Ende schreibt. Die Medizin müßte hier ansetzen, wenn sie ihren Beitrag zur Emanzipation leisten will: einer Emanzipation, durch die man nicht nur entlassen wird, sondern durch die man auch wieder einen neuen Ort findet. Manchmal glaube ich, daß das

Land diese Loslösung nicht vollkommen durchführen müßte, als wäre sie insoweit der Stadt voraus, weil sie den inneren Ort, der gesucht wird, noch immer kennt.

1. Mai 1963

Dennoch – kein leichter Entschluß, aufs Land zu gehen! Alles zieht in die Stadt, man schwimmt gegen den Strom. Die kleinen Häuser, aus den Schornsteinen verwehender Rauch und die schmalen Straßen, die nirgendwohin führen.

Welche Krankheiten gibt es hier? Lohnt es, den alten Hufeland aufzuschlagen? Manches, was mir vorgetragen wird, kleidet sich in die Sprache der Zeit Hufelands.

Die »Krisen« scheinen noch eine Rolle zu spielen: Am siebten Tag, so weiß man, ist die Krise bei der Lungenentzündung. Mir ist schon immer aufgefallen, daß es keine wissenschaftliche Arbeit über die Sprache der Kranken gibt. Wenn sie von Krisen sprechen, was sagen sie dann eigentlich? Irgendwann, vor sehr langer Zeit, haben Ärzte es ihnen beigebracht, an Krisen zu denken. Den Ärzten war aufgefallen, daß die meisten Fieber drei Tage dauern, und deshalb wurden ihnen die ungleichen Tage wichtig. Aber schon Galen wußte, daß die kritischen Tage nicht aus sich selbst heraus kritisch sind, sondern weil dann bestimmte Einflüsse wirksam werden. Das ging wieder verloren, und die späteren wunderlichen Vorstellungen knüpften sich an die Symbolik der gleichen und ungleichen Tage.

Und wenn man sich daran stieß, daß die Krisen nicht immer am siebten oder elften Tag kommen, die Krankheiten also ihre eigenen Wege gehen, tröstete man sich mit dem Gedanken, daß die Menschen heute eben nicht mehr so ordentlich leben wie früher, so daß sich die Krisen nicht mehr zur gehörigen Zeit einstellen können. Das höre ich auch hier gelegentlich von alten Leuten.

Das Wasser ist weder gechlort noch fluoriert. Es kommt aus

einer eigenen Quelle, die eingefaßt ist und mit einem Holzdeckel versehen, auf dessen Innenseite zwei Nacktschnecken herumkriechen. Das Wasser scheint gut zu sein.

»Alles Übel wäscht das Wasser hinweg«, heißt es bei Euripides. So hat man Jahrtausende lang gedacht. Ein alter Arzt verordnete meinem Vater ein Glas frischen Wassers jeden Morgen, in kleinen Schlucken und am Fenster stehend zu trinken, mit dem Blick auf die Bäume, die wunderbaren Bäume. Welch ein Arzt!

Und es wäre so leicht, ihm nachzufolgen. Aber es ist eine Sperre in uns. Das pure Wasser, so denken wir, kann nichts bewirken. Also schreiben wir nicht, wie die alten Ärzte, »Aqua fontis« auf das Rezept, sondern etwas Kompliziertes. Nicht nur der Arzt, auch die Menschen sind skeptisch geworden, sie wären mit dem puren Wasser nicht mehr zufrieden. Etwas Chemie muß schon dabei sein: Jetzt erst hat sich Paracelsus mit seiner Jatrochemie durchgesetzt. Über vierhundert Jahre hat es gedauert, bis es soweit diffundiert ist, daß jedermann diese Gedanken für selbstverständlich hält. Reines Wasser ja, aber mit ein paar Tropfen.

11. Mai 1963

»Nicht als ein Fremder« soll der Arzt kommen, heißt es in einem amerikanischen Roman. Ein beherzigenswerter Spruch, selbstverständlich. Soll er wie ein Freund kommen? Es hängt davon ab, wie man Freundschaft versteht. Das Dorf hat eine unverhältnismäßig reichliche Ausstattung mit Kneipen. Jeden Abend sind sie voll, die Theken belagert, die Tische besetzt. Wer schnell vom Fremden zum Freund werden will, hier müßte er sich einquartieren. Ich entschließe mich, es nicht zu tun. Kumpanei ist nicht Freundschaft. Wer abends bierselig mit den Leuten am Stammtisch hockt, kann ihnen am nächsten Tag nicht als Arzt gegenübertreten. Man wird es mir vielleicht verübeln, aber ich muß es in Kauf nehmen.

Der katholische Pfarrer schaut vorbei. Wir sprechen von meinem Vorgänger, mit dem er befreundet war.

»Ich lernte ihn am Tresen kennen«, lachte der Pfarrer, »er rückte näher, stellte sich vor, er sei der neue Arzt, und dann sagte er: ›Hochwürden, wir halten es so, wenn jemand soweit ist, daß er versehen werden muß, benachrichtige ich Sie.‹«

Der Pfarrer blickt mich listig an. Nach einigen Minuten setzt er, da ich keinen Kommentar gebe, hinzu:

»War halt ein Geschäftsmann, Ihr Vorgänger.«

---

23. Mai 1963

Nachts herrscht absolute Stille, auch nicht der geringste Laut wird hörbar. Kein Hund bellt. Birke liest Anouilh. Ich habe ein Buch über Notoperationen vor mir. Wenn ich aufblicke, denke ich: gleich kommt ein Anruf, und irgendeine dieser riskanten Maßnahmen wird fällig. Werde ich es überhaupt erkennen, und wird mir sofort einfallen, was zu tun ist?

Nehmen wir nur etwas ganz Einfaches: die Tracheotomie, den Luftröhrenschnitt. Diese Notoperation soll in Minuten glatt durchführbar sein. Mir fällt ein Assistenzarzt ein, der sie wirklich einmal machen mußte. Er handelte getreu den Anweisungen, um dann erschrocken festzustellen, daß er mit seinem Messer nicht in das eindringen konnte, was er freigelegt hatte und die Luftröhre sein mußte. Es sah übrigens auch genau so aus, war vielleicht nur etwas größer, als er es sich vorgestellt hatte. Er ließ den Oberarzt rufen. Der kam, sah und zischte ihm dann zu:

»Kollege, da können Sie nicht reinschneiden, das ist stärker als Ihr Messer, das ist nämlich die Halswirbelsäule! Sie haben die Luftröhre beim Zurseiteziehen der Muskeln mit erfaßt und weggezogen. Lassen Sie los, dann kommt sie wieder!«

Oder die Herzpunktion bei Herzstillstand! In der Klinik hatte man eine komplizierte Kombination von Substanzen bereitstehen. Soweit ich mich erinnere, ist nie jemand damit ins Leben zurückgebracht worden, gleichwohl wurde es immer hektisch praktiziert. Was war das eigentlich? Ich werde nachschlagen, hoffe aber, daß so etwas nicht vorkommt.

Dann die grauenvollen Geschichten von steckengebliebenen Geburten! Ich habe den Pschyrembel mit, wer darin liest, hat wenigstens sofort das Gefühl, daß er die Geburtshilfe beherrscht. Aber besser wäre, dergleichen würde gar nicht erst passieren.

Ein gebrochener Knochen wäre mir das liebste.

19. Juni 1963

Am Tage bin ich nicht verzagt. Ich vergleiche gelegentlich die Eintragungen meines Vorgängers in der Kartei. Er hatte einen eigenen Stil. Wirkte mehr dadurch, daß er als überlasteter Reisender in Gesundheitssachen auftrat. Den ganzen Tag war er unterwegs. In der Küche, zwischen Bratkartoffeln und Grünkohl, feierte er seine medizinischen Triumphe. Es muß seine Gegenwart gewesen sein, die Gegenwart eines Prestigeträgers, die die Hilfe brachte – seine »Tröpperchen« können es kaum gewesen sein.

Eine Frau zeigte mir eine häßliche Pigmentverschiebung. Ich weiß, daß man dagegen nichts machen kann; in Laienkreisen sagt man dem Gurkensaft etwas nach, am besten aber ist es, die Stellen zu überpudern. Sie meint jedoch, der Vorgänger hätte dagegen hundertprozentige Tabletten verschrieben. Ich sehe in der Kartei nach. Ein gewöhnliches Kopfschmerzmittel – sicherlich ohne jede noch so zage Wirkung auf das Pigment. Ich frage, ob es wirklich dies gewesen sei? Ja, sie bejaht freudig, genau das. Und ob es geholfen hat? Sie bestätigt es noch einmal. Ich schreibe es auf. Ob es helfen wird – »Weib, Dein Glaube hat Dir geholfen« – werden wir sehen.

(Späterer Bleistiftzusatz: Hat nicht geholfen, aber die Frau ist zufrieden.)

Mir ist aufgefallen, daß Ärzte sich meist nur unsicher an ihre »ersten Patienten« erinnern. Wenn sie davon erzählen, wechseln im Laufe der Jahre die Personen. Ich muß zugeben, daß ich mich an meinen ersten Patienten in O. nicht mehr erinnere. Vielleicht war es der Apotheker, dem das Haus gehörte und der »Hoechster Porzellan« sammelte. Ich erinnere mich, daß ich überlegte, ob er mich wohl testen oder verulken wollte, denn ich hatte noch nie von Hoechster Porzellan gehört.

Hier wurde ich ziemlich zu Beginn mit einer höchst merkwürdigen Erkrankung konfrontiert. Eine Dame stellte sich in der Sprechstunde vor, modisch gekleidet und mit einem eleganten Kopftuch versehen, einer der ersten Kurgäste. Sie sagte etwas, was Ärzte stets mit gemischten Gefühlen hören, einerseits nämlich geschmeichelt, andererseits befremdet:

»Ich war schon bei mehreren Ärzten, aber niemand konnte mir helfen. Jetzt will ich's bei Ihnen versuchen, obgleich ich da auch nicht viel Hoffnung habe.«

»Weil ich hier auf dem Lande wirke?«

»Nein, nicht deswegen«, sagte sie, »die Ausbildung wird ja wohl überall gleich sein, sondern weil es sich um etwas handelt, was noch niemand gesehen hat.«

»Da bin ich gespannt«, murmelte ich. – Und erschrak gleich darauf, denn sie löste das Kopftuch, und grünes Haar fiel auf ihre Schultern. Es war ein Grün, dem man ansah, daß es echt war – keine Faschingsfärbung.

»Seit wann haben Sie das?« fragte ich dann.

»Sie sagen ›das‹«, bemerkte sie, »weil Sie davon ausgehen, daß es nichts Natürliches ist. Aber eines Tages wurde mein Haar grün. Es fiel nicht gleich auf, weil es nur stellenweise zu dieser Verfärbung kam. Ich bin blond. Aber dann war es nicht mehr zu übersehen.«

Ich betrachtete das Haar. Es war, abgesehen von der schockierenden Farbe, die übrigens nicht völlig gleichmäßig war, wie sich zeigte, ganz normal.

»Bakterien sind es nicht«, sagte sie, »Pilze auch nicht. Das ist bereits untersucht worden. Übrigens spalten sich die Haare auffällig oft, wenn man sie unter dem Mikroskop betrachtet. Das können Sie sich sparen.«

»Ärzte neigen dazu«, belehrte ich sie, »alle Untersuchungen noch einmal durchzuführen, so oft sie auch schon gemacht worden sind.«

»Also gut, legen Sie ein paar Haare unters Mikroskop. Ich möchte ja wissen, um was es sich handelt, und möglichst bald davon befreit werden.«

»Mir fällt auf, daß die nachwachsenden Haare eher blond werden ... Wie oft waschen Sie das Haar?«

»Zweimal wöchentlich«, sagte sie und nannte ein handelsübliches Shampoo, »aber in der letzten Zeit nur einmal und manchmal nur mit Wasser.«

Mir ging einiges durch den Kopf. Zuerst fiel mir der alte Galen ein, Leibarzt Marc Aurels, zweites Jahrhundert. Er war ja ein mißtrauischer Bursche, hat sich nicht auf die Apotheker verlassen, sondern seine Heilmittel selber gesucht und zusammengetragen. So kam er auch an eine Kupfermine. Sklaven förderten dort in niedrigen, stickigen Schächten das kupferhaltige Gestein. Es war so unerträglich, daß sie mit größter Geschwindigkeit arbeiteten, um so schnell wie möglich wieder für ein paar Minuten an die frische Luft zu kommen, wenn sie ihre Eimer ausleerten. Sonn- und Feiertage gab es für die römischen Sklaven nicht, es war die Hölle. Und dabei färbte sich ihre Haut, färbten sich auch die Haare grünlich. Der große Galen notierte es nur, zog keine Konsequenzen daraus. Grün – könnte es sich nicht, auch bei dieser Frau, um Grünspan handeln? Die einfachen Erklärungen haben die meisten Chancen. Grünspan, und vielleicht war das Shampoo kupferhaltig? Oder war das Wasser stark kupferhaltig? Das ließ sich hier nicht entscheiden, aber so mußte es sein.

»Es ist ganz einfach«, sagte ich zu der Patientin, die mich ob

dieser Einleitung erschrocken anstarrte, »es bedarf keiner komplizierten Überlegungen, allenfalls komplizierter Untersuchungen.
Es handelt sich um Grünspan. Sie wissen, daß das etwas mit Kupfer
zu tun hat. Das Kupfer findet sich entweder im Shampoo oder im
Wasser. Das jetzt nachwachsende Haar scheint nicht mehr so grün
zu sein – gibt es einen Unterschied im Shampoo oder im Wasser?«

»Grünspan«, sagte sie, »Sie machen sich lustig über mich, ich bin
keine alte Statue, die Grünspan ansetzt ... immerhin ... einen
Unterschied im Shampoo gibt es schon, ich habe es natürlich
mehrfach gewechselt, um die grüne Farbe herauszuwaschen, und
im Wasser insofern, als ich früher nur kaltes Wasser nahm und jetzt
warmes.«

Sie überlegte eine Weile. »Grünspan«, murmelte sie vor sich
hin. Schließlich raffte sie sich auf:

»Was soll ich tun?«

»Sie lassen in einem chemischen Institut Ihr Leitungswasser
untersuchen«, sagte ich, »vielleicht auch das Shampoo und außerdem Ihr Haar, und zwar das verfärbte und das nicht verfärbte, und
alles auf Kupferionen.«

»Schön, aber davon bin ich noch nicht wieder blond. Kann man
jetzt irgend etwas auf das Haar geben, damit der Grünton verschwindet?«

»Ich weiß es nicht«, sagte ich, »man müßte einen Hautkliniker
fragen, der auch über gefärbtes Haar Bescheid weiß ... aber das ist
nicht so wichtig, denn wenn Sie das Wasser wechseln, statt des
Shampoos irgend etwas anderes, möglichst Einfaches nehmen,
etwas womit man Babys die Haare wäscht, dann wächst das blonde
Haar von alleine nach, und das grüne verschwindet. Wenn es zu
lange dauert, können Sie sich eine kurze Frisur zulegen, sobald das
nachgewachsene Haar dafür ausreicht.«

»Eigentlich bin ich begeistert«, sagte sie, »wissen Sie was? Das
soll nicht mit einem Krankenschein abgegolten werden.«

Sie nahm den Krankenschein, den sie vor mir hingelegt hatte,
griff in ihre Tasche, überreichte mir zwanzig Mark und sagte mit
befreitem Lachen:

»Ohne Quittung, ganz für Sie!«

Ich überlegte noch einen Augenblick, ob mir der Krankenschein nicht mehr gebracht hätte, entschloß mich dann aber, nicht zu insistieren.

29. Juni 1963

»Ich gratuliere Ihnen, Doktor«, sagt der schlanke, ältere Herr zur Begrüßung.

»Schönen Dank«, antworte ich, »aber wozu?«

»Weil Sie in eine Gegend gekommen sind, noch dazu freiwillig, in der ein halbes Jahr Winter herrscht und es sechs weitere Monate kalt ist! Sie können es mir glauben, ich führe Buch, ich bin der Landwirtschaftsinspektor der Anstalt.«

Die Anstalt ist das hiesige Jugendheim, ich habe es bisher nur von weitem gesehen, aber der Direktor hat Blumen geschickt, und ich will ihm einen Besuch machen.

»Wie läuft in einer solchen Gegend die Landwirtschaft?« frage ich den Inspektor.

»Es ist alles rund vier Wochen später«, antwortet er, »ich habe es genau registriert und mit den anderen Regionen verglichen. Darauf muß man sich einstellen.«

»Die Landwirtschaft existiert hier also trotzdem?«

»Ja – aber auch hier können Sie den modernen Unterschied machen: die Bauern, die sich beraten lassen, gehen pleite, die anderen, die nach Väter Art vor sich hin wursteln, überleben.«

Der Ortspfarrer besucht mich. Aber wie es der Zufall will, ist Carlos da, ein Patient aus der Stadt, der seine Neugier nicht bezähmen konnte. Er hat ein bewegtes Leben hinter sich. Ich kenne die Story seiner Verkleidung als Diakon unmittelbar nach dem Zusammenbruch. Der alte, fröhliche Atheist sah keine andere Möglichkeit, sich über Wasser zu halten, denn alles Offizielle kollidierte mit dem leidigen Umstand, daß er noch kurz zuvor in der Reichsjugendführung, wenngleich mit antifaschistischer Gesinnung, tätig gewesen war. Nur die Kirche sah milde darüber hinweg. Möglicherweise wußte sie es nicht. So wirkte er eine Zeitlang fromm als Diakon, bis eines Tages eine Schwester im Kindergottesdienst sagte, zum Schluß werde der Diakon einmal das Vaterunser beten, die Kinder sollten es dann alle nachsprechen. Da ergab sich die Peinlichkeit, daß er es nicht aufsagen konnte: Bei Baldur von Schirach war es nicht gefragt gewesen.

Der Pfarrer informiert nebenher über das, was ansonsten der Lehrer mitteilen würde, nämlich Kurzgefaßtes über die Geschichte des Ortes. Das Dorf ist über tausend Jahre alt, aber die Geschichte ist mit ihren schweren Flügeln darüber hinweggestrichen, ohne Monumente zu hinterlassen.

»Tausend Jahre Armut«, sagt der Pfarrer, »sehr bittere, für uns heute kaum vorstellbare Armut. Schuhe nur am Sonntag zur Kirche und im Winter, sonst barfuß . . .«

»Merkwürdig, daß es nun ein Sammelpunkt schreibender Leute wird«, fährt der Pfarrer fort, »man hätte es diesem Dorf kaum vorhergesagt. Wir haben einen Physiker, der Bücher schreibt, Sie sollen als Arzt ja auch etwas veröffentlicht haben, und ich selbst habe einige theologische Arbeiten zu Grundsatzfragen verfaßt.«

»Das ist noch nicht alles«, ruft Carlos aus, der gut Bescheid wußte, da sich seine diakonische Tätigkeit nicht so weit von hier entfernt abgespielt hatte, »denn oben hinter dem Wald wohnt ein

Kabarettist, der gleichfalls schreibt, wenn auch ein bißchen anders.«

Der Pfarrer nickt, enthält sich aber eines Kommentars. Der Kabarettist ist kein Freund der Kirche, wie ich später erfahre. Übrigens steht es mit dem Glauben des Physikers auch nicht zum besten.

Wir sprechen deshalb über andere Dinge, die dem Pfarrer am Herzen liegen. Er möchte eine Gemeindeschwester hierher verpflichten und fragt, ob der Arzt bereit wäre, etwas dafür zu tun. Er möchte auch Studenten in den Ort bringen, damit sie hier zum ersten Mal auf eine Kanzel steigen ... Und ob ich nicht gegebenenfalls mal einen Vortrag halten möchte?

»Wollen Sie wieder zurück zur Kirche der Aufklärung?« frage ich mißtrauisch, »wo der Pfarrer von der Kanzel herab Rezepte gegen Schnupfen und Blähungen verlas und im Pfarrhaus Kräutertees bereitete?«

»Ich bin Pietist«, sagt der Pfarrer schlicht, »wenn Sie wissen, was man heute darunter versteht.«

Ich weiß es nicht, und das Gespräch setzt sich sehr lange fort. Unser lieber Diakon dämmert dabei ein, und als ich ihn anstoße, schreckt er auf und murmelt schlaftrunken:

»Ich könnte das Vaterunser immer noch nicht auswendig hersagen.«

»In der neuesten Verdeutschung«, schaltet sich der Pfarrer versöhnlich ein, »die die modernen Pfarrer mit den Händen in der Hosentasche sprechen, kann man es in der Tat nicht behalten. Man muß schon zu Luther zurück.«

6. Juli 1963

Erster Eindruck: die Menschen auf dem Lande sind auch nervös. In diesem Punkt gibt es keinen Unterschied zur Stadt. Woher stammt diese überraschende Gemeinsamkeit? Nach meiner Beobachtung ist es derselbe Grund: die Arbeit. Nach wie vor wird auf dem Lande hart gearbeitet. Die Maschinen haben nur scheinbar Erleichterung gebracht. Der Mann arbeitete am Tage in der Fabrik in der Stadt, am späten Nachmittag im eigenen kleinen ländlichen Betrieb, den er nicht aufgeben kann. Manchmal arbeiten auch die Frauen den Tag über oder wenigstens halbtags, dann hängt alles an der Großmutter. Ohne Großfamilie würde alles zusammenbrechen.

Arbeit an sich macht nicht nervös, es sind ihre Bedingungen in der Industriegesellschaft. Die großen Hallen der Werke, ich wäre krank, wenn ich sie täglich unausgeschlafen betreten und nur einfach dort sein müßte – auch ohne zu arbeiten.

Was verleiht Immunität gegen Nervosität? Man muß sich selbst gefunden haben, aber das setzt Nachdenken voraus, Besinnung, auch etwas Besinnlichkeit, genau das, was die Industriegesellschaft verhindert.

Die These Horkheimers und Adornos von der Kulturindustrie, durch deren Wirken alles über den wahren Zustand getäuscht wird: die vollständige Vereinsamung in der lauten, betriebsamen Massengesellschaft, mitten sozusagen im prallen Leben, ist ein medizinisches Thema. Sie sagt etwas über Pathogenese.

---

13. Juli 1963

Die alte Frau B. kommt mit ihrem Krebs zum Liegen. Sie hat Schmerzen und ist unendlich elend. Sie kann nichts mehr herunterbringen, ist aber bei vollem Bewußtsein. Ich mache ihr ein paar Infusionen und schließlich auch eine Bluttransfusion. Sie fühlt sich danach wohler – helfen kann es natürlich im Endeffekt nicht. Aber sie freut sich, wenn wir uns Mühe geben, und ist dankbar.

Ich denke mir nichts bei dem Versuch, auch die Gemeindeschwester, eine ältere Diakonisse, einzuschalten, die ja die

Schwerkranke ohnehin besucht, und bitte sie, die Infusion herauszunehmen, wenn sie abgelaufen ist, damit ich nicht bis zum Ende dabeibleiben muß. Da wird sie ernst und sagt:

»Nein, das kann ich nicht tun. Denn was Sie machen, ist gegen den Willen Gottes, das darf ich nicht unterstützen.«

»Ist Hilfe gegen den Willen Gottes?« frage ich sie.

»Nein, gewiß nicht, aber wenn jemand, der schon an der Himmelstür steht, von Ihnen mit solchen Maßnahmen ständig wieder zurückgerissen wird, dann verstößt es gegen den Willen Gottes, das müssen Sie doch einsehen.«

Sicherlich ist es besser, darüber nicht weiter zu diskutieren. Ich danke der Schwester für ihre Aufklärung und bleibe bei Frau B., mit der man sich trotz ihres ernsten Zustandes immer noch gut unterhalten kann. Sie stammt aus dem Elsaß und galt hier lange Zeit als »Franzosenmensch«, bis sich ihre Gutherzigkeit und liebevolle Art durchsetzten, so daß sie schließlich so angesehen wurde, als wäre sie hier geboren.

21. Juli 1963

Wir wollen uns einen Hund kaufen, denn das Haus scheint uns mit uns allein nicht ausgefüllt. Nachts kein Laut – allenfalls das Summen der Ölheizung, das eher enervierend als beruhigend wirkt. Wenn ein Hund darin herumtappt, könnte es besser sein. Aus Essen bringt uns ein Züchter drei kleine Doggen, unter denen wir uns eine aussuchen sollen.

Er kommt mit einem großen BMW vorgefahren. Vorsichtshalber frage ich den cleveren Züchter, was man dagegen tun kann, daß der Hund, ausgewachsen, einem die schweren Pfoten auf die Schultern legt. Der hat die souveräne Antwort nach der absoluten Verhaltenstheorie parat:

»Treten Sie ihm unten auf die Füße – und oben klopfen Sie ihn wohlwollend. So gewöhnt er es sich schnell ab.«

Ich kann nicht umhin, diese überlegene Psychologie zu bewundern: Oben klopfen, unten auf die Füße treten – es ist eine Übernahme aus der Realität unserer modernen Gesellschaft in die Welt der Tiere.

Bereits am nächsten Tage, so erfahren wir, hat der Gemeindevorstand die Hundesteuer drastisch heraufgesetzt!

21. Juli 1963

Ich will umherfahren und sehen, was andere Landärzte an Einfachem tun, an Einfachem verordnen.

Einfaches tun kann man überall, aber nicht überall wird es einem erlaubt. Zum Beispiel der Kranke, der über große Mattigkeit klagt, blaß aussieht, auch angibt, sein Bauch sei aufgebläht – man betastet diesen Bauch und fühlt links die große, derbe Milz. Die Diagnose ist fertig: Leukämie. Mehr mußte früher nicht getan werden, denn damit war das Urteil gesprochen. Heute können wir unterscheiden, kennen ganz verschiedene Arten von Leukämien, und entsprechend anders sieht das Schicksal aus. Der Kranke kommt also in die Klinik, wird einige Wochen lang untersucht, und dann weiß man, es handelt sich um diese oder jene bestimmte Form der Leukämie. Es ergibt sich eine bestimmte Therapie, doch sie ist von der anderer Formen kaum verschieden. Lohnte der riesige Kostenaufwand? Ich will hören, wie andere darüber denken.

Dann sehe ich, man kann sie in drei große Gruppen einteilen. Die erste Kategorie umfaßt Ärzte, die sich ihre erlernte naturwissenschaftlich-klinische Medizin für die Landarztzwecke zurechtgestutzt haben, was soviel heißt wie: vereinfacht und um praktische Psycho- und Soziologie erweitert, welch letztere sie allerdings weder als Psychologie noch als Soziologie, sondern als Menschenkenntnis oder »Lebenserfahrung« verstehen.

Gruppe zwei faßt diejenigen zusammen, die einige sogenannte

außerschulische Heilmethoden oder sogar diagnostische Verfahren den Schulkenntnissen hinzuaddieren. Sie sind weit verbreitet – der bekannte Gynäkologe, der gern Sepia D 3 verordnete, oder der Chirurg, der selten etwas verordnete, jedoch ab und zu Phytolacca decandra aufschrieb. Dabei gab er wechselnde Indikationen an. Ich las später einmal nach, weil mich der seltsame Name nicht losließ, und fand, daß er die wirkliche Indikation offenbar gar nicht gekannt hat.

Die dritte Gruppe stellen schließlich jene, die bewußt und unerschrocken auf außerschulisches Vorgehen setzen und die Schulmedizin nur als Beigabe verwenden oder dann, wenn nichts anderes mehr hilft. (Der Homöopath kann es machen, ohne daß es auffällt: Er verordnet seine Präparate als Urtinktur, und Urtinktur bedeutet praktisch Allopathie.)

28. Juli 1963

Ich kann es nicht mehr aufschieben. Derjenige, mit dem der Arzt am engsten zusammenarbeitet, der Apotheker, will kennengelernt werden. Er hat keinen Wagen, keinen Führerschein und residiert in einem zur Apotheke umgebauten Barockschlößchen auf einem Berg im nächsten Dorf. Er ist offenbar schwerhörig, denn seine Stimme am Telefon ist sehr laut, übrigens sehr unkompliziert.

»Kann ich nicht was anderes geben?« fragt er, wenn ein Patient mit einem Rezept kommt, das er nicht sofort beliefern kann. »In der Medizin muß man ja nicht differenzieren . . .«

Die Schwerhörigkeit kommt von einer Kriegsverletzung, die ihn auch ein Auge gekostet hat. Er war Panzerfahrer, wie er mir erzählt, übrigens »Rückwärtsfahrer«: Damals gab es offenbar Panzer, die für beides eingerichtet waren, Angriff und Rückzug, und bei der Umschaltung sollte keine unnötige Zeit vergehen. Er ist groß, sehr groß, blond. Der Bruder war General.

30

»Haben Sie das nicht ausgenutzt?« frage ich ihn.

»Einmal«, schreit er, »aber niemals wieder! Ich war bei einer Truppe, in der jeder von Frankreich schwärmte. Alle waren schon als Besatzung in Frankreich gewesen, nur ich nicht. So bat ich ihn sehr, einmal etwas für seinen kleinen Bruder zu tun. Er tat es, ich wurde nach Paris versetzt. Ich war aber noch keine vier Wochen dort, da wurde die ganze Einheit nach Rußland verlegt. Nee, man soll beim Militär nicht eingreifen, sondern alles laufen lassen.«

Aber das Gesprächsthema wechselt schnell. Er legt ein grün eingebundenes Buch auf den Tisch.

»Kennen Sie das?« fragt er.

»Keine Ahnung!«

»Das ist das DAB 7«, schreit er nun, »höchst interessant für uns alle, nicht nur für die Pillendreher!«

Er schlägt es auf: die Neufassung des Deutschen Arzneibuches, und blättert darin:

»Ein kulturhistorisches Kuriosum«, ruft er mehrmals aus, »wissen Sie, daß das Wasser teurer geworden ist? Zehn Milliliter kosten künftig fünfzig Pfennig, was früher nur für die Aqua bidestillata galt und Sie nur betrifft, wenn Sie noch rezeptieren, sagen wir mal: Augentropfen. Ich bete, daß Sie es unterlassen möchten.«

»Es wurde Zeit, daß es rauskam«, fährt er fort, »das DAB 6 ist 1926 erschienen und längst überholt, doch 1951 mußte man es noch einmal neu auflegen, denn die Vorarbeiten zur Neufassung waren noch in vollem Gange. Jetzt erkennen wir, weshalb es so lange dauerte: Jeder Ordinarius der Pharmazie ist im neuen DAB mindestens mit einer Erfindung oder wenigstens einer minimalen Verbesserung irgendeiner unwichtigen Probe vertreten!«

»Wer kauft sowas?« frage ich arglos.

»Guter Gott«, schreit er, »jeder Apotheker ist verpflichtet, es zu kaufen. Apothekerkammer und Amtsarzt überprüfen das Vorhandensein!«

Er schlägt vor, das neue DAB einmal stichprobenartig durchzugehen. Viel Antiquiertes ist geblieben, wie wir schnell feststellen.

Der dubiose Liquor Kalii arsenicosi, die sogenannte Fowlersche Lösung, nur noch von Unkundigen verordnet, feiert fröhliche Urständ, und die ewige Pomeranzentinktur erscheint wie in allen Lehrbüchern der Pharmazie und Pharmakologie, als würde sie tagtäglich verordnet. Früher gab man sie als »Stomachicum, 3 × täglich 20 Tropfen auf Zucker«, heute wird sie vom Apotheker nur noch verwendet, wenn er eine Rezeptur ausführen muß und dabei eine Geschmackskorrektur benötigt. Beispielsweise in der Mixtura Pepsini. Wer diese Mixtur nach den Deutschen Rezeptformeln verordnet, die die Ärztekammer herausgibt, weiß nicht, was er unter dem Aspekt des neuen DAB 7 damit anrichtet. Dafür nämlich sehen die Autoren eine ausgeklügelte Skala von Prüfungen vor. Schon für die Vergleichslösung sind drei verschiedene Casein-Lösungen, »deren Volumina sich durch Multiplikation von 5,00 ml mit dem Verdaulichkeitsfaktor des Caseins ergeben«, herzustellen. Im Ergebnis kommt heraus, daß ein Teil Pepsin nach dem alten DAB zehn Teilen Pepsin nach dem neuen DAB entspricht ...

Nach einiger Zeit verlieren wir den Spaß. Inzwischen haben wir auch gemerkt, was dem neuen DAB die eigentümliche, unverwechselbare Note gibt. Es verwendet nämlich grundsätzlich die deutschen Bezeichnungen, und wer diese nicht präsent hat, weil sie nämlich nicht gebräuchlich sind, muß ein Wörterbuch zur Hand nehmen. Man liest zum Beispiel »zusammengesetzte Chinatinktur«, und in diesem Fall ist noch leicht zu transponieren: Es handelt sich um die bewährte Tinctura Chinae composita, gebraut mit siebzig Prozent Alkohol (im Kriege eine Labsal für den Sanitätsdienst). Pericarpium Aucanrii steht nun unter »Pomeranzenschale«, Radix Gentianae unter »Enzian« – der Apotheker tobt. Alles was man sich mühsam eingebleut hat, kann man nun vergessen!

Wenn man so zusammensitzt, dazu Selbstgebrautes trinkt, wird man immer hellsichtiger. Nun fällt uns sogar auf, daß das alte DAB 6 in altdeutscher Fraktur gedruckt ist, was ausgezeichnet zum Inhalt paßt. Das neue DAB 7, das inhaltlich noch hinter das DAB 6 zurückgeht, sogar die alten deutschen Namen hervorkramt, ist dagegen in einer modernen Type gedruckt, was einen interessanten Verfremdungseffekt hervorbringt.

Das DAB 7 ist im übrigen vollkommen auf das Rezeptieren eingestellt, das von den Apothekern nicht gewünscht und von den Ärzten nicht mehr beherrscht wird. Wer rezeptiert heute noch? Ich tue es ganz gelegentlich – etwa eine Salbe, der Prednison oder Prednisolon zugesetzt werden muß ... Beides würde der Apotheker, wenn er denn auf die Idee käme, im vorgeschriebenen Werk nachzusehen, darin vergebens suchen.

»Aber was hätte man tun sollen?« frage ich, »irgendwie mußte doch die Grundlage für die Reinheitsbestimmungen erneuert werden.«

»Man hätte«, schreit der Apotheker und schüttelt wild das Eis in seinem Glas, »einfach eine deutsche Ausgabe der amerikanischen Pharmakopoe veranstalten sollen, nach der sich sowieso jeder, der etwas herstellt und an Export denkt, richten muß. Und das hätte man schon 1951 tun können!«

»Und dann die vorgeschriebenen Kontrollen«, poltert der Apotheker, »etwa Watte mittels UV-Lampe! Ich hab's getan, aus Jokus, und wissen Sie, was passiert ist? Markenwatte, vom renommiertesten Hersteller – aber das Licht brachte es zutage, die Watte entsprach nicht dem vorgeschriebenen Reinheitsgrad. Ich schrieb der Herstellerfirma einen entsprechenden kurzen Brief. Acht Tage später rief die Apothekerkammer bei mir an. Weshalb ich denn plötzlich so unfreundlich sei? In diesen Zeiten müßten doch alle zusammenhalten, Apotheker und Pharma-Firma zögen ja an einem Strick.«

»Strick«, murmele ich, »wie meinen Sie das?«

Die Polizei erscheint mit einem Mann, der sich unnachsichtig betrunken hat. Er schwankt auf seinen Beinen, ist jetzt aber ganz klar. Er hat, wie die Beamten berichten, in seinem Rausch versucht, das Haus in Brand zu setzen.

»Ist es abgebrannt?« frage ich.

»Nein«, lautet die Antwort, »nur die Einrichtung der Wohnstube.«

»Der guten Stube also?«

»Ja, so ist es.«

»Herr Doktor«, sagt da der Patient, »machen Sie aus mir eine Zwangseinweisung, ich muß auf eine geschlossene Abteilung, sofort, denn ich kann nicht mehr nach Hause, meine Frau würde mich...«

Ich frage die Beamten, ob sie ihn in die Psychiatrische Klinik bringen würden. Sie sind gern bereit. Sie sehen den Übeltäter nach dieser Erklärung nicht ohne Sympathie.

»Aber schreiben Sie: Gefahr für Leib und Leben!« ermahnt er mich, »damit man mich nicht abweist!«

»So verlangt es das Gesetz für die Freiheitsentziehung«, nickt einer der Beamten.

10. August 1963

Wenn ich auch im Zweifel bin, wer mein erster Patient war, so doch nicht über die erste Kassenabrechnung.

In Frankfurt ging es lässig zu. Tage nach dem Schlußtermin brachte ich die Scheine gebündelt in das Ärztehaus. »Einer muß der letzte sein«, so oder ähnlich wurde die Verspätung kommentiert, und nie habe ich offiziell etwas darüber gehört. (Allerdings waren es auch nicht viele Scheine, die Arbeit, die mit ihnen verbunden war, nicht beträchtlich.) Hier nun rief mich mitten in der Sprechstunde die Leiterin der Abrechnung in der Bezirksstelle der Kassenärztlichen Vereinigung an und erklärte, ohne zu fragen, wie weit ich denn mit der Abrechnung sei, man erwarte mich am Mittwoch, fünfzehn Uhr, pünktlich, mit allen Scheinen.

Ich ging also ins Ärztehaus, stieg die Treppe hoch und wurde in ein Konferenzzimmer geführt. Dort saß die alte Dame, scharfäugig, energisch, sie begrüßte mich kurz und griff dann nach den Scheinen. Ich hatte sie gebündelt wie in Frankfurt – aber das reichte hier nicht aus.

»Die Scheine müssen ja nach Kassenart und Versicherungsart, Mitglieder, Mitversicherte, Rentner eingebunden sein.«

»Leinen oder Leder?« fragte ich.

»Lassen Sie die Scherze«, sagte sie, »hier wird alles so gemacht, wie wir es vorschreiben.«

Offensichtlich klappte das aber nicht so, wie sie glaubte. Sie hatte nämlich gleich zwei Prüfer bestellt, einen für die Ortskrankenkassen, einen für die Ersatzkassen. Aber nur der Prüfer für die Ersatzkassen war gekommen und blickte etwas unsicher, da ich nicht eben viel Ersatzkassenscheine hatte, wenig mehr als hundert. Sie ließ jedoch als echte Führernatur keinen Zweifel an ihrer Autorität aufkommen und entschied sofort und bestimmt: Ich sollte alles noch einmal mitnehmen, »einbinden« wie vorgeschrieben und dann am nächsten Mittwoch hier abgeben.

Ich packte die Scheine wieder ein und schritt reichlich unsicher über den Flur, um nach einer Stelle Ausschau zu halten, die einen Vorschuß für mich genehmigen könnte. Bei »Buchhaltung« klopfte ich an und wurde zu ihrem Leiter geführt. Das war ein freundlicher, älterer Herr, ein wirklicher Mensch. Er erkundigte sich jovial, wie es denn so auf dem Lande laufe, und ich versagte es mir nicht, ihm von meinem Empfang in diesem Hause zu erzählen. Er lachte und sagte, so etwas kenne man schon, die Dame werde aber bald pensioniert, und ich solle das nicht tragisch nehmen. Ich gestand, daß ich noch immer nicht recht wisse, wie denn die Abrechnung erfolgen müsse, vor allem: was der vermaledeite Einband bedeute.

»Wissen Sie was«, sagte er, »ich komme am Sonntag mal rüber, ich mache sowieso gern Spaziergänge im Wald und im Gebirge, wie bei Ihnen, und dann helfe ich Ihnen schnell. Das werden wir ohne Anstrengung schaffen.«

Er war politisch sehr interessiert, wie ich bald merkte, und dann erzählte er, daß er ein alter Sozialdemokrat sei, Inhaber der goldenen Nadel, 1933 inhaftiert in einem Lager. Dort habe man jeden freigelassen, der ein Kapitel aus Hitlers »Mein Kampf« auswendig hersagen konnte. Das war seine Chance: Er lernte schnell ein längeres Stück auswendig und kam prompt frei. Er konnte es kurioserweise noch heute, so hart hatte er es sich eingebleut.

Er ist noch immer ein Sozialist – freilich im dunklen Anzug, weißem Hemd und Schlips mit Perle –, und am liebsten hätte er das Honorarvolumen, das in jedem Quartal an die Kassenärztliche Vereinigung floß, absolut gleichmäßig verteilt.

Später einmal erlebte ich, wie er einem älteren Arzt, der frei von sozialistischen Anwandlungen gewesen sein dürfte, genossenschaftlich auf die Schulter klopfte und sagte:

»Herr Doktor, wir sind und bleiben eben alle Proleten.«

16. September 1963

Ein junger Mann erscheint, streckt seine beiden Hände aus: Sie sind voller Warzen. Dann sagt er, sie müßten unbedingt verschwinden, denn am Wochenende sei seine Hochzeit angesetzt; er habe das leider vernachlässigt, aber nun bestehe die Braut nachdrücklich darauf, mit ihm warzenlos vor den Altar zu treten.

Ich überlege. Ich bin Norddeutscher, aus der Spökenkieker-Gegend. Meine Großmutter noch hätte die Warzen besprochen und darüber geblasen, sie wären weggewesen, als hätte es sie nie gegeben. Aber auf mich sind derlei Künste nicht gekommen.

Indes muß es Möglichkeiten nicht-naturwissenschaftlicher Art tatsächlich geben, und ich beschließe, es auszuprobieren. Ich sage zu dem jungen Mann:

»Das sind sehr viele, am Samstag würde die Hand recht bunt aussehen, wenn ich jede einzelne Warze abtragen wollte. Ich werde also nur eine einzige Warze behandeln. Sie werden sehen, dann verschwinden die anderen mit.«

»Wie lange dauert das?« will er wissen.

»Bis zum Samstag ist alles vergessen«, versichere ich ihm kühn.

Ich suche mir die schönste Warze aus und betupfe sie mit rauchender Salpetersäure, ein recht eindrucksvoller Vorgang, denn natürlich darf von dem Tröpfchen nichts danebengehen; dann hätte der Patient außer der Warze noch ein kleines Loch zu beklagen.

Er bedankt sich, meiner Meinung nach nicht sehr überschwenglich, und geht. Einige Wochen später kommt er wieder aus einem anderen Grund, und ich lasse mir die Hände zeigen. Nichts! Die Warzen sind fort, sämtlich, nur an einer Stelle ist eine kleine Narbe geblieben; es ist die, an der ich die eine Warze verdampft habe.

Die Geschichte hat eine Fortsetzung. Ich habe es später mehrmals wieder versucht. Immer habe ich das gleiche gesagt, wenn jemand mit Warzen kam: Ich werde eine einzige behandeln, die anderen werden dann von allein verschwinden. Aber der Erfolg hat sich niemals wiederholt! Allerdings standen weder Patient noch ich dabei jemals unter Druck, es drohte kein Anlaß wie diese Hochzeit, bei der die ekelhafte Warzenbildung unangenehm aufgefallen wäre.

Was sind Warzen? Mit einem Wort: Tumoren, und sie sind von Viren hervorgerufen. Der alte Keining in Mainz pflegte zu sagen, sie gehörten zu jenen schrecklichen Krankheiten, die ohne Zutun eines Arztes ein Ende fänden. Wenn man aber durchaus etwas tun wolle, so steht es in seinem großen Lehrbuch, gebe es verschiedene

Möglichkeiten, und unter diesen finden sich Röntgenbestrahlung und Besprechung friedlich nebeneinander angegeben.

Eine junge Frau kam und weinte, sie habe einen ausgedehnten Krebs der Scheide, es sei auch schon draußen alles befallen. Ich sehe es mir an: Es handelt sich um Feigwarzen, die die Scheide umgeben, runde und spitze. Einige haben sich zu kleinen, wie die Hautärzte sagen, blumenkohlartigen Gebilden zusammengeschlossen. Die Behandlung scheint schwierig, jedenfalls versagt das meiste, was sich anbietet, angeblich auch die Suggestivbehandlung. Die Lösung ist dann: Man verschreibt ein Aluminiumpuder, das darauf gestreut wird, und nach wenigen Tagen sind diese häßlichen, angsteinflößenden Gebilde verschwunden. So auch in diesem Falle. Ich frage mich nur, ob Aluminiumpuder angesichts so komplizierter Neubildungen nicht ebenfalls eine Suggestivbehandlung darstellt. Immerhin macht es nachdenklich: Reguläre kleine Tumoren, deren Virusätiologie feststeht – und unter Umständen genügen ganz einfache »magische« Handlungen, das Besprechen, das Beatmen, das Behauchen, das Betupfen oder Bestäuben. Ich meine übrigens hier die Warzen, aber der Unterschied zu den Feigwarzen ist sicherlich geringfügig.

Es gibt Krankheiten, die vielleicht ähnlich liegen. Ich denke an die verbreitete, meist gar nicht erkannte Katzenkratzkrankheit, denn man muß weit zurückdenken: Der Katzenbiß oder das Katzenkratzen geschah Wochen vorher. Die Krankheit läßt mit ihren Erscheinungen, zu denen auch eine Schwellung der zuständigen Lymphknoten gehört, an alles mögliche Ernste denken, Tuberkulose, sogar Syphilis – aber alles verschwindet nach einiger Zeit wieder, gleichgültig, was man gemacht hat.

Kommt ein Landarzt ohne Veterinärmedizin aus? Im Sonntags-
dienst werde ich auf einen Hof gerufen, der weit entfernt liegt. Die
Bäuerin begrüßt mich mürrisch, dann stapft sie mir voran – in den
Stall. Dort steht ein altes Pferd mit einer verschmutzten Wunde
an der linken Fessel. Darauf zeigt sie.

Ich muß nachdenken. Bei den Pferden sind die Verhältnisse
etwas anders als bei uns, sie gehen ja auf den Zehenspitzen, der
Huf entspricht unseren Finger- oder Zehennägeln. Ist das nun das
Sprunggelenk oder das Mittelfuß-Zehengelenk? In jedem Fall
muß eine Spritze gemacht werden – aber sie sollte schon etwas
größer sein. Und weshalb sollte ich es nicht machen, da ich nun
schon hier bin, wenn auch auf Grund einer Verwechslung? Die
Tetracyclin-Injektionen sind zu klein, die Bäuerin müßte wohl
denken, ich sei nur für Katzen zuständig. Aber ich habe eine
Penicillin-Fertigampulle dabei, die sich sehen lassen kann. Außer-
dem ist Penicillin naturnäher, es handelt sich schließlich um einen
Schimmelpilzabkömmling. Ich spritze beherzt in den großen
Gesäßmuskel. Die Bäuerin betrachtet mich.

»Wozu dieses Gewische vorher mit dem Lappen?« fragt sie,
»das macht unser Tierarzt nicht. Sind Sie Anfänger?«

»Gewohnheiten«, antworte ich ihr.

Ich bestreiche einen neuen Lappen mit einer jodhaltigen Salbe,
lege ihn auf die infizierte Wunde und wickle eine Binde um die
Fessel. Es sieht gut aus, fast als handele es sich um ein Rennpferd.

Die Bäuerin nickt, dann greift sie in die dreckige Sonntags-
schürze, holt eine Wurst heraus und reicht sie mir.

»Danke schön«, sagt sie.

Ich nehme die Wurst entgegen, sie ist steinhart wie ein
Knüppel.

»Ich werde es Ihrem Haustierarzt sagen«, verabschiede ich
mich, »damit er Ihnen eine Rechnung schreibt.«

»So war's nicht gemeint«, erwiderte sie, »dann geben Sie die

Wurst wieder her. Wir Bauern hier oben haben nichts zu verschenken.«

»Wissen Sie was«, sage ich, »ich werde Ihnen die Wurst bezahlen, was kostet sie?«

Ich spielte schon mit dem Gedanken, mich auch in der Veterinärmedizin zu vervollkommnen, da rief mich der mir unbekannte Tierarzt an und bedankte sich. In dem Gespräch ließ er anklingen, ich komme doch aus der Chirurgie, und er habe da einen Dackel mit einem Blasenstein ... Ob wir den nicht zusammen operieren wollten – es wäre sozusagen ein Geschenk für mich, eine kleine Anerkennung meines Einsatzes. Ich sage zu. Cystoskopie, also Blasenspiegelung, und womöglich Steinzertrümmerung durch das in die Harnröhre eingeführte Instrument ist beim Dackel wegen des verschlungenen Harnröhrenverlaufs nicht möglich; man muß also den Bauch aufmachen, die Blase aufmachen und sie dann wieder vernähen, wasserdicht natürlich.

Die Narkose macht der Tierarzt, auf dem Küchentisch. Auf dem Küchentisch liegen auch die Instrumente. Ich blicke mich nach einem sterilen Tuch um, damit sie darauf gelegt werden können. Es ist aber nichts dergleichen da. Er errät den Grund meiner Unruhe und winkt ab, das sei bei Tieren weder üblich noch notwendig.

Die Narkose ist gut, die Operation komplikationslos. Der Stein wird herausgenommen, und dann vernähe ich die Blase wieder, so wie ich es gelernt habe, zweischichtig, ohne die Schleimhaut zu erfassen, die innere Naht der Muskulatur mit feinem Cat, das ich mir mitgebracht habe. Der Tierarzt sieht zu, als wäre er im Zweifel, ob es nicht auch Bindfaden getan hätte. Dann fällt mir ein, was der Anlaß für seine Einladung gewesen sein könnte: Er selbst hatte noch nie eine Blasennaht gesehen und witterte hier ungeahnte geschäftliche Ausdehnung. Er wollte sich, wie er beiläufig erzählte, auf Kleintiere, vor allem Hunde, in der Stadt spezialisieren.

Der Dackel hat, wie der Kollege mir später einmal berichtete, die Operation glatt überstanden. Ich mußte ihn freilich erst darauf ansprechen, denn ich hatte inzwischen gehört, daß gerade seine operative Blasenbehandlung einen besonders guten Ruf genösse.

Aber von diesem Fall abgesehen – der Landarzt sollte schon etwas von der Veterinärmedizin verstehen, das meine ich doch.

---

7. März 1964

Blinddarm – als ich noch Assistenzarzt in der Chirurgie war, glaubte ich, der niedergelassene Arzt habe täglich drei, vier Blinddarmentzündungen zu diagnostizieren. Er darf sie nur diagnostizieren, denn mit der Diagnose hat er sie schon abgegeben – an die Chirurgie. Er ist in dieser Hinsicht eine Art Pförtner für die Chirurgie. Auch das glaubte ich.

Ein junges Mädchen wird mit allen Zeichen einer akuten Appendicitis gebracht. Kein Fieber, Leibschmerzen, im rechten Unterbauch eine gewisse Abwehrspannung beim Betasten; wenn ich dort die Hand wegnehme, kurzes Stechen. Ein Blinddarm, der sich anschickt, operationsreif zu werden! Ich handle, wie ich es gelernt habe. Kläre auf über meine Beurteilung und darüber, daß es nur eine Behandlung gibt, die operative. Einweisung in die Chirurgie der fernen Kreisstadt.

Nach acht Tagen kommt sie zurück – unoperiert. Befremdet frage ich, was gemacht worden ist. Eisblase, sagt sie, Tabletten, auch ein paar Spritzen. Was soll das, denke ich, jetzt besteht die Gefahr weiter – im Urlaub irgendwo weitab der Zivilisation kann die Entzündung wiederkehren. Außerdem hat sich der Chirurg über meine Diagnose hinweggesetzt. Das empört mich – beginnt das Jahr eins der Medizin etwa mit ihm, nicht mit mir? (Mit jedem Arzt beginnt das Jahr eins der Medizin – der Grund, weshalb Mediziner nicht so recht teamfähig sind.) Ich habe gelernt, daß jeder Patient, der mit der Einweisungsdiagnose »Appendicitis« kommt, auch appendektomiert wird; wenn nichts gefunden

41

würde, könnte immer noch weitergeforscht werden. In den Arztbrief schrieb man etwas verschämt: »Appendix mäßig gefäßinji-
ziert«, und der *Insider* wußte, daß das *nihil* bedeutete, nichts.

Der alte Chef der Klinik hatte zurückhaltend appendektomieren
lassen. Als der neue kam und bei der ersten Visite auf jeder Station
mehrere solcher »konservativen Blinddärme« entdeckte, schickte
er sie samt und sonders auf der Stelle in den OP. Die Kollegen, die
Dienst hatten, operierten bis in den späten Abend, waren übrigens
gar nicht schockiert, fanden es viel richtiger als die bisherige
Gepflogenheit. Ein Arzt muß etwas machen, sonst ist er fehl am
Platze.

Hier nun sah man offenkundig die Dinge völlig anders.

Schwer vorzustellen, daß man die Appendicitis früher gar nicht
gekannt hat! Die Ärzte der Antike konnten keine Menschen
sezieren, sondern nur Schweine, und Schweine haben keinen
Blinddarm. Deshalb kommt die Appendicitis bei den alten Ärzten
nicht vor. Bis in das 16. Jahrhundert war das Organ ganz unbe-
kannt, ebenso natürlich dessen Erkrankung. Dennoch gab es
beide, und Begriffe wie *Dolor colicus* oder *Inflammatio intestinorum*
verraten es uns. Diese Leiden wurden, wie wir heute sagen,
konservativ behandelt, mit Umschlägen, großen Pflastern, Aderlaß, Klistieren, schließlich mit Opiaten. 1848 und 1867 fanden die
ersten beiden Operationen statt, noch sehr unähnlich unserem
heutigen Vorgehen. Aber als Sauerbruch von seiner Amerikareise
zurückkam und man ihn fragte, was ihn drüben am meisten
beeindruckt habe, rief er aus: »Too much appendicitis!«

Deutschland hing weit zurück. Inzwischen hat es aufgeholt;
derzeit operiert man in den USA weniger als bei uns, und demgemäß ist auch die Sterblichkeit an dieser Operation dort niedriger
als bei uns.

Die Kassenärztliche Vereinigung schickt die Anerkennung der Praxis als Landpraxis. Ich weiß nicht, ob es viele Vorteile bringt.

Was ist ein Landarzt? Jemand, der lebt und arbeitet, gekettet an das Telefon. Denn all die Vergünstigungen der Stadt, der kursierende Mittwochnachmittag-Dienst, der Abend- und Nachtdienst, der Wochenend- und Feiertagsdienst, fallen fort. Will man endlich mal zum Friseur, muß man die Praxis verlassen, und für so kurze Unterbrechungen kann man keinen Vertreter bestellen. Die Haare werden bei schlechtem Gewissen geschnitten. Und der Vertreter bei längerer Abwesenheit ist entsetzt, daß man Tag und Nacht Dienst hat, er verwünscht den Entschluß, diese Vertretung angenommen zu haben, und sagt vorsichtshalber für das nächste Mal schon ab. (Manchem gefällt es dann doch, und er nimmt die Absage wieder zurück.) Ich lese ein Büchlein »Dennoch Landarzt«. Darin wird der Landarzt folgendermaßen beschrieben: »... wettergebräunt, mit derben Stiefeln, festem Anzug, klarem Blick, ein Mann der Tat, des vollen Einsatzes«. Das Büchlein stammt aus dem Jahre 1941 und ist dem Reichsärzteführer gewidmet. An einer anderen Stelle heißt es:

»Manchmal ist es doch so, als wäre der Landarzt für das Land selbst da, das ja auch krank werden kann, wenn die Menschen, die in ihm wohnen, nicht in Ordnung sind.«

Welches ist die interessanteste Krankheit?

Darauf gibt es viele Antworten, fremde Namen werden genannt, die für hochkomplizierte und seltene Zusammenhänge stehen. Die interessanteste Krankheit, finde ich, kann keine seltene sein, denn das Seltene ist für Feinschmecker und nicht wichtig.

Die interessanteste Krankheit ist für mich die Arteriosklerose mit ihrem Endergebnis, dem vorzeitigen Altern; vielleicht das Altern überhaupt.

Über Arteriosklerose wissen wir eine ganze Menge. Auch über das Altern haben wir einige grundlegende Kenntnisse. Aber wie kommen die Unterschiede zustande? Der eine altert früh, der andere spät. Die Krankheit setzt immer Schwerpunkte. Beim einen greift der arteriosklerotische Prozeß in den Beinarterien an, beim anderen in den Gehirnarterien. Ausgerechnet Immanuel Kant, der den kältesten Blick auf die Welt werfen konnte, einen Blick wie von einem anderen Stern, war Cerebralsklerotiker. Das Gedächtnis läßt nach, mit dem Gedächtnis baut sich die Persönlichkeit ab. Als ein Student das Zimmer des Greises betrat, so wird berichtet, sprang Kant sofort auf, verbeugte sich und grüßte artig, als wäre der Rektor der Universität eingetreten. Als man ihn erschrocken bat, sich nicht so zu bemühen, antwortete er steif und förmlich: »Das Gefühl für Humanität hat mich noch nicht verlassen. «

Ein großartiges Wort, an dieser Stelle aber gar nicht passend, also eine Zufallszusammenstellung von Begriffen, die ihn immer noch erfüllten.

Etwas verläßt uns, wenn das Organ dafür zerfällt. Es kann dann nicht mehr eingreifen, über die Ganglien sich vermitteln – zurück bleibt der Apparat, der langsam leerläuft. Als Kant bei Tische zur Seite fiel, weil er zu schwach war, sich aufrecht zu halten, stopfte man ihm Kissen zwischen Lehne und Leib. Er, der völlig teilnahmslos dagesessen hatte, öffnete plötzlich den Mund und sagte zum Erstaunen aller:

»Testudine et facie, wie in der Schlachtordnung. «

»Doktor«, sagt der Dicke, der sich ächzend niederläßt, »ich habe eine ecclesiogene Neurose oder Schlimmeres – was immer es ist, der Pfarrer ist schuld.«

Seine Selbstdiagnose frappiert mich. Er stellt sich als Oberst a. D. vor, ist unförmig dick, hat Mühe, sich zu bewegen, Herz und Lunge sind sicherlich weit überfordert, und nicht erst seit gestern.

»Könnte es nicht sein, daß Herz, Kreislauf und Lunge leiden – das eine im Zusammenhang mit dem anderen, und alles wegen des Gewichts, das drückt und lastet?«

»Lassen Sie mein Gewicht aus dem Spiel«, sagt er würdig, »ich komme nicht wegen Schönheit, sondern wegen Krankheit, und der Pfarrer ist schuld.«

Es gelingt mir nicht recht zu klären, was der Pfarrer eigentlich getan hat. Es gibt irgendwelche Zerwürfnisse, die nebulös bleiben. Sein Leiden sei persönlicher Art, erklärt er mir nur, er habe deshalb schon an Selbstmord gedacht und, wie es sich für einen alten Soldaten ziemt, nicht nur gedacht, sondern gehandelt. Aber das Seil sei gerissen, er abgestürzt, daher noch immer die Schmerzen im Halsgenick, wie man hier sagt, und im Kreuz. Ein psychologischer Fall zu alledem, man muß mit ihm sprechen, ihn wiederbestellen. Dafür bietet sich der Blutdruck an. Die Ahnung trügt nicht, die Messung ergibt einen ziemlich schwindelerregenden Wert.

»Sie brauchen mir nichts aufzuschreiben«, sagt der Oberst, während er sich wieder emporstemmt, »wenigstens vorläufig nicht, ich habe nämlich etwas zu erledigen.«

An der Tür dreht er sich um, klopft auf seine Gesäßtasche, zieht etwas kurz heraus, was wie ein Pistolengriff aussieht, murmelt dann:

»Ich werde ihn erschießen, diesen Burschen. Ich verteidige meine Ehre, das ist alles. Unternehmen Sie nichts!«

»Aber bei Verteidigung der Ehre gibt man dem anderen auch eine Chance ...«

»Papperlapapp!«

Die Tür ist zu. Ich rufe den Pfarrer im nächsten Dorf an.

»Herr Pfarrer, um es kurz zu machen, der Herr H. ist auf dem Wege zu Ihnen, er will Sie erschießen.«

Eine Weile Funkstille, dann fragt der Pfarrer zurück, seine Stimme ist etwas belegt:

»Hat er eine Waffe bei sich?«

»Ja«, sage ich, »ich habe sie gesehen.«

»Welcher Typ? PPK oder was? Ich meine irgend etwas, was alte Soldaten aus dem großen Krieg gerettet haben könnten?«

Seine Stimme hat ihre normale Festigkeit wieder. Ich gestehe, daß ich die Waffe nicht identifizieren konnte.

»Lassen wir es dabei«, sagt der Pfarrer, »ich werde ihm jedenfalls entgegentreten.«

Sicherlich hatte er damit gerechnet, den Obristen mittels Wortgewalt stoppen zu können. Doch darin sah er sich getäuscht. Der zog – wie Zeugen berichteten – sein Schießeisen aus der Gesäßtasche und richtete es auf ihn. Der Pfarrer zögerte keine Sekunde und zog ebenfalls. Jeder der beiden sah jetzt erbittert in den dunklen Lauf einer Pistole. Nicht lange übrigens, denn schon ertönte die Sirene des Polizeiautos, das gleich darauf mit ungeheurer Staubwolke vor dem Pfarrhaus hielt. Ich hatte aus Sicherheitsgründen auch noch die Polizei in der fernen Kreisstadt verständigt. Die beiden Beamten nahmen den Kombattanten die Entscheidung, ob sie schießen sollten oder nicht, energisch ab – und zugleich die Pistolen.

Dabei stellte sich heraus, daß sie kein Unheil mit den Dingern hätten anrichten können. Die eine »Pistole« war fürs Zigarrenanzünden bestimmt, die andere für ein etwas größeres Kind, das die Illusion einer echten Waffe beim Spielen haben will.

Es ist soweit! Das Bürgerhaus, wie es nun heißen soll, wird eingeweiht. Ein schöner Sommertag!

Überall drängen sich Menschen. Würstchenbuden sind aufgebaut, Karussells drehen sich. Ein Minister ist erschienen, und weil dieser da ist, auch der Regierungspräsident, und weil dieser gekommen ist, auch der Landrat. Ich bin ebenfalls eingeladen worden, sitze in einer der vorderen Reihen. Der Bürgermeister hat seinen großen Tag. Ausführlich begrüßt er die Gäste, erwähnt auch mich.

»Ist Ihnen aufgefallen«, fragt er, als wir in einer Pause draußen zusammenstehen, Minister, Regierungspräsident, Landrat, Oberforstmeister und ich, »daß heute die Maurer das Sagen hatten? Ich bin Maurer, der Herr Minister war Maurer, wenn ich nicht irre« (der Minister nickt), »der Herr Regierungspräsident war Maurer . . .«

»Nein«, schaltet dieser sich ein, »nicht ganz, meine Eltern hatten ein Baugeschäft!«

»Aber vergessen Sie mich nicht«, sagt der Landrat, »ich war auch einmal Maurer, unter anderem.«

Der Landrat ist ein schlanker, sportlich wirkender Herr mit lockigem Haar, in Eleganz ergraut. Er wiegt sich zufrieden hin und her und berichtet Undeutliches über seine Maurertätigkeit.

»Haben Herr Landrat auch gedient?« fragt der Oberforstmeister dazwischen.

»Selbstverständlich«, sagt der Landrat, »als ich auf dem Sterbebett das Andreaskreuz erhielt, ich bin natürlich gerade noch gerettet worden, obgleich es aussichtslos war oder schien . . . Ich will etwas weiter ausholen! Mein Vater machte jeden Tag eine Erfindung, es kostete den Staat bald zu viel, so daß der Kaiser ihm eine Pension aussetzte, damit war alles, was er erfand, abgegolten. Natürlich waren die Engländer neidisch, versuchten, ihn in die Luft zu sprengen. Meine Mutter erlitt, als das Haus teilweise in die Luft flog, eine Frühgeburt. Die Frühgeburt war ich ...«

Ein liebenswürdiger Mann, übrigens ein souveräner Behördenchef, ein Könner der Planung. Ich beobachtete den Oberforstmeister, er sah unverwandt den Landrat an, der sich überhaupt nicht ablenken ließ, sondern munter weiterplauderte.

»Hören Sie«, sagt der Bürgermeister zu mir, »Sie müssen auch etwas sagen, von Gesundheit, Kurmitteln und dergleichen ...«

Ich habe noch nie zu Einweihungszwecken gesprochen. Auch liegt mir das festliche Wort nicht. Aber es hilft nichts – was der Doktor am Ort dazu zu sagen hat, möchte man doch gern wissen.

»Man hat Großes geleistet«, sage ich, »aber mit unserem Geld. Wir Bürger haben dies alles bezahlt, auch die Gaben aus der Hauptstadt sind unser Geld, niemand hat uns etwas geschenkt. Deshalb heißt dieses Haus mit Recht: Bürgerhaus. Und um wenigstens etwas von unserem Geld zu haben, sollten wir es nutzen. Wir sollten darin feiern, so oft wie möglich. Weil Gesundheit etwas mit Glücklichsein zu tun hat.«

Mehr fällt mir dazu nicht ein. Ich nicke der Versammlung ernst zu, aber alles ist vergnügt und klatscht. Das mit dem Feiern und Glücklichsein hat gefallen. Der Landrat springt spontan auf und eilt auf mich zu, schüttelt mir die Hand. Der Minister, der neben ihm saß und den er durch seine jähe Bewegung fast vom Stuhl gerissen hat, kann kaum anders und schüttelt auch. Da steht schon der Bürgermeister, völlig Herr der Situation, ein großes Tablett in der Hand. Für jeden ein Glas schäumendes Bier.

29. Juni 1964

Beim Spielen mit dem Hund ist es passiert. Olly springt mich an, wirft mich um, denn ich stehe unglücklich, den rechten Fuß in einer Vertiefung, und falle über diesen rechten Fuß. Im Fallen spüre ich, wie der Knochen durchbricht. Ich rufe Birke.

Birke hilft mir auf, und wir entschließen uns, sofort in das nächste Kreiskrankenhaus zu fahren. Es ist Sonntag, Birke ruft in der Klinik an, man möge den Chefarzt verständigen.

Dort werde ich ins Röntgenzimmer gefahren. Die diensthabende Röntgenassistentin kommandiert, wie ich mich zu legen habe, unter anderem auf die rechte Seite, aber der rechte Fuß ist ja vollkommen abgedreht, zeigt nach rechts, ich kann mich nicht darauf legen und sage es, werde aber sofort angeherrscht, man könne sich auch mal zusammennehmen.

Ergebnis: Bruch des Sprunggelenks mit Volkmannschem Dreieck und allem, was dazugehört.

Jetzt erst erscheint der Chefarzt, grauer Bürstenschnitt, Silberbrille, wehender weißer Mantel, breitet die Arme aus, lächelt:

»Am besten bleiben Sie hier, Herr Kollege. Es reicht!«

»Es geht nicht«, sage ich, »am besten richten Sie alles wieder ein, gipsen, und dann warte ich zu Hause ab, kann mich Ihnen von Zeit zu Zeit vorstellen ...«

Nach einigem Hin und Her, in der Klinik sei eine bessere Kontrolle gegeben, willigt er ein. Man fährt mich in den OP. Ein Assistenzarzt staut eine Vene des rechten Armes, sticht ein. Ich höre noch, wie der Chefarzt sich über die Bedeutung der Gewerkschaften als Totengräber unserer Gesellschaft verbreitet – dann umfängt mich das Nichts. (So empfinde ich es: das Nichts.) Stufenweise komme ich auf dem Operationstisch wieder zu mir. Zunächst höre ich undeutlich, wie gesprochen wird, dann sehe ich, dann verstehe ich, was gesprochen wird. Mein Blick fällt auf meinen Fuß und ich erschrecke. Kein Gips, wie er normalerweise angelegt wird, sondern eine lange U-Schiene, die rechts und links am Bein hochzieht, in der das Bein wie in einem Steigbügel sitzt.

»Was soll das?« frage ich, »ist das Bein etwa nicht gebrochen?«

»Das ist eine neue Methode«, sagt der Chef, »in der schmalen U-Schiene wird das Bein nicht fest wie in einem Schraubstock gehalten, es bleibt etwas beweglich, die Knochen können aneinanderstoßen und sich reiben, dadurch wird die Kallus-Bildung angeregt, die Heilungsergebnisse sind viel besser.«

»Der Sinn eines Gipsverbandes«, sage ich, »ist doch wohl, alles ruhigzustellen, womit denn auch die Schmerzen vorbei sind.«

»Sehr richtig«, nickt der Chef. »aber manchmal ist die Ruhigstellung so gut, daß die Fraktur nicht heilt.«

»Hätten Sie mich nicht vorher fragen können?« murre ich ihn an.

»Nun aber!« sagt der Chef, »haben Sie denn kein Vertrauen? So weit wollen wir es doch nicht kommen lassen, daß ich vorher fragen muß!«

16. Juli 1964

»Ich möchte Ihnen so gern einmal einen richtigen Kutscher-Tripper zeigen«, pflegte der alte Keining in seiner Mainzer Vorlesung zu sagen, »aber es gibt keinen mehr.«

Es klang, als sei etwas Schönes, Unersetzliches für immer dahingegangen. Tatsächlich kommt der Tripper nur noch selten vor, auch nicht hier, wo so viele Jungens zusammen sind und bei jeder Gelegenheit in die nächsten Dörfer und Städte reisen. Es gibt ja auch keine Kutscher mehr.

Die Syphilis kommt alle paar Jahre einmal vor, aber sie ist eine fürchterliche, heimtückische Krankheit. Eine Patientin erzählt, wie sie mit ihrem Mann über die Straße ging und plötzlich ein schreckliches Erlebnis hatte: Es schneite schwarzen Schnee. Sie rief ihrem Mann zu, vor lauter schwarzer Flocken könne sie nichts mehr sehen. Ihr Mann hatte Syphilis, hatte ihr nichts gesagt, sie angesteckt, die Krankheit war unbehandelt bei ihr weitergelaufen. Nun war sie blind. Eine Spätreaktion, die nicht vorauszusehen ist, die aber auch eintreten kann, wenn man behandelt wurde.

Dem Jungen, der mir gegenübersitzt und sich irgendwo die Syphilis geholt hat, mit dem ich die vorgeschriebene Kur beginne, erzähle ich, wie wichtig es ist, daß er sich ständig untersuchen läßt.

»Einmal muß es doch vorbei sein«, ruft er ärgerlich, »gibt es eine Krankheit, die man sein ganzes Leben mit sich herumträgt? Das kann ich mir nicht vorstellen. Ich bin ja gerade sechzehn Jahre alt.«

»Es kann sein, daß wir dich heilen«, sage ich, »es kann aber auch sein, daß die Krankheit nur zurücktritt, jedoch bestehen bleibt. Das weiß niemand vorher. Deshalb müssen wir alles tun.«

»Kann man sich eigentlich zweimal anstecken?« fragt er unbeeindruckt.

»Man weiß es nicht genau. Deshalb muß man immer wieder das Blut kontrollieren lassen, und wenn du einen Arzt aufsuchst, es ihm sagen.«

»Das soll ich jedesmal sagen?« ruft er empört aus, »wegen dieser einen Stunde in der Kälte? Ich denke gar nicht daran!«

»Weißt du«, sage ich, »hierfür gibt es Gesetze. Wer sich in diesem Punkt nicht um seine Gesundheit kümmert, dem nimmt der Staat die Sorge ab, *er* kümmert sich.«

»Gesundheit«, macht er verächtlich, »wenn ich das ein Leben lang mit mir herumtrage, bin ich doch nicht mehr gesund! Das war einmal, und also kann ich leben, mir kann nichts mehr passieren!«

»Weißt du«, sage ich zum Schluß, »die Geschichte kann tatsächlich ausheilen, dann könntest du dich auch ein zweites Mal anstecken. Das muß man natürlich genau wissen. Auch deshalb also der Rat: geh regelmäßig zum Arzt.«

Auf die Lues I und II kann ein Tertiärstadium folgen, das ganz anders aussieht, denn nun ist der Organismus allergisch. Darauf kann ein viertes, das quartäre Stadium folgen, das darauf zurückzuführen ist, daß die Allergie erloschen ist, ja daß der Organismus ohne jede Abwehr dagegen ist. Dieses quartäre Stadium tritt in zwei verschiedenen Formen auf, als Tabes, die Rückenmarksdarre, wie Heinrich Heine gesagt hat, der selbst an ihr gelitten hat, oder als Paralyse, wie wir sie bei Nietzsche kennen. Ob es zu diesem anergischen, aus der Widerstandslosigkeit stammenden Schub kommen wird oder nicht, das eben ist es, was wir nicht mit

Sicherheit voraussagen können. Wir drängen deshalb darauf, daß die Frühsyphilis – die Lues I und die Lues II – so energisch und konsequent behandelt werden, wie dies nur möglich ist. Es scheint eine gewisse Chance zu bestehen, daß auf die Syphilis nicht die Meta-Syphilis folgt.

Was aus dem Jungen geworden ist, weiß ich nicht. Er hat niemals wieder etwas von sich hören lassen.

Es ist ein sehr heißer Tag, und die Wasserversorgung ist zusammengebrochen. Der Bürgermeister und der Schmied arbeiten angestrengt, bis zum Abend soll das Wasser wieder laufen. Eine kleine Operation, die ich angesetzt hatte, muß ich absagen. Die Frau M., die sich in ihren Sonntagsstaat geworfen hat, ist ärgerlich und fragt, seit wann denn Wasser für so etwas nötig sei.

18. Juli 1964

Ich halte es mit der U-Schiene nicht mehr aus. Ständig reiben die Knochenenden aneinander. Der Chefarzt ist in Urlaub, ich rufe den in der gleichen Stadt niedergelassenen Unfallchirurgen an und klage ihm mein Leid. Er ist kurz entschlossen:

»Da fackeln wir nicht lange«, sagt er, »kommen Sie her, in einer Stunde haben Sie einen richtigen Gips, wie es sich gehört. Bei der Gelegenheit können wir noch mal kontrollieren, ob die Fraktur steht.«

Gesagt, getan, und endlich sind die Schmerzen vorbei.

Der Vertreter des Chefarztes ruft mich an. Er habe gehört, ich hätte einen – »nun, sagen wir einmal« – unkonventionellen Gips erhalten, er sei selbstverständlich bereit, mir einen normalen Gips anzulegen, ich brauche es nur zu sagen.

Ich finde es rührend, gestehe ihm aber, daß dies schon geschehen ist.

Hinterher fällt mir ein, daß es sich in der kleinen Stadt womöglich herumgesprochen hat und daß der Oberarzt nur kontrollieren wollte. Hätte er es sich wirklich leisten können, mir den »Chef-Gips« abzunehmen?

Wieder beim Chefarzt, Gips ab.

Er ist aus dem Urlaub zurück, gebräunt, aufgeräumt, spricht über die Gefahr, daß eine derartige Fraktur spätere Arthrose begünstigen könne. Deshalb sei es notwendig, »alles in einer Hand« zu haben bei der Behandlung – zarte Anspielung auf mein Fremdgehen.

Ich lasse mich auf keine Diskussion ein, und die Unterhaltung verläuft freundlich. Er empfiehlt mir noch Wechselbäder und unterrichtet mich wie einen Laien über die beste Art, einen Kornährenverband anzulegen.

Einmal werden wir unterbrochen. Ein Assistenzarzt tritt ein, nimmt Haltung an:

»Herr Chefarzt, kann ich dem Krebspatienten auf Zimmer 233 ein Pyramidon-Zäpfchen geben lassen? Er hat starke Schmerzen.«

Der Chefarzt überlegt eine Weile, dann entscheidet er:

»Warten Sie noch eine Stunde, wir wollen ihn nicht daran gewöhnen.«

Auch hierzu verbeiße ich mir eine Bemerkung. Woran könnte sich ein Krebspatient in der ihm verbleibenden Lebenszeit noch gewöhnen? Offensichtlich ist es schwer zu ergründen, was in Köpfen klassischer Chefärzte vor sich geht. Was man ihnen übrigens nachsagen muß: Ihre Kliniken stimmen. Die Konservativen halten Ordnung, man kann sich voll auf sie verlassen – sehen wir einmal von der U-Schiene ab.

24. August 1964

Nach langer Zeit wieder einmal bei Friseur G. in Frankfurt am Main. Neben mir Professor Eppelsheimer, er läßt sich rasieren. Wir sprechen über alles mögliche, vor allem über den Büchner-Preis. Er sieht gesund aus, rosig, gut durchblutet. Da er achtzig Jahre alt ist, frage ich ihn, wie er's denn so gehalten habe im Leben? Er ist gar nicht indigniert bei dieser trivialen Frage, die ihm sicherlich häufig gestellt wird – als Strafe für sein gesundes Alter –, sondern geht lebhaft darauf ein.

»Vor allem eines«, sagt er mit Inbrunst, »niemals spazierengehen! Das bringt nichts und kostet nur Zeit!«

Ich sehe, wie er selbst beim Rasieren die Zigaretten nicht ausgehen läßt, und meine vorsichtig, manchmal ließe es sich sicherlich nicht vermeiden.

»Sie haben leider recht«, erwidert er mißmutig, »mein Arzt hat mir tatsächlich Spaziergänge verordnet, um Durchblutungsstörungen wegen meiner Raucherei vorzubeugen. Wissen Sie, wie ich das mache? Über meinem Büro ist ein ziemlich langer Flur, da habe ich am einen Ende ein Lesepult und ein Lesepult am anderen, und auf jedem liegt das gleiche Buch. Ich lasse mir immer zwei Exemplare aus der Bibliothek hochgeben. Dann lese ich auf der einen Seite fünfzehn Minuten, marschiere zur anderen und lese dort fünfzehn Minuten – und so weiter.«

Ich schätze, daß sein Flur im alten Rothschildschen Palais, in

54

welchem man nach dem Kriege einen Teil der Deutschen Biblio-
thek untergebracht hatte, zwanzig Meter lang ist. Einen solchen
Spazierweg hat nicht jeder. Schon klagt er über die Länge des
Heimwegs. Ich nehme ihn mit, setze ihn am Mainufer ab.

Als er ausgestiegen ist und ich schon wieder anfahre, winkt er
noch einmal heftig. Ich halte, drehe die Scheibe runter, da ruft er
vergnügt:

»Nur noch zehn Meter! Schönen Dank!«

---

24. September 1964

Mir fällt die Häufung der Krebse des Verdauungstraktes auf.
Krebse des Magens, ja der Speiseröhre herrschen vor. Danach
folgen Dickdarmkrebs und Bronchialkrebs.

Auch unter den Kurgästen sind viele Krebskranke, die sich hier
nach der Operation erholen sollen. Sie erhalten gar keine Medikamente oder aber solche, die sie genausogut fortlassen könnten,
etwa Kopfschmerztabletten.

Ich bin medizinisch so erzogen, daß ich mich verpflichtet fühle,
etwas zu »machen«. Das berühmte »Machen Sie was, Herr Doktor«, braucht man mir nicht erst zuzurufen. Natürlich müßte man
wissen, was Krebs eigentlich ist – vielleicht wissen wir es längst,
nur wissen wir zuviel und sehen den Wald vor lauter Bäumen
nicht. Es ist wie mit der Muskelbewegung. Wir wissen buchstäblich alles darüber, bis in die kleinsten nervösen oder biochemischen Veränderungen, die dabei ablaufen, aber wir wissen immer
noch nicht, weshalb sich der Muskel bewegt!

Zwei Dinge scheinen mir im Vordergrund zu stehen, bei ihnen
muß man wohl ansetzen. Da ist die Zelle, die ihr inneres Maß
verliert, die selbständiger wird, als es ihr zusteht, die sich gegen
das Ganze auflehnt und anarchisch die eigenen Interessen durch-
setzt – jeder Ausdruck, welchen man auch wählt, verrät den
Anthropomorphismus. Sicherlich eine zu vordergründige Deu-

tung, aber bleiben wir dabei, bis wir eine bessere Interpretation finden. Dann der Verlust von Abwehrkraft. Man fühlt sich bemüßigt, folgende Einteilung zu wagen:

volle Abwehr – gesund

gestörte Abwehr – womöglich Krebsvorstufe

fehlende Abwehr – Krebs.

Auch das viel zu pauschal, als daß es die Verhältnisse wirklich treffen könnte. Und doch muß die Abwehr eine große Rolle spielen.

Merkwürdig, daß die Klinik darauf kaum eingeht. Ich versuche, hier anzusetzen. Vitamine werden verordnet, jene merkwürdigen Stoffe, die der Organismus braucht, um seinen inneren Stoffwechsel in Gang halten zu können: Ohne sie würden die biochemischen Prozesse sich irgendwo totlaufen. Leben ist ja, mit einem Wort, Verbrennung in feuchtem Milieu; da bedarf es der Unterstützung. Einige dieser Stoffe erzeugt der Körper selbst, wir nennen sie Hormone, Sendboten. Andere, die Vitamine, muß er sich von außen hereinholen. Da wird seine Außenabhängigkeit sichtbar: Krebs ist also ein Innen- und zweifellos auch ein Außengeschehen.

Also Vitamine, vor allem C und sehr hoch dosiert: 5 Gramm, dann A und E, wie es empfohlen wird. Ich meine aber, der ganze B-Komplex sei noch wichtiger. Dann Hormone: jene vor allem, die entzündungswidrig sind. Jeder Krebs wird kleiner, wenn man sie gibt – natürlich ist es eine Täuschung. Es bricht lediglich der Entzündungswall zusammen, die der Krebs wie eine fürchterliche Flutwelle vor sich herschiebt, wenn er wächst – und das Wachsen wird behindert, verlangsamt sich.

Das Ganze ist eine Frage der Dosierung: Man müßte wissen, wann man aufhören kann. Denn von einem bestimmten, uns unbekannten Zeitpunkt an schwächt die Steroidhormonzufuhr.

Ich beginne mit einer verhältnismäßig jungen Frau im Nachbardorf. Sie hatte Brustkrebs, die Brust wurde abgenommen, dann traten Herde in den Rippen, schließlich in der Wirbelsäule auf. Sie trägt bereits ein Korsett, um der Gefahr des Zusammenbrechens der Wirbelsäule zu begegnen, und ein stählernes Gestell, das den Kopf abstützt. Sie heißt Elsa, ist lebenslustig, nun aber ziemlich verunsichert.

Ich setze die Kopfschmerztabletten ab, die sie erhält, und verordne Hormone, zusätzlich Vitamine, ziemlich hoch dosiert. Knochenmetastasen sollen darauf gut ansprechen. Ich denke dabei, wenn es mir gelingt, sie wieder ohne ihre Gestelle auf der Straße spazierengehen zu lassen, müßte ich so manchen über-zeugt haben – nicht zuletzt davon, daß ich etwas von meinem Handwerk verstehe.

Ich will den Fortgang der Behandlung nicht ausführlich be-schreiben, er ist in der Kartei festgehalten. Und eines Tages ist es wirklich soweit. Als ich zum Hausbesuch erscheine, ist sie nicht da, und als ich wieder vor die Tür trete, kommt sie mir auf der Straße entgegengezogen, mit vielen anderen jungen Frauen, untergehakt, und sie singen. Ich habe erreicht, was ich mir vorgenommen hatte! Und die Reaktion bei der Bevölkerung?

Ich muß mir eingestehen, daß es keine besondere Reaktion gibt. Offenbar hält es jeder für ganz natürlich: Der Doktor hat nur gemacht, was jeder andere auch gemacht hätte – kein Wunder vollbracht, nichts Außergewöhnliches.

Leider geht alles anders aus. Elsa wird übermütig, sie tut, was Landfrauen nicht lassen können, beginnt mit der Einkocherei, hebt die schweren Töpfe mit Pflaumenmus auf den Herd und den Tisch. Ein Wirbel gibt nach, zerbirst, und sie ist gelähmt. Erbar-mungslos schreitet das Schicksal weiter. Ich spritze Steroidhor-mone in immer höherer Dosierung, längst ist sie aufgeschwemmt, gleicht bald einer Kugel – wir sprechen dann von einem Pseudo-Cushing (im Gegensatz zum echten Cushing, der hierbei nachge-ahmt wird) –, ich setze entwässernde Mittel ein, sie wird wieder menschenähnlicher, aber weitere Knochen sintern zusammen, der rechte Oberschenkel bricht. Es ist ein entsetzlicher Untergang.

Aus Kassel von der »documenta« kommt Leisegang mit seinen Freunden. Ich habe ihn in O. als Kind behandelt. Jetzt studiert er Philosophie und schreibt Gedichte im lehrhaften Stil unserer Zeit.

Er hat aber auch ein neues W. H. Auden-Gedicht übertragen, und ich finde seine Herübernahme sehr sensibel:

Lives content	Lebewesen, zufrieden
With their ecological niche	Mit ihrer Nische, naturgeplant,
And relevant objects	Und dem, was ihnen wichtig,
Unable to tell	Unfähig, die Stille vorm Sturm
A hush before storms	Zu unterscheiden
From one after massacres	Von der nach Gemetzeln.

Ich frage ihn nach seinem Vater, den ich ja damals auch behandelt habe. Er ist inzwischen verstorben.

»Er war keiner, der mitreden wollte«, sagt er, »ein Mensch, der von fern den Hut hob, grüßte und lächelnd vorbeiging.«

3. Oktober 1964

Wir beschließen, ins Theater zu fahren – einmal wieder Großstadtluft, Großstadtatmosphäre, Kulturbetrieb, es muß sein. Wer wird uns vertreten in diesen vier Stunden? Der Nachbararzt nimmt den Hörer nicht ab, ist sicherlich auf der Jagd und wird nicht für mich den Abend am Telefon verbringen wollen. Seine Frau hat unseren fälligen Antrittsbesuch immer wieder hinausgeschoben. Sie schätzt den engeren Kontakt nicht, zu leicht könnten Patienten verlorengehen.

Der Chefarzt des nächsten Krankenhauses zeigt sich geneigt aufzupassen. Ich kann seine Telefonnummer auf einen Zettel an der Tür schreiben.

Dann fahren wir los. Im Grunde kein gutes Gefühl. Längst wissen wir, daß man ganze Tage zu Hause sitzen kann, ohne daß irgendwo in der Umgebung ein Unglück geschieht, das ärztliches Eingreifen erforderlich macht. Aber einmal schnell zum Einkaufen, und schon bricht ringsum alles zusammen.

Das Theater funkelt uns an, so jedenfalls kommt es uns vor.

58

Wie lange haben wir kein Theater mehr von innen gesehen? Es gibt einen der köstlichen Tschechowschen Einakter, den »Bären«. Da kann eigentlich nichts schiefgehen.

Der »Bär« spielt in einem Gutshaus, im Salon, wie Tschechow angibt, die Gutsherrin ist gerade Witwe geworden, sie ist hübsch und hat Grübchen auf den Wangen, so wiederum Tschechow – wir haben uns etwas vorbereitet –, und der »Bär«, der da kommt und vom verstorbenen Gatten widerrechtlich nicht gezahltes Geld eintreiben will, ist »ein keinesfalls bejahrter Gutsbesitzer«. Es ist klar, wie es laufen wird, und man ist im voraus amüsiert.

Dann geht der Vorhang auf, und man glaubt zu träumen. Die Bühne zeigt einen echten abgeholzten Wald, zahlreiche Baumstümpfe, ein paar liegengebliebene Bäume, mitten darin ein rot bespanntes Sofa, und irgendwo, nicht sichtbar, eine Art Brunnen, jedenfalls plätschert Wasser.

»Was um Gottes willen ist das?« frage ich Birke.

»Tief symbolisch«, flüstert sie, »das abgeholzte Bürgertum und das ramponierte Sofa als letztes Statussymbol ...«

»Aber die Quelle?« flüstere ich zurück, »was bedeutet die Quelle?«

»Vielleicht ist nicht alle Hoffnung verloren«, antwortet sie, »Tschechow war ja Arzt, also doch wohl – trotz allem – Optimist ...«

Leider ist die ganze Inszenierung entsprechend dieser Massiv-Symbolik onkelhaft und öd. Es gibt kaum Beifall. Im Weinhaus gegenüber kommen wir danach mit einigen Leuten vom Fach, Regieassistenten, Inspizienten, Dramaturgie- und Kritiker-Eleven, ins Gespräch. Sie sind begeistert.

»Ist das einfache Nichtgefallen beim Publikum ein Kriterium für die Qualität einer Aufführung?« frage ich schließlich.

»In gewissem Sinne: ja«, ist die Antwort, »denn erst wenn das Publikum schockiert ist, wissen wir, daß wir auf dem richtigen Wege sind.«

Die Abrechnung ist fertig. Wir haben sie nach Kassel gebracht. Lektüre Paveses.

Ein erster Selbstmord, unmittelbar in der Nachbarschaft. Ich werde mitten in der Sprechstunde benachrichtigt, daß ein Patient sich auf dem Dachboden eingeschlossen habe. Er hatte schon früher versucht, sich umzubringen. Ich springe auf und greife eine Schere – tatsächlich eine Schere, ich wundere mich hinterher darüber – und stürze fort, schließlich die Treppe empor. Ein Hammer wäre vielleicht besser gewesen oder eine Axt, fällt mir ein, als ich, oben angekommen, die verschlossene Tür sehe. Aber der solide Eindruck täuscht. Ich werfe mich dagegen, weniger wäre besser gewesen, denn ich falle sofort hinein. Ich sehe mich um: ein fast leeres, sauber aufgeräumtes Dachgeschoß. Im Zwielicht entdecke ich im Hintergrund eine bewegungslose Gestalt. Ich springe zu ihr, es ist der Mann. Er hat sich erhängt, und da der Dachsparren in Kopfhöhe ist, hat er sich in die Knie fallen lassen und so stranguliert. Ich umfasse ihn mit der Linken und schneide mit der Rechten den Strick durch. Dann lege ich ihn auf den Boden. Nun schneide ich den Strick am Halse durch, und Luft entweicht – wie ein zufriedener Atemzug klingt es. Er lebt, höre ich es murmeln von der Tür her. Da sind die Angehörigen erschienen. Ich versuche Wiederbelebung, wie man sie damals kannte, mit rhythmischem Zusammenpressen des Brustkorbes und Loslassen, aber nichts geschieht. Er ist längst tot.

11. November 1964

Bis vier Uhr früh an den Steuern gesessen. Der Kassenarzt trägt die volle Last der Unannehmlichkeiten des Unternehmers, aber als Unternehmer ist er zu klein. W., der aus Frankfurt herüberge-

kommen ist, um zu helfen – damals fast schon der absolute
Experte, der er heute ist –, hat den scharfen Blick. Eben diese
kleinen Unternehmer passen nicht ins Bild, sie werden deshalb
langsam und, wie man hofft, unmerklich eliminiert. Der unfehl-
bare Weg dahin sei, sagt er, die Steuergesetzgebung, da der
Deutsche sie als Obrigkeit nimmt, der man zu folgen hat, ohne zu
klagen, und nicht als Politik.

15. November 1964

Ich habe eine kleine Abhandlung veröffentlicht – nachts geschrieben, wenn es still ist und nur die Ölheizung im Keller
summt. Birke liest Anouilh. Ich beschäftige mich wieder einmal
mit Medizingeschichte. »Imhotep oder Asklepios?« hatte der
Redakteur darübergeschrieben, ein renommierter Medizinhisto-
riker. Ich wollte nichts, als wieder einmal feststellen (dies aber mit
einigen Hinweisen auf alte Zeugnisse belegen), daß wir alle falsch
erzogen wurden. Unsere Erzieher waren, in Schule wie Universität, Erzhellenisten, für sie begann unsere Kultur mit Griechenland. Aber die Griechen lebten nicht isoliert unter der Glasglocke,
Hippokrates kam nicht plötzlich und ohne Einflüsse der große
Gedanke, die Medizin zu erfinden. Sein größter Schüler, Galen
von Pergamon, hat es deutlich gesagt, daß die Ägypter die Medizin
erfunden haben, und von ihnen sei sie auf die Griechen gekommen. Ein Kirchenvater, auf den ich gestoßen war, nannte sogar
den Namen des altägyptischen Arztes: Apis.

Damals beherrschten die Griechen viele Sprachen, sie hatten
nicht nur Kolonien in Kleinasien, sondern auch in Ägypten, und
Alexandrien war das Relais des ewigen Umschlages. Keine ge-
trennten Kulturkreise, säuberlich abgegrenzt wie im Lehrbuch,
sondern unablässige Verschmelzung, und als Momentaufnahme,
flüchtig, mit allem verhaftet, was damals wirkte, die altgriechische
Medizin.

Sudhoff – diesen Hinweis konnte ich mir nicht verkneifen – hat in einem wenig bekannten Reisebuch selbst angemerkt, sie gehöre in den altägyptischen Zusammenhang.

Darauf kamen einige Briefe von Kollegen, die sich auf eine Reise entweder nach Griechenland (natürlich auf eine Insel, das griechische Festland scheint es nicht mehr zu geben) oder nach Ägypten vorbereiteten und nun um zusätzliche Tips baten. Ob denn wirklich Hippokrates bereits mit Penicillin gearbeitet habe, wie es der Fremdenführer auf dem großen Asklepieion in Kos den Touristen zu erzählen pflege, oder ob auch das Penicillin von den Ägyptern stamme.

Sogar die Leiterin der Abrechnung, jene scharfäugige, energische Dame, hatte den Aufsatz gelesen und bat mich beim nächsten Mal in ihr Allerheiligstes im Ärztehaus. Dort würdigte sie mich der Bekanntgabe ihrer eigenen Ansichten zu diesem Thema, die in der Frage gipfelten, ob man denn besser statt auf eine griechische Insel nach Ägypten reisen sollte – und wohin dort –, wenn man im Urlaub dem Ursprung der Medizin nahe sein wolle.

Wir kamen dadurch in ein persönlicheres Verhältnis, sie sah nun über meine Verspätungen hinweg. Ich sprach sie einmal auf die merkwürdige Diskrepanz an, die darin besteht, daß die Medizin die höchste technische Perfektion aufbietet, um dann im Abrechnungswesen auf per Hand bekreuzte und gebündelte Scheine in Schuhkartons zu rekurrieren.

»Ist das ein Symbol ärztlicher Traditionsbeflissenheit, des gepflegten Blicks nach hinten«, fragte ich sie, »wenn an den Abrechnungstagen die Doktoren mit Schuhkartons anrücken, angefüllt mit diesen Scheinen, die jeder Windstoß davonwirbeln würde und die doch die Grundlage ihrer Honorierung sind?«

»Sie machen sich darüber lustig«, sagte sie würdig, »und irgendwann werden wir (hoffentlich nach meiner Zeit) die modernen Bürohilfen einführen. Und wissen Sie, was dann geschehen wird? Es wird viel langsamer mit der Abrechnung gehen, die Ärzte werden ihr Geld viel später erhalten und wahrscheinlich oft falsch, denn die Büroautomaten sind erst zu kontrollieren, wenn sie ihre

Arbeit beendet haben. Daß Sie sich Illusionen in dieser Hinsicht machen, zeigt mir, daß Sie ebenfalls rückwärts gewandt sind, wie Sie es den Ärzten vorwerfen.«

Schneesturm. So stellt man sich das Landarztdasein vor, nun die langen Stiefel anziehen und hinaus, das Pferd ist schon vor den Schlitten gespannt, prustet und schüttelt sich . . . Heute läßt man den Motor warmlaufen, aber ob das Pferd nicht doch fehlt, der berühmte Rappe vor dem Doktorwagen? Max Nassauer hat in seinen »Doktorsfahrten« den Spruch gewagt: »Der ist kein Doktor, der nicht sein treues, kluges Rapperl hat.« Den »Doktor« hat er gar nicht präzisiert, sondern stillschweigend vorausgesetzt, daß der »richtige« Doktor eben Landarzt ist.

Wir haben geschlachtet, das heißt wir haben Onkel Hermann damit betraut. Als Birke mit dem Resultat nach Hause kommt, bin ich etwas enttäuscht. Ich hatte mir mehr vorgestellt, und tatsächlich sollte es auch nicht lange reichen. Onkel Hermann hatte das Seine dabei reichlich abgezweigt.

Die Kälte hat Birke umgeworfen, sie hat eine schwere Angina tonsillaris, und ich befürchte einen Tonsillarabszeß. Ich tue also, was ich in solchen Fällen zu tun pflege, und spritze ihr Omnamycin (es ist heute nicht mehr im Handel), eine Zubereitung von Streptomycin und Omnadin, letzteres eine Aufschwemmung von Bakterien, die die Abwehrkräfte stärken soll.

Soll man bei Halsentzündungen sofort Penicillin spritzen? Man hat früher acht volle Tage damit zugebracht, im Bett gelegen, geschwitzt, Heißes oder Kaltes (es ist im Grunde gleich, offenbar kommt es auf das Extrem an) geschluckt, dabei beobachtet, daß das Schlucken immer noch schmerzt. Heute kann sich niemand mehr diese acht Tage leisten. Penicillin weckt den Eindruck, als könnte es die Genesung ziemlich beschleunigen.

Ich sehe in der »Roten Liste« nach, wie das Präparat zusammengesetzt ist und vergleiche im Lehrbuch von Kuschinsky die Dosierung. Das Mittel ist zweifelsohne unterdosiert, also vielleicht wirkungslos, was die antibiotische Komponente betrifft. Die »naturheilerische« des Omnadin dagegen scheint es gewesen zu sein, die geholfen hat. Dann habe ich, weil es nicht zur Hand war, das Omnadin weglassen, und es änderte sich gar nichts. Schließlich habe ich auch das Antibioticum geopfert, und nichts verschlimmerte sich. Bei allen Krankheiten, für die wir eine breite Palette von Mitteln und Möglichkeiten entwickelt haben, sollte man fragen: Und was passiert, wenn ich gar nichts mache?

Wer bei dieser Frage stutzt, gibt zu, daß er bisher nicht radikal gedacht hat. Aber Behandlung durch Nicht-Behandeln bedeutet mehr als einfach nichts tun. Hinter manchen Symptomen verbergen sich Anfänge späterer gefährlicher Verläufe. Würde man etwas tun, könnte man diese vermeiden. Oder bilden wir uns das nur ein?

22. Dezember 1964

Der alte Jagdaufseher aus dem Bergdorf kommt herunter mit einer gewaltigen Douglastanne, die er auf das Dach seines kleinen Autos gebunden hat.

»Sie werden es einem alten Förster nicht abschlagen«, sagt er, »daß er Ihnen eine richtige, selbstgefällte Tanne bringt!«

Er ist nahe den Achtzig, aber kräftig, wie er es wohl immer gewesen ist. Mit Sechzig soll er noch aus dem Stand aufs Pferd gesprungen sein. Er ist nach wie vor ein sicherer Schütze und versteht es sogar, mit der Wünschelrute umzugehen. Die Wasserader für den Brunnen bei seinem Waldhaus hat er selbst gefunden.

Der Theatermann und Kabarettist, der in seiner Nähe, unmittelbar am Walde, sein Häuschen hat, äußert sich freilich etwas zurückhaltend. Bei ihm hat es nicht so ganz geklappt, so daß er

64

sich, nachdem einige Tausender bereits verausgabt waren, eine Wasserleitung legen ließ und auf die Wünschelrute verzichtete.

Es ist ein harter Winter, der Schnee liegt hoch, manche Dörfer sind nicht mehr zu erreichen. Früher wurden alle männlichen Einwohner durch den Ortsdiener mit der Schelle zusammengerufen, und dann zogen sie mit Schaufeln und Hacken los, die Straße freizumachen. Heute wartet man darauf, daß die Gemeinde ein kommunales Schneeräumfahrzeug schickt. Andererseits sind unternehmerische Initiativen aufgerufen, und Karle, mir gegenüber, entschließt sich, sich eine große Räumschaufel zu kaufen, die er vorn an einem alten Lkw anbringen kann. Die Kreisverwaltung gibt erleichtert die Zustimmung und wird seine Arbeit bezahlen, so daß die Straßenverhältnisse sich bessern.

Wenn man aus dem Wagen steigt, schneidet die Kälte in die Haut, der Atem verwandelt sich in kleine Wolken, und man hört das Brechen und Knacken in den schneebeladenen Zweigen der alten Tannen. Birke leidet unter diesem Wetter. Der Kreislauf schwankt, Herzjagen tritt auf. Ich lese ihr Shaw vor, sein Ärztestück. Besonders gefallen ihr die luziden Ausführungen der Einleitung. Angesichts von Verhältnissen, wie sie dem – ihm, wie es scheint, unbekannten – Landarzt ständig auferlegt sind, Stichwort: Präsenzpflicht, d. h. zur Verfügung stehen bei Tag und Nacht (»ein Leben, gekettet an das Telefon«), schreibt er dort:

»... Es ist erstaunlich, daß die ungeduldigen Ärzte nicht tobsüchtig und die geduldigen nicht blödsinnig werden. Vielleicht werden sie es auch bis zu einem gewissen Grade ... Kurz, der Arzt ist heute weit mehr auf unsere Hilfe angewiesen, als wir oft auf die seine.«

Dagegen hebt er den Amtsarzt empor: »Zum Glück müssen wir nicht unbedingt von vorn anfangen. Wir haben schon im Sanitätsbeamten eine Art von Arzt, der frei vom schlimmsten Ungemach und daher auch frei von den schlimmsten Lastern des Privatarztes ist. Seine Stellung hängt nicht etwa von der Zahl der Menschen ab, die krank sind, die er krank erhalten kann, sondern von der Anzahl der Menschen, die gesund sind.« Das derzeitige

System nennt Shaw kurz und bündig »eine Verschwörung zur Ausnutzung der allgemeinen Gläubigkeit und der menschlichen Leiden«.

Wenn der niedergelassene Arzt, wie Shaw sagt, »in einem überfüllten Beruf um sein Leben kämpft«, muß er werben, werbewirksam auftreten.

Ist die Medizin ein Geschäft? Sie ist ein Beruf geworden, zweitausend Jahre und mehr haben das bewirkt, aber sie müßte kein Geschäft sein. Das Geschäft zwingt zu bestimmten Verhaltensweisen, die den ärztlichen widersprechen können. Hier ist – und das seit ebenso vielen Jahrtausenden – die Wurzel für das Unbehagen an der Medizin: an der alten, siehe Molière, an der modernen, siehe Shaw.

Der nächste große Entwicklungsschritt der Medizin müßte nicht die Konstruktion neuer Apparate, die Erfindung neuer Molekularmanipulationen, die als neue Medikamente ausgegeben werden, sein, sondern eine Veränderung des Berufes. Die Entkommerzialisierung steht an erster Stelle.

Der Arzt also müßte aufwachen. Seinen derzeitigen Zustand, umgeben von den teuersten Apparaten und gestützt auf teuerste Forschungen, hätte man vor zweihundert Jahren den »dogmatischen Schlummer« genannt.

31. Dezember 1964

Silvester gegen 22 Uhr klingelt es, der Doktor der Physik steht mit einer Flasche vor der Tür. Wir bitten ihn herein, öffnen sie gleich.

»Nur eine knappe Stunde«, sagt der Doktor, »dann muß ich wieder zurück, mit meiner Tochter das neue Jahr begießen.«

»Ich würde es begrüßen«, sage ich, »wenn daraus eine liebe Gewohnheit würde, jedes Silvester, prompt 22 Uhr . . .«

»Ich liebe es, ständig neue Gewohnheiten anzufangen«, sagt der Doktor, »Gewohnheiten sind die Korsettstangen unseres Lebens.«

66

Er hat ein Büchlein mitgebracht, das einfach »Gedanken« heißt, und hineingeschrieben: »Dem edlen Kämpfer gegen menschliche Leiden mit dem Wunsch, daß diese nicht aufhören möchten.«

Gedanken hat er, wie sich zeigt, sehr reichlich. Er wohnt in einem verwunschen wirkenden Hause zwischen großen Bäumen, Pappeln zumeist, die er selbst gepflanzt hat und die nun hoch aufgeschossen sind, so daß das Haus wie eine Hundehütte neben ihnen wirkt. Zwei Dackel sind dabei, Plisch und Plum genannt, und seine Tochter, die ihn versorgt.

»Stimmt es«, fragt er, »daß Ärzte nicht alt werden? Sie sollten eigentlich in der Lage sein, sich zu erhalten. Was man wissen muß, wissen sie. Es ist ein altes Wort, das ich da heranziehe, ich glaube, es steht bei Hufeland: *aliis inserviendo consumuntur, aliis medendo moriuntur.*«

»Inservio«, sagt Birke, »ist nicht ganz leicht zu übersetzen, es gibt kein deutsches Wort dafür. Gemeint ist das Übertriebene, sich selbst Aufgebende im Dienen. Sinngemäß könnte man wohl sagen: ›Einige verbrauchen sich durch Geschäftigkeit, andere sterben beim Heilen‹. Jedenfalls gab es schon damals verschiedene Arten von Ärzten.«

»Natürlich weiß ich, daß man sagen könnte, auf den heutigen Arzt trifft das nicht zu«, fährt er fort, »aber denken Sie an sich selbst. Wir hören die Nachtglocke an Ihrem Haus. Der ganze Ort hört sie, nebenbei bemerkt. Ihr Vorgänger hat es so eingerichtet, daß jeder von seiner Beanspruchung Kenntnis nehmen mußte. Also – wie oft sind Sie gezwungen, nachts aufzustehen, den Schlaf zu unterbrechen, aus dem Kontinuum herauszutreten. Meinen Sie nicht, daß das die Energie verzehrt? Jeder hat nur ein bestimmtes Volumen, und was verbraucht ist, wird nicht mehr ersetzt.«

Ich beschließe, am nächsten Morgen sogleich nach der Glocke zu sehen. Mir war es noch nie aufgefallen, und gesagt hat es uns auch noch niemand.

»Was erwarten Sie vom neuen Jahr?« frage ich, als er sich wieder auf den Weg machen will.

»Von der Zukunft? Da habe ich meine Vorstellungen. Wissen

Sie, daß ich Präsident der Oswald-Spengler-Gesellschaft bin? Nein?« lächelt er, »ich erwähne das, damit Sie nicht erschrecken. Ärzte müssen ja Optimisten sein. Das hat nichts zu tun mit dem leeren Optimismus, der heute unsere gesamte Gesellschaft erfüllt. Zentralisierung, Mechanisierung, Bürokratisierung, Mißachtung der Individualität, Überbewertung der wissenschaftlichen Bildung, Verlust der Fähigkeit zur Muße und zur Muse – das sind für mich sichere Zeichen der herannahenden, schon sehr nahen Katastrophe.«

»Und was tun?«

»Die Frage geht daneben«, antwortet er, schon an der Tür, »nach meiner Physik, nach meinem Fallgesetz muß der einzelne tätig sein, er muß denken, handeln und tragen, als könnte er – er ganz allein – die Welt für sich verwandeln.«

»Wie nennen Sie Ihre Physik?«

»Kataphysik«, ruft er zurück, »aber darüber demnächst mehr. *En thymon chaire!*« – »Ich grüße Sie von Herzen«, übersetzt Birke. Dann fragt sie: »Hat er Kataphysik gesagt?«

9. Januar 1965

Ich korrespondiere mit einem sowjetischen Biochemiker, Z. A. Medvedev. Die Korrespondenz ist etwas ermüdend, denn die Antworten lassen immer länger auf sich warten und kommen aus Städten, die immer weiter nach Osten rücken, wie ich beim Kartenstudium feststelle. Er hat eine eigene Theorie des Alterns entwickelt. Danach ergibt sich dieser peinliche Vorgang gesetzmäßig aus Fehlern, aus Pannen, die bei der Eiweißsynthese unterlaufen. Jedes zehn- bis dreißigtausendste Molekül hat irgend einen veränderten Baustein, der das Leben nicht beeinträchtigt, aber die Summe all dieser Fehler, ihre unausweichliche ständige Zunahme bringt schließlich die Katastrophe.

Medvedev meint, man könne etwas dagegen tun. Man müsse dem

Körper mehr freie Radikale anbieten, wie sie im Kaffee, im Tee enthalten sind. Das ist eine absolut naturwissenschaftliche Theorie, das System wird aus sich selbst erklärt und das Altern durch Unzulänglichkeit. Ich schlage ihm weitere Mechanismen dieser Art vor, aber das grundlegende Geschehen muß doch wohl anders gesehen werden.

Wir altern nicht nach Ochsenart, auch nicht wie die großen Affen. Vielleicht wie die Bäume. Nur gelingt es uns nicht immer. Man unterschätzt heute den eigenen Beitrag. Sehe ich, daß ein alter Mensch sich sauber und ordentlich kleidet, daß er sich für die Dinge um ihn herum interessiert, weiß ich, daß er seinen Beitrag leistet. Die meisten kapitulieren zu früh.

Ich hatte in meiner Assistentenzeit einmal die Krankenhausbibliothek zu verwalten, und mir fiel auf, daß von einem bestimmten Zeitpunkt an keine Neuanschaffungen mehr erfolgten. Ich rechnete nach, der Chef war damals fünfzig Jahre alt: So früh also hatte er schon kapituliert. Es könnte sein, daß die normale Lebensspanne des Menschen über 100 Jahre liegt, aber sie wird nicht erreicht, weil der Geist zu früh aufgibt.

Altern ist auch eine Krankheit des Willens.

---

12. Januar 1965

Der Apotheker empfängt in seinem wertvollen Biedermeierzimmer. Den Möbeln sieht man den edlen Charakter nicht an, er hat sie mit rotem Lack überstreichen lassen. Er mag nichts, was nach Erinnerung aussieht.

»Sehr zum Segen«, sagt er, und: »Ich habe in Paderborn studiert. Das Institut hatte ein herrliches Portal. Wenn der Ordinarius vorfuhr, wurde es vom Pedell geöffnet. Durch einen schmalen Nebeneingang drängten sich die Studenten.«

»Aber die Erinnerung hält uns zusammen«, wende ich ein, »übrigens auch unser Handwerk.«

»Meines nicht«, erwidert er triumphierend, das Eis im Bourbon klingelt, »ich habe das ganze Heu abgeschafft. Man konnte schon nichts mehr lagern! Also bitte keine Schachtelhalme mehr aufschreiben oder Eichenrinde, es ist alles fort.«

»Schachtelhalmbäder bei Hämorrhoiden«, murmele ich mit einem Anflug von Protest.

»Das kühle Wasser allein tut's auch«, wehrt er ab.

»Und die Eichenrinde bei Hautkrankheiten?«

»Lassen Sie die Leute schwarzen Tee benutzen, das bringt genauso viel.«

»Und wie ist es mit Waldmeister?«

»Waldmeister«, er richtet sich auf, »da weiß ich eine Wiese am Wald, dort können Sie ihn mit der Sense mähen – wunderbar! Den Waldmeister nehmen wir aus.«

31. März 1965

Wir beschließen, Urlaub zu machen. Der Vertreter kommt, ein schwarzer Kollege, Dr. Tamba aus Sierra Leone. Ich muß zugeben, daß ich nicht wußte, wo Sierra Leone liegt. Er zeigt es mir aber sofort auf der Landkarte – sozusagen dicht bei Teneriffa. Wenn ich einmal dorthin reisen sollte, müßte ich unbedingt zuerst nach Sierra Leone fahren, sagt er, danach erst nach Teneriffa. Denn umgekehrt würde sich mir der Reiz von Sierra Leone nicht richtig erschließen.

Dr. Tamba war Assistenzarzt in der Klinik der fernen Kreisstadt gewesen. Dort hatte ihn eines Tages sein Vater besucht, hoher Beamter der Sanitätsverwaltung in Sierra Leone. Gemeinsam sind sie durch die winkligen Gassen gegangen, vorbei an der hohen Kirche, an den kleinen Läden. Da habe sein Vater ihn am Arm gefaßt und gesagt:

»Weißt du, wir sind ja Entwicklungsland. Aber dies hier ist auch Entwicklungsland.«

Man soll sich nichts vormachen, irgendwie scheint es mir schwer zu widerlegen.

Dr. Tamba ist hochgebildet, hat zuvor in England studiert. Er zeigt ein Foto seiner Schwester.

»Sie ist noch klüger als ich«, sagt er mit feinem Lächeln.

Am Abend gibt es zur Feier des Tages Fondue Bourguignonne. Dr. Tamba ist sehr beeindruckt. Er sagt:

»Auf diese Weise kann man essen ganze Kuh.«

Er hat mit einer Arbeit über Lippen-Kiefer-Gaumenspalten promoviert. Ich selber habe mich früher eine Zeitlang damit beschäftigen müssen, weil die Operation dieser Mißbildungen ein Hobby meiner Chefin war. Wir haben also Gesprächsstoff über Sierra Leone hinaus, über das ich immer noch nichts Rechtes weiß.

Am nächsten Tag reisen wir ab. Dr. Tamba bleibt zurück. Er ist ein kleiner, zierlicher junger Mann, sehr kultiviert, fast könnte man meinen: schon etwas degeneriert. Der Vater, von dem er erzählt, ist eine offensichtlich weitblickende Persönlichkeit, nicht nur hinsichtlich der Einstufung unserer Region, sondern auch in manch anderem Betracht. So hat er jedes seiner Kinder einer anderen Religion zugeführt: Eine Tochter ist evangelisch, ein Sohn mohammedanisch, unser Doktor katholisch. Der Großvater war noch ein echter Naturbursche, Häuptling, Kette mit Wolfszähnen um den Hals, acht Frauen. So geht es abwärts – wie bei den Buddenbrooks.

Das ärztliche Wirken auf dem Lande ist nicht ohne Tücken. Gleich am nächsten Morgen wird Dr. Tamba zu einer Leichenschau gerufen. Er bemerkt, daß der Tote, der alte Zander, eine längere Platzwunde auf dem Schädel hat, das schüttere Haar ist darüber gekämmt, aber nicht sorgsam genug. Er murmelt etwas von Schlaganfall, die Familienmitglieder stimmen freudig zu und bitten um den Leichenschauschein. Er redet sich heraus, den habe er in der Praxis, er werde ihn dort ausstellen.

Sein Anruf erreicht mich im Ötztal, mitten in einem Gespräch mit unserem Freund, dem dortigen Landarzt ...

»Hier war es so«, rief Dr. Tamba ins Telefon, »daß einer der

Söhne in der Praxis erschienen ist und den Leichenschauschein haben wollte. Und als er mein Zögern bemerkte, schob er mir einen Hunderter über den Tisch. Ich habe das Geld sofort zurückgegeben, aber was soll ich nun tun?«

Ich denke einen Augenblick lang nach. Da schreit es aus dem Telefon:

»Ich bin unschuldig! Ich habe ihn nicht umgebracht! Ich nicht!«

Ich will die ausbrechende afrikanische Panik stoppen und frage energisch zurück:

»Was haben die Leute gesagt über die Entstehung der Verletzung?«

»Der Vater sei aus dem Bett gefallen«, stottert Dr. Tamba, »mit dem Kopf nach unten.«

»Direkt auf den Scheitel, als wäre er aus den Wolken herabgestürzt?«

»Direkt auf den Scheitel, ja, als wäre er aus den Wolken –!«

»Sie machen ein Kreuz bei dem Kästchen ›nicht natürlicher Tod‹, alles andere regelt der Staatsanwalt.«

»Und was soll ich tun, wenn die Söhne wiederkommen?«

»Schmeißen Sie sie raus und sagen Sie, ich würde alles klären, sobald ich zurück bin.«

»Sie kommen wirklich zurück?« fragt er ängstlich.

»Verlassen Sie sich darauf«, sage ich, »ich rufe Sie morgen wieder an.«

Das also lag bereits am ersten Morgen als Landarztvertreter hinter ihm! Er tat mir ein wenig leid, aber ich beruhigte mich mit dem Gedanken, daß es in Sierra Leone wohl auch nicht immer friedlich zugehen werde. Unser Freund, der Tiroler Landarzt, der über alles orientiert war, wußte über Sierra Leone auf Anhieb Bescheid; das Ländchen stehe übrigens an vorderer Stelle auf der Liste der Sklavenhalter-Staaten, die die Vereinten Nationen herausgegeben hatten.

Dr. Tamba überlegte offenbar, was seine Entscheidung, einen nicht natürlichen Tod zu bescheinigen, für Folgen haben werde und kam zu dem Schluß, daß so etwas wie Rache möglich sei.

Wenn es Nacht wurde, verbarrikadierte er sich. Als ein Patient anrief und bat, ihm eine Spritze zu geben, da er starke Schmerzen im Bein habe, ließ er ihn zwar kommen. Dann aber hörte er dessen ungleichmäßigen Schritt auf der Straße und das Stampfen des Stockes, den der Mann benutzte, um sich zu stützen – und er schob noch einen weiteren Schrank vor die Tür.

Sein erster Gedanke am nächsten Tag muß wohl gewesen sein, heimatliche Hilfe zu mobilisieren. Ich merkte es nach meiner Rückkehr daran, daß mir Patienten, etwas stockend, sagten, ja, dies oder jenes habe der schwarze Doktor verordnet, um dann hinzuzusetzen: nicht der, der immer da war, sondern der andere, so ein Großer mit langem Bart ...

Über den Tod des alten Zander gab es übrigens eine Gerichtsverhandlung. Dr. Tamba freilich konnte nicht erscheinen, da er sich unterdessen nach Sierra Leone zurückgezogen hatte. Die Verhandlung ging aus wie das Hornberger Schießen. Der Richter fand sich in dem Dschungel nicht zurecht.

10. April 1965

Unser Freund, der Landarzt im Ötztal, »Haus Edelweiß«, ist ein Arbeitspferd mit ungeheurer Energie. Nachts diskutiert er mit uns bis zwei, drei Uhr, und am nächsten Morgen gegen sechs Uhr fährt er die Kinder zum Gymnasium nach Landeck. Wir fahren die Strecke am nächsten Morgen selber und sind voller Bewunderung für ihn und übrigens auch für Landeck.

»Weißt«, sagt er, »die Medizin versteht man erst, wenn man alles selber macht. Ich mach hier alles, bin Zahnarzt, zwei Stühle, habe eine eigene Apotheke, wird ab und zu kontrolliert – man sagt aber vorher Bescheid, dann schließe ich den Kühlschrank mit den Seren an, ist ja Unsinn, daß er dauernd läuft, hier ist es gerade kalt genug –, also, und dann die Unfallchirurgie, mach ich komplett, vor allem die Deutschen, sie fallen ständig und zahlen prompt.

Neulich ein Privatdozent der Gynäkologie mit seiner Frau oben in der Almhütte, sie eine Blutung, muß schon sagen, sehr stark. Er vollkommen mit den Nerven fertig, läßt den kleinen Landdoktor holen. Ich laß mich mit dem Hubschrauber raufbringen. Er verzweifelt, sie verblute ihm unter den Händen. Ich sag' ihm, eine Blutung wie alle anderen auch, rein mit ihr in den Hubschrauber . . .«

Und dann, habe der Privatdozent gerufen, wohin – nach Innsbruck, nach Graz?

»Zu gefährlich, sag' ich ihm, herunter nach Ötz, in meine Praxis. Da gibt's eine Narkose – und abi geht's. Wie denn das? fragt der Privatdozent, aber für ihn ist kein Platz mehr im Hubschrauber. Ausschaben werd' ich sie, ausschaben, müssen Sie doch schon mal gehört haben, daß man sowas macht . . . Na ja, selbstverständlich ging alles gut. Am nächsten Tag sah sie besser aus als er, als er endlich unten ankam. Er war ziemlich blaß.«

»Kann man heute als Arzt wirklich noch alles selbst machen?« frage ich ihn.

»In der Praxis ja, das siehst ja, – in der Theorie wird's heikel. Die Leut' werden von den Medien auf Spezialistentum gedrillt, für alles einen Spezialisten! Weißt, ich mach ja auch Medizingeschichte – also die alten Ägypter hatten einen Facharzt für das linke und einen für das rechte Auge. Das wird das Ziel sein, das die Journalisten anstreben, erst dann fühlen sie sich wohl. Es ist nämlich ihre Angst. Die Angst erzeugt das Expertentum.«

»Aber nicht die Journalisten allein, die Patienten selber verlangen den Spezialisten«, sage ich, »das fängt bei uns auf dem Lande schon an. Diese Kinderarztrennerei der jungen Mütter!«

»Wem sagst das«, meint er, »dann kommens' zurück mit denen Bamperln, todkrank sind's dann. Der Kinderarzt hat nämlich ein Wartezimmer, darin schwirrt alles umher, Viren, Bakterien, Masern, Windpocken, Keuchhusten, und außerdem hat er ihnen gezeigt, daß die Hüftgelenke falsch gestellt sind, die Füßerl zu sehr nach außen oder nach innen, wie's gerade kommt, gedreht werden – kurz, er hat Kundschaft fürs Leben gewonnen, fürs Leben bis vierzehn. Mit Medizin hat das nur am Rande zu tun.«

»Ich bin wie du auf dem Lande, um der kommerziellen Seite der angewandten Medizin zu entkommen«, sage ich.

»Komm, red' nicht so gescheit daher, ohne Geschäftssinn geht nix, wir leben nämlich in einer Wirtschaftsgesellschaft. Ich hab meinen zweiten Doktor in Betriebswirtschaft gemacht, und eigentlich bin ich Soziologe. In Innsbruck bin ich Lehrbeauftragter für Agrarsoziologie.«

»Agrarsoziologie?« Wir sind fassungslos.

»Weißt«, sagt er, »es ist alles ganz einfach. Der Soziologie-Ordinarius wurde an die Vatikanische Universität berufen. Da hat er sich überlegt, bestellst einen richtigen Nachfolger, nachher redet niemand mehr von dir. Nimmst aber den aus dem Ötztal, wird er immer dein Loblied singen. Mach' ich übrigens auch. Eine gute Tat ist der anderen wert.«

Erzählt er das alles, um Birke zu imponieren? Ich will ihn testen, stelle irgendeine plumpe Frage, nach seinem Schwerpunkt zum Beispiel. Aber er ist hellwach.

»Weißt«, sagt er, »die anderen schreiben über ›Das sterbende Dorf‹, ›Eine typische Westtiroler Bergbauerngemeinde‹, ›Lebensverhältnisse in einer extremen Bergbauerngemeinde‹ und so weiter. Ich geh aus vom Wohlstand, den der Fremdenverkehr bringt und mit dem er alles verändert. Wenn Fremde kommen, wollen sie nicht nur bedient werden, sie teilen sich auch mit, das ändert das soziale Leben, sogar das religiöse. Die Bauern passen sich an, sie wollen nicht als Tölpel erscheinen. Die Jungen gehen voran, die Alten wackeln hinterher. So werden die Dörfer städtisch, stadtähnlicher sagen wir mal, Reurbanisierung nenn' ich das.«

»Und du nimmst Ötz als Material – sozusagen?«

»Nein«, wehrt er ab, »das haben die Tiroler nicht gern, daß man sie studiert.«

Er erwähnt ein Dorf, das gleich auf diese Weise entstehen wird, denn eigentlich gab's da oben niemals ein Dorf; nun bildet es sich langsam um ein gräfliches Jagdschloß herum, gleich auf verstädterte Weise mit Hotels. Er selbst baue auch eines dort und befürworte den Bau eines Sessellifts, weshalb er den Grafen, der gegen plebejische Unruhe sei, die auf solche Weise entstehen müsse, mit der Herrschaft über die Lawinengefahr entschädigt habe.

»Weißt«, sagt er, »in Kühtai hat's ständig Lawinen, und wenn keine sind, drohen sie, also ist immer Lawinengefahr. Wenn man einen Kurort daraus macht, kann man einmal die Strecke öffnen, dann kommen die Gäste herein – dann schließt man sie wieder, und niemand kann heraus. Die Entscheidung darüber haben wir auf meinen Rat hin dem Grafen übertragen. Er hat den Nutzen sofort erkannt, denn er hat aus dem Schloß auch ein Hotel gemacht ... Weißt«, fährt er nach einiger Zeit fort, »wenn ich mir's recht überlege, dann ist das der einzig richtige Ort für ärztliche Kongresse: Da kann keiner ausweichen, jeder muß dort bleiben – bis zum bitteren Ende!«

15. Januar 1966

Einiges in der Medizin kann auf dem Lande anders gehandhabt werden als in der Stadt. Ich habe es mir, nach langem Zögern, abgewöhnt, die Haut zu desinfizieren, bevor ich Injektionen setze. Es gibt keine Spritzenabszesse. Wenn ich Wunden nähe, wasche ich mich zwar mit einer desinfizierenden Lösung, aber ich schneide nichts aus, schaffe keine »glatten« Wundränder, und natürlich desinfiziere ich das Wundgebiet weder vor- noch nachher.

In der Stadt und in den Kliniken hält man sich an die Regel der Universitätschirurgie: Hundebisse und Schußwunden werden grundsätzlich nicht genäht. In der kurzen Zeit meiner Assistententätigkeit bei der eigenwilligen und eigenmächtigen Chefin der

76

Chirurgie des Bürgerhospitals, Frau Mahler, habe ich jedoch gesehen, daß das falsch ist.

Hundebisse kommen hier öfter vor. Es gibt einige gefürchtete Beißer. Die Landbevölkerung hat infolge ihrer Gewöhnung daran, daß Vieh geschlachtet wird, ein anderes Verhältnis zum Tier. Hunde hält man in winzigen Zwingern, meist an der Kette. Kinder haben oft keine Angst vor ihnen, wollen sie streicheln und werden gebissen, manchmal schwer.

Heute habe ich bei einem Jungen den Unterschenkel ziemlich komplett genäht, den ein Bernhardiner zerfetzt hat. Allerdings sind Muskeln und Sehnen nicht beschädigt. Ich habe nichts ausgeschnitten, nur mit einem Lokalanästheticum unterspritzt und dann aneinandergenäht, was zusammengehört. Frau Mahler war vor allem bei Verletzungen im Gesicht so vorgegangen, um kosmetische Schäden zu verhindern, mit vollkommenem Erfolg – aber weshalb sollte das Gesicht eine Ausnahme machen?

Macht es nicht, die Wunde heilt vorbildlich.

22. Juli 1966

Heute heiraten wir! Birke ist bereits in Frankfurt am Main. Ich will gegen neun Uhr nachkommen. Einen Vertreter haben wir nicht gefunden, müssen also am Abend zurück sein.

Kurz vor neun Uhr ein Anruf. Im Ort ist eine Leichenschau zu machen.

Dann fahre ich endgültig los. Es ist trübe, leichter Regen setzt ein. Es stellt sich heraus, daß die Scheibenwischer defekt sind.

In Frankfurt ist besseres Wetter. Ich merke, daß ich vergessen habe, Manschettenknöpfe mitzunehmen. Unser Trauzeuge W., ein Kleiderschrank, macht sich auf, welche zu kaufen. Er kommt wieder mit einem tief symbolischen Industrieprodukt: zwei in einander verschlungene Ringe. Keine Zeit mehr für ästhetische Betrachtungen.

Dann in den Hessischen Hof, insgesamt sind wir sechzehn Personen. Aus Köln Besuch vom »Deutschen Ärzteblatt«. Sie haben ein dickes Buch über französische Malerei mitgebracht, mit ausgezeichneten Reproduktionen. W., der alle Platten leergegessen hat, und Ryschi kommen sich näher und planen gemeinsam ein Musical. W. hat schon die ersten eingängigen Melodien im Kopf und auf der Zunge.

Dann fahren wir zurück. Es ist spät, als wir zu Hause ankommen; völlig dunkel, keine Lampe brennt, und still, wie es nur auf dem Lande still sein kann. Man hört gar nichts. Als ich die Tür aufschließe, knistert irgendwo etwas, dann flüstert es. Wir drehen uns um – da treten Gestalten hinter den Bäumen hervor, Fackeln werden angezündet, und die Leute singen.

Noch lange haben wir vor dem Haus gesessen und getrunken – wir hätten selbst nicht genügend dagehabt, aber jeder hatte etwas mitgebracht, Flaschen, Würste, Kuchen.

13. Februar 1967

Frau W. leidet an einer Schizophrenie. Sie hat sich schleichend entwickelt, niemand hat etwas davon gemerkt, und als es endlich deutlich wurde, trug jeder noch dazu bei, sie durch sein Verhalten weiter zu verstärken. Aber es traten auch Ereignisse auf, die sich unheilvoll niederschlugen, und Menschen wirkten mit, die keine Ahnung hatten, was sie anrichteten. Ein solches Vorkommnis will ich aufzeichnen. Frau W. hat es mir selbst erzählt, und zwar gleich nachdem es geschehen war.

Sie fühlte sich wieder einmal von allen verlassen und ging am späten Nachmittag in ihrer Not in die alte Dorfkirche. Als sie die Tür hinter sich geschlossen hatte, sagte sie laut: »Jesus, hilf!«

Da ertönte vom Altar her eine Stimme:

»Guten Tag, liebe Frau, kommen Sie ruhig näher.«

Sie glaubte, das Herz müsse ihr stillstehen. Die Dämmerung,

die im übrigen vollkommene Lautlosigkeit, und dann die Stimme vom Altar her, die sie einlud, näherzutreten. Als sie es wagte, zum Altar zu blicken, sah sie einen Mann dort stehen. Er winkte ihr freundlich zu und wiederholte seine Aufforderung: »Guten Tag, liebe Frau, so kommen Sie doch ruhig her.«

Sie ging langsam, Schritt für Schritt, voller Angst auf den Altar, auf diesen Mann zu. Sie hatte ihn noch nie gesehen. Er war schwarz gekleidet und blickte freundlich.

»Wer sind Sie?« fragte der Unbekannte.

»Ich bin die Organistin«, sagte sie, »ich spiele sonntags die Orgel hier.«

»Oh«, sagte der Unbekannte, »das ist schön. Ich will Ihnen auch etwas Schönes vermitteln. Bleiben Sie hier stehen, wo Sie stehen, und singen Sie. Ich gehe nach oben und werde die Orgel spielen, als wenn Sie selbst sie spielten.«

So geschah es. Er stieg die Treppe zur Empore hoch, wo die Orgel stand, und Frau W. blieb am Altar zurück und sang auf sein Geheiß hin: Ach, bleib mit Deiner Gnade.

Der Unbekannte spielte die Orgel.

Wie sie wieder aus der Kirche herausgekommen ist, weiß sie nicht zu sagen. Sie zittert am ganzen Leib und weint und schluchzt.

Schizophrenien produzieren Halluzinationen, aber *diese* Halluzination scheint mir etwas Reales zu haben. Andererseits frage ich mich, wer sich am späten Nachmittag in der Kirche aufhält und die Menschen erschreckt?

Nur einer kann darauf Antwort geben, der Pfarrer. Ich rufe ihn an. Er ist zu Hause, und ich erzähle ihm am Telefon, was sich zugetragen hat. Er hört zu, dann sagt er ruhig:

»Ein schreckliches Mißverständnis, beruhigen Sie die liebe Frau W. Ein Pfarrer aus der Stadt ist bei mir zu Besuch, und er hat sich heute nachmittag die Kirche angeschaut. Er berichtete mir gerade, in der Kirche sei eine Frau gewesen, die offenbar Angst vor ihm gehabt habe und fortgelaufen sei, obgleich er ihr etwas auf der Orgel vorgespielt habe.«

»Meinen Sie nicht, daß es etwas sonderbar ist, während der Dämmerung in einer Kirche herumzuspazieren und eintretende ahnungslose Gläubige vom Altar her anzusprechen?«

»Das kann ich nicht finden«, meint der Pfarrer, »in einem Gotteshaus hat man keine Furcht.«

»Ich weiß nicht recht«, sage ich, »vielleicht haben Pfarrer keine Furcht, aber ganz normale Bürger . . . In jedem Fall hat es sich ja nun aufgeklärt, und ich kann Frau W. beruhigen.«

(Nachtrag: Der Pfarrer ruft mich an und schickt eine lange Erklärung voraus. Er habe sich lange gefragt, ob er es mir mitteilen sollte, dann habe er sich entschlossen, es mir zu berichten. Jener Pfarrer, der sich an jenem Herbstnachmittag in der Kirche aufhielt und Frau W. so sehr erschreckte, sei jetzt in eine psychiatrische Klinik aufgenommen worden. Er leide an Schizophrenie.)

Schizophrenie – man spricht von Geisteskrankheiten. Kann der Geist wirklich erkranken? Das Instrument, dessen er sich bedient, kann zerstört werden, die sonderbare graue Substanz, dieser Knäuel unübersehbarer Kerne und Bahnen. Der Geist aber, das, was uns – irgendwann in der späten Embryonalzeit – »eingeblasen« wird, was sich beim Tode zurückzieht, kann nicht krank werden.

19. April 1967

Das Wetter wechselt täglich. Die wetterfühligen Menschen haben Beschwerden. Für den Arzt handelt es sich um diffuse Klagen, aber für die Patienten um beunruhigende Empfindungen jeder möglichen Art. Ich habe das Gefühl, daß die Zahl der Wetterfühligen zunimmt.

Entsetzt bin ich über einen Brief, den die Klinik in B. mir nach langem Zögern nun doch geschrieben hat. Es handelt sich um Frau P., eine 48jährige, immer gesunde Frau, auf der die Last eines Haushaltes mit kleiner Landwirtschaft ruhte. Sie kam Ende

Januar in Behandlung. Mein Vertreter diagnostizierte ein Schulter-Arm-Syndrom rechts. Ich will die Behandlung fortsetzen, aber plötzlich sah ich an ihrer rechten Hand eine leicht entzündete kleine Wunde. Ich fragte sie, ob sie Schweine zu füttern habe. Sie bejahte. Schlagartig war mir die Diagnose klar: kein Rheuma, sondern eine Subpektoralphlegmone, also eine Zellgewebsentzündung *sub* – unter – dem großen Brustmuskel, deshalb nicht sichtbar. Wie ich ihn abtaste, spüre ich ein leichtes Ballonieren. Ich weise sie zur Operation sofort in die Klinik ein, in die Chirurgie.

Zwei Tage später kommt der Mann in die Sprechstunde, er weint. Ich frage ihn überrascht, was geschehen sei. Er sagt, seine Frau liege im Sterben, es habe sich um eine große Krebsgeschwulst gehandelt.

Ich rufe sofort die Klinik an und höre, daß Frau P. nicht auf der Chirurgie, sondern auf der Inneren liegt. Wie das möglich sei, frage ich den Mann, sie sei doch von mir ausdrücklich zum Chirurgen geschickt worden.

»Der Pförtner«, sagt er, »hat das geändert, sie zum Internisten geschickt, das sei richtiger, hat er gesagt.«

Der Sohn des Chefarztes kommt ans Telefon, ist ziemlich hochnäsig.

»Haben Sie das nicht erkannt?« fragt er von großer Höhe herab, »es handelt sich um einen schnell wachsenden Tumor.«

»Ich kenne keinen Tumor«, antwortete ich, »der in acht Tagen soweit ist, daß das Leben des Patienten bedroht ist.«

»In acht Tagen? Was wollen Sie damit sagen? Die Frau ist schwer krank und sicherlich schon sehr lange.«

»Sie ist, um es genau zu sagen, seit acht Tagen krank, und das ist sicher. Wie kommen Sie auf diese wahnsinnige Diagnose?«

»Mein Vater hat sie bestätigt«, sagt der junge Kollege, »er hat auch den Röntgenologen zugezogen, der hat sie ebenfalls bestätigt.«

»Haben Sie Gewebe entnommen? Hat der Pathologe ein Urteil abgegeben?«

»Nein, das allerdings nicht«, sagt er nun etwas unsicherer, »aber mein Vater und der Röntgenologe haben sehr viel Erfahrung mit Krebs. Der Röntgenologe hat sofort eine Ganzkörperbestrahlung vorgenommen.«

»Unterrichten Sie mich, wie es weitergeht«, sage ich mutlos. Ganzkörperbestrahlung! Die Abwehrkraft ist damit zusammengebrochen, der Eiter wird sich in den ganzen Körper ergießen, Sepsis, Hirnhautentzündung – es kann nichts mehr daraus werden.

Am nächsten Morgen ruft mich überraschend der Chirurg an. Er berichtet kurz:

»Mein Oberarzt kam zufällig in das Zimmer, in welchem Ihre Patientin P. liegt. Er sah sofort, was los war, ließ sie in den OP bringen. Wir haben noch inzidiert, massenhaft ergoß sich Eiter, aber die Leucos sind stark abgefallen. Man hatte sie bestrahlt und Infusionen mit Cytostatica gegeben. Prognose infaust. Ich werde Sie auf dem laufenden halten.«

Am nächsten Tag schon ruft er kurz an, die Patientin sei verstorben, er habe die Sektion veranlaßt, das Protokoll werde mir selbstverständlich zugehen.

Das Protokoll kommt ein paar Tage später. Darin steht: »Septische Abszesse in der Lunge und in der Leber.« Von Krebs irgendwelcher Art keine Spur.

Wieder ein paar Tage später ruft mich der junge Kollege an, entschuldigt sich und bittet, nichts weiter zu unternehmen.

»Sie sind sicher«, frage ich, »daß so etwas nicht wieder vorkommen kann?«

Er beteuert es. Der Ruf des hochverdienten Vaters, sagt er (er sagt wirklich: »des hochverdienten Vaters«), stehe auf dem Spiel, natürlich auch seine eigene Karriere.

»Diese hat in der Tat vielversprechend begonnen«, sage ich, »aber die Frau ist unwiderruflich tot. Nichts wird sie mehr zum Leben erwecken. Was die Familie unternehmen wird, weiß ich nicht. Ich selbst werde keine Anzeige erstatten. Ich möchte Sie aber bitten, mir einen ausführlichen Arztbrief zu schreiben.«

Heute also ist er gekommen – nach fast acht Wochen! Sie haben sicherlich intensiv daran gearbeitet, dennoch bestätigt der Brief nur, was leider geschehen ist. Allerdings steht von der Ganzkörperbestrahlung, durch die die körpereigene Abwehr ausgelöscht wurde, nichts darin, nur von einer Behandlung mit dem Cytostaticum Endoxan® ist die Rede: »Da wir bei dem vorliegenden Befund zunächst an einen malignen Tumor (Sarkom oder Osteosarkom) dachten, führten wir zunächst eine cytostatische Behandlung durch. Im Verlauf der folgenden Tage nahm die Schwellung jedoch zu, insbesondere im Axillarbereich, wo sich am 20. 2. eine intensive Rötung und Vorwölbung der Haut zeigte. Die Patientin wurde daraufhin auf die chirurgische Abteilung verlegt und dort incidiert. Dabei konnte ein mehrfach gekammerter Subpektoralisabszeß von erheblicher Ausdehnung festgestellt werden.«

Mich beschäftigt die Frage, ob dieses Schicksal seinen fatalen Lauf auch genommen hätte, wenn Frau P. keine Privatpatientin, sondern eine gewöhnliche Kassenpatientin gewesen wäre. Bei einer normalen Kassenpatientin hätte sich der Pförtner vielleicht nicht veranlaßt gesehen, die gute Einnahme zunächst einmal seinem Chef, dem Internisten, zuzuschieben!

Die Angehörigen fragen, ob denn Fehler unterlaufen seien. Natürlich haben sie Verschiedenes gemerkt. Aber daß der Pförtner der Hauptschuldige ist, der die Einweisung eigenmächtig änderte, ahnen sie nicht, würden es auch kaum verstehen.

Die meisten Menschen wissen nicht, wie sehr Innere und Chirurgie getrennt sind, für sie ist das Krankenhaus eine Einheit, und es erscheint ihnen deshalb sekundär, ob sie zum Internisten oder zum Chirurgen kommen. Die fürchterliche Leichtfertigkeit des jungen Kollegen ist das andere, und auch in diesem Fall wissen sie nicht, wie hier alles von dessen Ahnungslosigkeit abhing. Ich stelle es ihnen anheim, diesen traurigen Vorgang gerichtlich klären zu lassen.

Sie bedanken sich bei mir. Unternommen haben sie nichts.

Opa G. ist gestorben, 87 Jahre alt, Teilnehmer an der deutschen Expedition nach China 1905 wegen des Boxer-Aufstandes unter Feldmarschall Graf Waldersee. Er hat auf der Chinesischen Mauer gestanden, und er erzählte von vielen schönen Sachen, die er sich gekauft habe, um sie mit nach Hause zu bringen. Aber der Oberbefehlshaber verbot jegliche Mitnahme von Andenken und Geschenken. Die kostbare Kiste, in die er alles verpackt hatte, mußte zurückbleiben.

Ich war noch ein paar Tage vor seinem Tode bei ihm. Er ermahnte mich, die Leichenschau sehr sorgfältig vorzunehmen.

»Vor vielen Jahren«, sagte er, »ich glaube, es war 1856, hat hier bei uns einmal einer bei der Beerdigung von innen an den Sarg geklopft. Ich möchte nicht, daß mir so etwas passiert. Wenn man Sie also ruft, nehmen Sie sich Zeit.«

Ich verspreche es ihm. Ich stehe an seinem Bett, und mir fällt auf, daß ich inmitten von Papieren stehe. Zuerst schiebe ich sie mit dem Fuß beiseite, schließlich sehe ich, daß auch das Bett damit bedeckt ist, und bei genauerem Hinsehen in der kleinen, dunklen Kammer entdecke ich, daß es sich um zahllose Rechnungen handelt. Opa G. ist der Gemeinderechner. Bis zuletzt hat er sich mit seiner Aufgabe beschäftigt, aber die Dinge sind ihm entglitten. Das ganze Zimmer liegt voller Rechnungen.

Jetzt ist er tot, wirklich tot, er wird nicht von innen an den Sargdeckel klopfen. Die Kammer ist aufgeräumt, die Rechnungen sind fort.

Seit Tagen Schnee, nachts Schneesturm und Eisglätte.

Nachts 3.45 Uhr klingelt R. L. stürmisch an der Tür. Die Geburt bei seiner Frau stehe kurz bevor, und er schaffe es nicht, aus dem Dorf hinauszukommen, ins Krankenhaus zu fahren. Ich müsse schnell helfen. Glücklicherweise hat er seinen Wagen dicht ans Haus gefahren, so daß wir seine Frau ohne Mühe in das Behandlungszimmer bringen können. Sie legt sich auf die Untersuchungsliege, und ich sehe, daß die Geburt in der Tat bereits in vollem Gange ist. In der Scheide wird das Köpfchen des Kindes sichtbar. Zum Desinfizieren und zu anderen Präliminarien ist es zu spät. Ich raffe die Haut um die Scheide vom Damm her zusammen, der Kopf gleitet heraus – kein Dammriß, wie ich sofort sehe, ganz glatter Verlauf. Nach kurzer Zeit kommt die Schulter, ich helfe unaufdringlich mit, leite mehr, als daß ich ziehe. Schließlich folgt nach der anderen Schulter der Rumpf, den ich nach den Regeln der Kunst herausbringe. Alles geht sehr schnell, das Kind stößt sofort einen Schrei aus. Ich unterbinde die Nabelschnur zweimal und schneide sie durch. Dann zeige ich der Frau und dem Mann, der dabei in der Tür gestanden und zugeschaut hat, den Säugling. Es ist übrigens wieder ein Junge.

Birke, die mitgeholfen hat, deckt Frau L. zu. Was nun? Das Kind ist da, es ist auch abgenabelt. Warten wir auf die Nachgeburt. Es dauert nicht allzu lange, dann kommt sie ebenfalls. Ich kontrolliere sie, sie ist vollständig.

Was nun? Die Hebamme müßte messen und wiegen, windeln – das alles kann ich nicht. Ich rufe sie kurz entschlossen an, und sie kommt auch. Der Weg von ihrem Dorf in das unsere ist überraschenderweise leichter befahrbar als der in die Stadt.

Wenn es immer so reibungslos verliefe, wären Hausgeburten die optimalen Entbindungen. Brustdrüsenentzündungen gibt es zu Hause ebenfalls nicht. Allerdings – der Schrecken der Wöchnerinnen – hat man zu Hause Umstände, es gibt Arbeit, die einem in der Klinik abgenommen wird. Bei Komplikationen ist der Arzt behindert durch die mangelhafte Beleuchtung, die auf dem Lande immer noch vorherrscht (das soziale Gedächtnis: man lebt nach wie vor in der Vorstellung, der elektrische Strom sei sehr teuer, daher die wenigen Watt), sowie durch die modernen, zu niedrigen Betten. Die alten, hohen Bettgestelle waren ideale Operationstische, man brauchte die Kreißende nur quer zu lagern.

Die Klinikentbindung ist längst zur Apparatemedizin geworden. Das perinatale Monitoring versetzt die Frau in eine technisierte, technisch kontrollierte Welt. Zu Hause in der vertrauten Umgebung, im Schutz der Familie, kommen solche Gefühle nicht auf, die hier unausweichlich sind.

Aber alle, und natürlich auch die Schwangere, stehen unter dem von den Medien unablässig wiederholten Diktum, daß die Entbindung alter Art nicht mehr zeitgemäß, die technisch überwachte und gesteuerte die Methode der Wahl ist. Wer also Hausgeburt will, muß sich von dieser Ideologie freimachen, und nichts ist schwerer als die Überwindung von indoktrinierten Anschauungen. Es gehört Mut dazu, nicht nur Einsicht. In der Stadt Zürich gab es in diesem Jahr ganze zwölf Hausgeburten. Der Mut scheint nicht sehr groß zu sein.

ZWEITER TEIL

Student sein,
wenn die Veilchen blühen

»Versuchen Sie nur mit einem Menschen zu
diskutieren, der felsenfest davon überzeugt ist, die
allerbeste Wissenschaft sei die Medizin, die allerbesten
Menschen seien die Ärzte und die allerbesten
Traditionen seien die medizinischen. Von der
schlimmen Vergangenheit der Medizin hat sich nur
eine Tradition erhalten – der weiße Kittel.«

Anton Tschechow, *Eine langweilige Geschichte*

In Frankfurt am Main. Gang durch die Buchhandlungen, »Studentenfragen«-Literatur gekauft. Als ich vor dreißig Jahren in Rostock das Studium anfing, gab es sie auch schon, aber sie war einigermaßen verschieden von der heutigen. Zügellosigkeit und Ungebundenheit seien keine Freiheit, hieß es da, und: zum Nationalsozialisten wird man geboren, noch mehr wird man dazu erzogen, am meisten erzieht man sich selbst dazu. »Zehn Gesetze des Deutschen Studententums«, die unverhüllte *Phraseologie der Manipulation*. Wer heute davon ausgeht, wir hätten das geglaubt, irrt sich sehr. Nur ganz wenige identifizierten sich damit. Beim Kommiß fielen sie dadurch auf, daß sie in der Mittagspause freiwillig Gewehrgriffe übten. Wir anderen versuchten, wenigstens deutlich zu machen, wie wir dazu standen. Besonders gefielen wir uns darin, viele markige Sprüche als Zitate älterer Schriftsteller zu entlarven, und bei den Nietzsche-Zitaten besprachen wir natürlich lebhaft, daß Nietzsche ja ein Judenfreund gewesen sei. Die Väter dieser »Studentenbewegung« waren Anti-Intellektuelle, man könnte sagen: Anti-Cartesianer.

Die heutigen sind Intellektuelle. Ich würde zögern, sie Cartesianer zu nennen. Aber sie durchschauen die Phraseologie der Manipulation und ziehen Konsequenzen, anders als wir es konnten. Überall an den Universitäten Streiks, Blockaden, Vorlesungsboykotts, *Go-ins* usw. Aber wo bleibt das Kästnersche Positive?

Das gibt es, aber darüber ist man sich nicht einig.

Ich liebe Lehrer. Welch eine Aufgabe, sich anderen Kindern zu widmen, als wären es die eigenen!

Herr Kessel aus dem kleinen Nachbardorf war ein solcher idealer Lehrer, ganz aus der alten Schule, Respektsperson, in allen Fächern ausgebildet. Er ließ kräftige Lieder singen, den Katechismus auswendig lernen und verkaufte sogar die Mengenlehre, als sei sie schon zu Kaiser Wilhelms Zeiten üblich gewesen. Wenn ihn die Unlust ankam, erzählte er aus dem großen Krieg und wie er zu seinen Orden gekommen war ...

Aber alle vier Wochen überfiel es ihn mitten im Unterricht, schlagartig schwollen ihm die Augen zu, er mußte davonstürzen, sich zu mir fahren lassen.

Beim ersten Mal sagte ich ihm, nachdem ich den Schaden behoben hatte:

»Herr Kessel, das ist eine allergische Reaktion auf irgend etwas, was Sie nicht vertragen. Das muß ich Ihnen nicht ausführlich erklären, als Lehrkörper wissen Sie alles ...«

»... besser!« unterbrach er mich froh, »als Lehrkörper weiß ich alles besser!«

»Ich wollte es nicht so kraß ausdrücken«, sagte ich, »man weiß nicht, wie es aufgenommen wird, wir sitzen uns ja das erste Mal gegenüber. Aber genau das ist es, was ich sagen wollte: Es wird nicht beim ersten Mal bleiben, vielmehr werden Sie wiederkommen, immer wieder, wenn es Ihnen nicht gelingt herauszufinden, gegen was Ihr Immunsystem, diese souveräne, entelechiale Biochemie in uns, sich da aufbäumt.«

»Entelechie?« Er nickte. »Ich weiß Bescheid – Aristoteles. Gab es damals schon Allergien?«

»Genügend«, sagte ich, »allerdings gegen ganz andere Sachen als bei uns. Zum Beispiel gegen gefälschten Krokodilkot. Der echte wurde hoch gehandelt als Heilmittel, verstehen Sie?«

»War nicht gefährlicher als unsere Pillen heute, oder?«

»Vermutlich harmloser«, sagte ich, »aber Sie dürfen nicht unterschätzen, daß es schwer herauszufinden ist, wogegen Sie nun wirklich allergisch sind. Beispielsweise sind Sie nicht allergisch gegen Gummi, sondern gegen irgendeinen Bestandteil darin. Ich hatte eine Patientin, die von ihrer Allergie nicht wegzubringen war, wiewohl wir genau wußten, woher der Wind wehte. Es war eine bestimmte Sorte Seife, die sie nicht vertrug. Sie hatte sie sofort weggeworfen, benutzte längst eine andere, aber die Allergie wich nicht. Da sah ich mir das Badezimmer einmal an, nahm das Porzellanschälchen – eine nachgemachte Muschel, Sie kennen das – in die Hand und sah darin das neue Stück Seife. Außerdem aber sah ich, daß die Schale noch Spuren der alten Seife trug. Das genügte, die Allergie aufrechtzuerhalten. Die Patientin wusch das Schälchen auf meinen Rat hin aus, und die Allergie war fort, wie weggeblasen. Es ist sehr kompliziert.«

»Ich werde es herausfinden«, sagte er, »verlassen Sie sich darauf! Ein alter Schulmeister kommt schon dahinter.«

Nach vier Wochen erschien er wieder, beide Augen zugeschwollen, aber er triumphierte:

»Ich weiß, was es ist! Die Bienen!«

Nachdem ich den Schaden behoben hatte, fuhr er fort:

»Es trifft mich schwer. Ich muß sie natürlich sofort abschaffen, obwohl ich Imker aus Leidenschaft bin.«

»Bienen können es gut sein«, sagte ich, »dieser Honig enthält manches, was ein anderer Körper womöglich nicht mag.«

Wir verabschiedeten uns im Gefühl, eine Gefahrensituation endlich zu beherrschen.

Nach vier Wochen erschien er wieder, die Augen erneut zu, aber er rief fröhlich:

»Das war ein Irrtum, eine Täuschung. Jetzt aber weiß ich es genau, es ist ganz einfach Fisch!«

»Fisch«, sagte ich, »ist der klassische Fall!«

Nachdem ich den Schaden behoben hatte, erklärte ich ihm:

»Fischeiweiß, wie gesagt, das klassische Allergen. Weshalb sind Sie nicht früher darauf gekommen?«

»Ein Lehrer ist morgens nicht zu Hause«, sagte er, »er weiß nicht, was in der Küche alles brodelt, und nach dem Unterricht ist er so fertig, daß er meist das Essen einfach herunterschlingt ... Verzeihen Sie, aber das ist das Leben.«

Ich sah es ein, und wir verabschiedeten uns unter Beiziehung des schönen Wortes von Schopenhauer, daß wer den ganzen Tag gewandert ist und am Abend ankommt, immer noch rechtzeitig ankommt. Aber nach vier Wochen erschien er erneut, beide Augen zu, die Fäuste vor der Stirn, heulend:

»Ich weiß es nicht, ich weiß es nicht! Mir fällt nichts mehr ein.«

Ich behob den Schaden, dann sagte ich:

»Wissen Sie was? Jetzt gehen wir aufs Ganze! Ich empfehle Ihnen ein Institut, als Lehrer sind Sie beihilfefähig, das heißt, Vater Staat greift zahlend ein, und dann kann in Ruhe geklärt werden, wogegen Sie nun wirklich allergisch sind. Bienen und Fische scheiden aus, sollen wir weiter abwarten?«

»Was sollen meine Schüler denken«, sagt er, »wenn ich alle vier Wochen im Unterricht kampfunfähig werde. Nein, das Raten muß ein Ende haben, ich fahre!«

Als er wiederkam aus Bad Lippspringe, machte er ein verschmitztes Gesicht. Er hielt mir den Brief hin, der bereits geöffnet war.

»Habe natürlich hineingesehen«, sagte er, »die Neugier ist der mächtigste Entwicklungsfaktor für den Menschen ... Jetzt sagen Sie selbst, was davon zu halten ist.«

Der Inhalt war lapidar, aber präzis. Er hatte eine ausgeprägte Überempfindlichkeit gegen Bohnerwachs, nicht gegen das gesamte Bohnerwachs, sondern gegen das darin enthaltene Terpentin.

»Bohnerwachs ohne Terpentin«, bemerkte ich, »und wir sehen uns nicht wieder.«

»Es gibt kein Bohnerwachs ohne Terpentin«, sagte er überlegen, »aber ich habe bereits ein Rezept, wie man selbst Bohnerwachs herstellen kann, und dabei lasse ich das Terpentin fort.«

Ich gratulierte ihm.

»Vor allem«, sagte er beim Abschied, »kümmere ich mich jetzt gleich wieder um meine Bienen.«

Ein paar Tage später brachte er mir einen kleinen Eimer mit Honig. Er sah noch immer völlig unverschwollen aus.

23. Februar 1969

»Meine Pfarre ist wie alle anderen. Alle Pfarren sind einander ähnlich. Natürlich die von heutzutage.« Berühmter Anfang eines berühmten Buches (von Bernanos), und man ist versucht, auf die Landarztpraxis zu transponieren. Die Praxen waren einander früher so ähnlich wie die Pfarren.

»Aber«, widerspricht mir mein Landarzt-Kollege Dr. H., »das liegt nur daran, daß man früher weniger hineinstellte. Man brauchte ja nichts. Das hölzerne Stethoskop, den Spiritusbrenner, um den Urin zu kochen, die alten, ledergebundenen Scharteken aus der Studienzeit, ein echtes Skelett, ein schwerer Schreibtisch – mehr gab es nicht. Heute dagegen steht alles voll technischen Gerümpels. Eben ging es noch ohne Ekg, die Kurzwelle genügte, heute darf das Ekg nicht fehlen, und zur Kurzwelle kommt die Mikrowelle, von der ich glaube, daß sie überhaupt nichts wirkt, so daß am Ende alles großartig aussieht – und auch wieder so ähnlich wird wie früher.«

»Obwohl man sagt, die Ärzte seien Individualisten?« bemerke ich.

»Man sagt es«, erwidert er, »ob sie es sind, ist die Frage. Ich habe nicht viel davon gemerkt. Vielleicht waren sie es früher.«

»Wie war Ihre Studienzeit?« frage ich.

»Student sein, wenn die Veilchen blühen«, singt er schwärmerisch, »unvergessene Zeit, das Lieblingslied des alten Herrn Tengteng, so nannten wir den Romanisten Tartarin-Tarnheyden ... ein kluger, gebildeter, vornehmer Mann!«

»Und dagegen die Praxis, der Alltag?« frage ich weiter.

»Manche sagen, sie würden vom Stumpfsinn aufgefressen«, erwidert er, »ich sehe es nicht so. Auch wenn es immer wieder dasselbe ist: die alten, zugrunde gewirtschafteten Weiblein, die verbrauchten Männer mit ihrem kurzen Atem, die ahnungslosen jungen Mütter . . . Es ist kein Stumpfsinn. Wissen Sie, da sind die Augen – in diesen runzligen, ausgemergelten, zähen Körpern große, brennende Augen. Was sagen sie uns? Sie haben Angst! Und wissen Sie weshalb? Weil in ihnen die Frage drängt, die sie nicht aussprechen können, die sie nur fühlen: War das denn alles? Ist es jetzt schon zu Ende? Wir haben doch noch gar nicht gelebt! Und die jungen Leute? Es ist das gleiche, auch sie haben Angst, und deshalb betäuben sie sich – saufen, heiraten früh. Sie denken, das würde etwas ändern, aber es ändert nichts.«

»Was können wir machen?« frage ich weiter.

»Einfach etwas tun«, sagt er, »das ist alles, was uns möglich ist. Manchmal denke ich, man sollte gar nicht sprechen, denn sie verstehen uns nicht oder verstehen uns falsch. Wir müssen nur etwas tun. Aber was? Darüber grüble ich schon viele Jahre nach. Man hat ja nicht viel Zeit nachzudenken. Es ist so viel zu ihnen gesprochen worden, die Pfarrer steigen jeden Sonntag auf die Kanzel und reden – sie aber warten darauf, daß etwas getan wird. Das geringste Rezept ist ihnen ein Trost . . .«

Dr. H. hat immer eine große Besuchspraxis gehabt, ist sommers wie winters von Haus zu Haus gefahren. Jetzt versucht er, sich umzustellen und regelrechte Sprechstunden durchzuführen. Das ist interessant für mich, denn ich hatte ein bißchen befürchtet, Stadtgewohnheiten aufs Land zu verpflanzen, als ich dasselbe – etwas abrupter – tat.

Studenten besuchen mich aus Frankfurt.

Mit boshaftem Vergnügen erzählen sie, wie sie Vorlesungen linker Hochschullehrer gestört haben. Selbst den alten Carlo Schmid haben sie zur Aufgabe gezwungen, und die Dozenten und Professoren um Adorno haben mehr Angst vor ihnen, ihren genuinen Genossen, als vor der »Reaktion«, dem gemeinsamen Feind.

Das Thema, das mich interessiert, ist das der Spezialisierung. Nach dem letzten Fach des Staatsexamens sagte mein Freund Ernst Nocke, jetzt schnell eine Fachausbildung, wobei er Kieferorthopädie vorschlug. Das Stehen am Stuhl liege mir nicht, erwiderte ich ihm, und es ist nicht jedermanns Sache, ständig und unerschrocken in offene Münder blicken zu müssen.

Das also sei nichts für mich, ich hätte ja schon Mühe, mich auf *einen* Beruf überhaupt zu konzentrieren, die Medizin fordere einem dabei wohl sowieso zuviel ab. Mich interessiere mehr das Allgemeine, eine Position, in der man alles machen kann. Also der Praktiker.

»Weißt du«, sagte er damals, »dir hängt dein Philosophie-Studium nach, soweit kenne ich dich. Das Allgemeine hat in der modernen Wissenschaft keinen Platz, weil in ihr nur das existiert, was spezialisiert ist.«

Die Frankfurter Studenten denken eher wie ich.

»Es handelt sich darum«, sagt Carl Friedrich, »die Umwandlung der Universität in eine Produktionsstätte einseitig technologisch orientierter Facharbeiter zu verhindern.«

»Und im Grunde«, sagt Knut, »sind es die Fachidioten, die den Faschismus realisiert haben. Der Mensch nicht mehr wirklich ein einzelner, sondern eine auswechselbare und ersetzbare Arbeitskraft! Die reine Funktionalität! Versteht ihr, der Experte macht, was ihm aufgetragen wird, perfekt, und eben deshalb kann er sich gelassen darüber hinwegsetzen, daß er etwas realisiert, was verwerflich sein könnte. Zweitens weiß er, daß er in jeder Gesellschaftsordnung reüssiert, denn diese Leute werden von jedem Staat gebraucht!«

»Was machen Sie als Landarzt?« fragt Erich. »Soll ich es Ihnen sagen? Sie verstehen dann, weshalb wir hier sind – von Frankfurt aus ziemlich unbequem, und dann in dieser rostigen Karre, ich habe nicht geglaubt, daß wir es schaffen ...«

Ich fordere ihn auf zu erzählen, was sich Studenten heute unter einem Landarzt vorstellen.

»Sie kennen die Leute«, sagt er, »mehr oder weniger gut, wie das so ist, aber im Grunde alle. Sie behandeln sie, kurieren ihre Arthritis und Bronchitis, was es da so gibt. Aber außerdem schreiben Sie ihnen Briefe, wenn die Landesversicherungsanstalt ihnen eine Kur verweigert, rufen die Personalabteilung an, wenn man einen Lärmgeschädigten nicht an eine andere Arbeitsstelle versetzen will, formulieren so, daß die Wehrersatzbehörde Skrupel hat, jemand einzuziehen, der seine alte Mutter unterstützen muß, worauf man aber keine Rücksicht nimmt. Verstehen Sie, wir glauben, Sie könnten der Übersetzer, der Codierer und Decodierer sein, der den Menschen hier den Umgang mit der undurchdringlichen Verwaltungs- und Maschinenwelt der Industriegesellschaft erleichtert.«

»Denn alles ist ja von dieser Maschinenwelt verändert, wird selbst in Maschinen umgewandelt«, sagt Knut.

»Also hat das Allgemeine wieder eine Chance?« frage ich.

»Natürlich«, antworten sie, »denn die Spezialisierung ist an ihre Grenze gestoßen. Immer vollkommenere Maschinen fordern immer vollkommenere Menschen. Aber vollkommen meint nicht besser, sondern maschinengerecht. Man müßte also Menschen mit geringer Körperhöhe und mit Greifschwanz züchten, wenn man sich den Kriterien unterwirft, die die Raumfahrt präsentiert.«

Es ist ein langer Abend, und als wir uns zur Ruhe begeben, graut schon der Morgen. Kehren die Schelling und Humboldt wieder, frage ich mich. Ist nicht auch der deutsche Idealismus damals ein

eruptives Ereignis gewesen, plötzlich ausbrechend, dann – ebenso
schnell – wieder verflackernd? Aber ich sage nichts mehr davon,
auch würden diese Namen die Studenten irritieren. Sie sollten sie
lesen, diese verschollenen Schriften, so wie sie heute Marx wirklich lesen müßten, der ja auch so lange verschollen war. Aber lesen
sie eigentlich? Zumeist schreiben sie – großartige Infos auf stark
holzhaltigem Papier.

---

21. März 1969

In den »Schicksalen des Dr. Bürger« von Hans Carossa steht für
1908 folgendes: »Was sind das für Menschen, die bei jeder
Mixtur, die man ihnen bereiten läßt, fragen: Ist das vollkommen
unschädlich? Enthält sie kein Gift? – Als könnte eine Kraft, die
nirgendwie schaden kann, irgendwie helfen.«

Das überrascht mich. Ich hatte immer geglaubt, in der guten
alten Zeit hätte man den Ärzten ziemlich bedingungslos vertraut.
Carossa, der ja wohl ein unglücklicher Arzt war, wie Benn – und
doch als Dichter ohne den Arztberuf nicht zu denken ist, wie Benn
– wiederholt, wohl ohne es zu wissen, den ehernen Grundsatz des
Paracelsus: alles ist Medikament oder Gift, es kommt nur auf die
Dosis an.

Wenn eine Erkältung naht, trinke ich ein Glas Wasser mit
einem Tropfen Jodlösung, und nichts passiert. Aber welch ein Gift
ist das metallische Jod!

Kochsalz, als Lösung getrunken oder noch besser in einer
Fleischbrühe, welch ein hervorragendes Mittel, die kollapsige
Situation der Hypotoniker, ihr ewiges Abgeschlafftsein, den mor-
gendlichen Leerlauf zu beheben. Aber welch ein Gift für die mit
dem hohen Blutdruck!

Wie nützlich wäre es, würde man die Tagebücher der alten
Ärzte herausgeben. Sie haben behandelt und hatten Erfolge ohne
unsere vielfältigen Möglichkeiten, ohne unsere Chemie. Aber

haben sie Tagebücher geführt? Da wird es schwierig: die Medizin-historiker müßten sich darum kümmern. Noch gibt es alte Archi-ve, Familientraditionen, vererbten Nachlaß. Lange wird es nicht mehr dauern.

30. April 1969

Die Studenten haben etwas in die Hand genommen, was eigentlich von den Älteren zu leisten war. Selbst der kolossale Anstoß des Jahres 1945 hatte an den Strukturen der Universitäten und der Studiengänge nichts geändert. Sicher, Rassenhygiene für die Mediziner fiel fort, nicht nur als Pflichtfach, sondern komplett. Und fast wären auch die Betriebsbegehungen im Zuge der Arbeits-medizin eliminiert worden.

Welche Vorteile hat uns das neue Denken gebracht? Stark angewachsen sind die Idiosynkrasien. Gewisse Gespräche kann man nicht mehr hören. Der Einladung zu einem Chefarzt-Dinner folgend, werde ich Zeuge, wie ein neu bestellter Chefarzt einen Brief vorliest, mit dem er dem Oberbürgermeister seinen Austritt aus der Partei verständlich machen will, der er *vor* der Ernennung beigetreten ist. Schwergewicht der Satz, daß er als Assistenzarzt eine lange Hungerstrecke zu durchschreiten hatte und deshalb heute nicht auf die Privatpraxis im Krankenhaus verzichten kann.

»Sollte man nicht daran denken«, wage ich einzuwenden, »daß es akademische Berufe gibt, die über das, was Sie Hungerstrecke nennen, niemals hinausgelangen?«

»Einen solchen Beruf nennen Sie mir, bitte«, ist die indignierte Reaktion.

»Nun, denken Sie beispielsweise an einen Privatdozenten der Philosophie in Würzburg. Er hat keine Chance, sich durch irgend-welche gut bezahlten Gutachten etwas dazu zu verdienen.«

Schallendes Gelächter, aber von allen Seiten.

»Das ist doch kein Wissenschaftler!« werde ich angeschrien.

»Wenn Sie schon Gutachten nennen«, ruft ein anderer erhei-
tert, »dann müssen Sie berücksichtigen, daß ein einziges Gutachten mehr Wahrheit enthält, mehr Wissenschaft, als so ein
Privatdozent der Philosophie ein ganzes Jahr lang aufbringen
könnte.«

»Gutachten scheinen mir kein rechtes Beispiel für Wissenschaft zu sein, geschweige denn für so etwas wie Wahrheit«,
versuche ich, etwas Vernunft in diese Runde zu bringen, »denn
sie sind ja rein zweckgebunden, sind Auftragsarbeiten. Und uns
als Ärzten müßte es eigentlich peinlich sein, daß der Patient, den
wir begutachten, bei Gericht überhaupt nicht vertreten ist. Es
gibt keine Anwälte, die sich damit beschäftigen – für ihn tritt ein
Verbandsvertreter auf, eigentlich immer ein Laie. Die Gegenseite
aber zieht Ihre Gutachten bei und läßt sich durch Fachanwälte
vertreten. Praktisch hat der Patient keine Chance, und wir als
Ärzte wirken mit, ihn in diese Situation zu drängen ...«

Der Kreis besteht aus durchweg sympathischen, jüngeren
Chefärzten mit ihren gut gekleideten, meist auch gut aussehen-
den Frauen. Ein Gespräch dieser Art ist offensichtlich noch nicht
in einem solchen Rahmen geführt worden. Vorher ging es über
so belangvolle Fragen, ob man besser dem *Lions Club* oder dem
Rotary Club beitreten oder etwas ganz anderes machen sollte,
nämlich sich um den Vorsitz des Tennisvereins bemühen. Ich
habe die freundlichen Herren irgendwie irritiert. Sie sehen sich
unsicher an, wenden die von mir aufgeworfene Frage verlegen
hin und her – aber die Aggression brütet unter den geziemenden
Floskeln.

»Vielleicht könnte man sich dieser Frage einmal wissenschaftlich zuwenden«, versuche ich, das Gespräch wieder in Gang zu
bringen.

»Darf man fragen, wie so etwas aussehen sollte?« kommt eine
haarscharfe Frage, in der etwas Hohn mitklingt.

»Ist das so schwer?« antworte ich ärgerlich (was mir einen
Stoß von Birke einträgt, tatsächlich, ich gehe zu weit) – »man
muß nur vergleichen, wie das Oberste Gericht, also das Bundes-

sozialgericht, zu den Urteilen der Vorinstanzen steht. Wenn es diese Urteile aufhebt, korrigiert es damit auch die ihnen so gut wie immer zugrunde liegenden ärztlichen Gutachten.«

Es ist, als wenn die Gesellschaft erstarrte. Das Gespräch wendet sich wieder anderen Themen zu und von uns ab. Wir werden in der Folge niemals mehr in diesen Kreis eingeladen.

18. Mai 1969

Fahrt nach Frankfurt, dann nach Mainz. In Mainz findet eine Arbeitstagung der »Basisgruppen Kritische Medizin« statt. Das Programm ist voller wichtiger Punkte. Da steht die Forderung nach einem neuen Gesundheitsbewußtsein, und wirklich können die Ärzte ja nur dann ihrer Aufgabe nachkommen, wenn sie mit den Patienten kooperieren. Das aber bedeutet: auch die Patienten müssen etwas wissen, nicht Details, deren Beurteilung außerdem wechselt, sondern was Gesundheit und was Krankheit ist.

Hier auf dem Lande wird Durchfall nicht als Krankheit bewertet. Die Leute klagen über schneidende Schmerzen im Leib, Appetitlosigkeit, Durst. Niemand sagt, daß er Durchfall hat. Ich frage heute immer danach, weil ich diese Einstellung kenne. Es mag Gegenden geben, wo man Husten nicht als Krankheit ansieht, weil alle husten.

In Frankfurt suchen wir die Kommune in der Schleusenstraße auf. Die Studenten, die dort wohnen, sind engagierte, ernsthafte Theoretiker. Sie sind tatsächlich schon auf den Beinen, aber die Wohnung bietet einen desolaten Anblick. Man kann sich nicht setzen, weil alle dafür geeigneten Möglichkeiten voll belegt sind mit Stößen von Papier, leider kein leeres, sondern bedrucktes, hektographiertes, beschriebenes, dazu Stapel von Broschüren, Lenin und –, Marx und –; der Eindruck verfestigt sich: *Lenin im Exil.*

Sie wollen nicht mit, denn sie haben sich vorgenommen, eine Widerlegung der amerikanischen Soziologie zu konzipieren. So fahren wir allein.

Der Campus der Mainzer Johannes-Gutenberg-Universität ist die alte Flak-Kaserne. Über dem Portal erkennt man noch die Reste des Hoheitsadlers. Die Tagung findet im ehemaligen Kasino statt, ein weit angelegtes Gebäude mit riesigem Saal. Früher hätte man dort sicherlich vom Fußboden essen können, heute wäre das nicht ratsam gewesen. Alles klebt, umgestoßenes Cola, ausgegossene Limonade, Flugblätter in allen Farben, Infos *en masse*. Man diskutiert gerade über die Ausbildung.

Einer versucht, nach nur allzu berechtigter Kritik des derzeitigen Studienganges eine Beziehung zu Marx herzustellen, aber es will nicht recht gelingen. Angenehm immerhin, daß niemand mehr posieren muß. Der Redner wirft die Arme hoch und ruft:

»Zum Teufel, wißt ihr denn nicht, was Marx dazu sagt, irgendwas muß er doch dazu gesagt haben!«

»Hättest dich vorbereiten sollen«, schreien einige.

»Ich hab' in der MEW nachgesehen, kein Stichwort für uns darin . . .«, murrt er.

Ich melde mich:

»Da gibt es eine merkwürdige Stelle, Marx sieht etwas voraus, was erst heute auf uns zukommt. Wir nennen es Dienstleistungsberuf. Marx nennt es auch so, aber er sieht den Arzt noch nicht in diesem Bereich. Er gibt das Beispiel des wandernden Schneiders, der vom Bauern gerufen wird, ein paar Tage bei ihm zu bleiben und die Kleider zu flicken. Es wird also nichts produziert. Dennoch wird Arbeit geleistet. Müßte man nicht da ansetzen?«

Wir bilden eine Arbeitsgruppe, aber gegen Mittag muß ich wieder zurück. Einige Kommilitonen notieren sich meine Adresse.

Worüber haben wir damals in Rostock eigentlich diskutiert? Ich erinnere mich, daß wir einmal versuchten, den Rassebegriff auseinanderzunehmen, wozu uns Mussolini einen prächtigen Ansatz gab, da er Rasse nicht biologisch, sondern historisch definierte.

Über die Medizin dagegen haben wir niemals diskutiert. Sie war
»vorgegeben«, und unsere Aufgabe war es lediglich, sie zu übernehmen.

12. Juli 1969

Im Traum sah ich mich in eine Mammut- und Monstre-Akademi-
kerversammlung versetzt, darunter Tausende und Abertausende
von Ärzten: Sie waren alle auf die gleiche Art und Weise gekleidet. Weißer Helanca-Pullover mit Rollkragen (bügelfrei, tropfnaß
aufhängen), dazu blauer Blazer mit goldenen Knöpfen und hoch-
feudalem imitierten englischen Klubabzeichen. Schon machte ich
mir Gedanken, was der Trend zum weißen Rollkragen tiefenpsy-
chologisch bedeuten könnte, und irgendwie schien mir darin der
verlängerte weiße Kittel aufzuschimmern, mit anderen Worten:
das verlängerte Ethos. Da merkte ich präferabel, wie das in
Alpträumen zuzugehen pflegt: auch dies war es noch nicht. Dann
die riesige, vollkommen leere Bühne – sie war so riesig, daß man
das hundertköpfige Präsidium fast nicht wahrnahm, das dort oben
selbstverständlich aufgepflanzt war (woran fortgeschrittene
Traumdeuter erkennen, daß es sich tatsächlich nur um einen
Traum handelt). Über die Bühne war ein ungeheures Transparent
gespannt, das die Graugans, heraldisch stilisiert, zeigte und die
Inschrift trug: Ökumenisches Weltakademikerkonzil zur Heiligsprechung von Konrad Lorenz. Schlagartig wurde mir klar, daß
der Alptraum nun begann.

Ein akademischer Geschäftsführer bestieg feierlich die Bühne –
sein Blazer war schwarz, die Knöpfe silbern, sonst sah er genauso
aus wie ein Arzt –, gefolgt von dreißig Ministranten: nichtpromo-
vierte Syndici in blauen Konfirmationsanzügen. Er schlug einen
Leitz-Ordner auf und las aus der hektographierten Kammersat-
zung vor. Nach dem Rezitativ verkündete ein Assessor in Sopran,
daß die Kammer als Einleitungsinstanz für Berufsgerichtsverfah-
ren auch Einleitungsinstanz für Seligsprechung wäre. Der akade-

mische Geschäftsführer begann darauf mit der orgeluntermalten Indoktrination: Die Kammerversammlung sei souverän, und wenn sie schon souverän sei, könne sie nicht nur selig-, sondern auch heiligsprechen. Die Syndici brachen in unbeschreiblichen Jubel aus, und die Abertausende nickten ernst mit dem Kopf.

Dann zog ein Chor von dreihundert Chefärzten auf die Bühne, und der Geschäftsführer verkündete, es handele sich durchweg um wirkliche apl. Professoren, von denen jeder sich mindestens sechsunddreißigmal beworben habe; inzwischen stünden sie kommunalen Krankenhäusern auf das würdigste vor. Damit verließ der Geschäftsführer die Bühne. Ich konnte nicht erkennen, ob er sich fortan hinter den Kulissen zu schaffen machte oder im Plenum Platz nahm, einfacher Akademiker und Prolet wie du und ich.

Nun endlich hob die rituelle Verlesung des Hauptwerkes »Das sogenannte Böse« an. Ein urologischer Chefarzt begann mit dem »Prolog im Meer«: »In vornehmer Lässigkeit mit den Flossen fächelnd glitt ich über eine Märchenlandschaft« – jedem Arzt ist ja diese großartige Prosa auf das wundersamste interiorisiert, und der Urologe sah so verzückt dabei aus, als handele es sich bei den prächtigen Korallen um lauter Schleimhautpolypen, die er elektrochirurgisch abzutragen hätte.

Die Lesung zog sich eine Stunde hin, aber nichts wurde ausgelassen, entsprechend jener luziden Bemerkung von Lorenz im »Prolog im Meer«: »Mein müheloser Weg führte mich allmählich in immer seichteres Wasser.« Ein Chirurg – oder gar ein Sportarzt? – hatte das Glück, die eindringlichen Passagen vorlesen zu dürfen, die da lauten: »Das mich beglückende Erlebnis besteht vielmehr in solchem Falle zweifellos im Austeilen von möglichst klatschenden Watschen, allenfalls von leise knirschenden Kinnhaken, keinesfalls aber im Bauchaufschlitzen oder Totschießen. Und auch die angestrebte Endsituation besteht nicht darin, daß der Gegner tot daliegt, o nein, windelweich soll er geprügelt sein und demütig meine körperliche Überlegenheit anerkennen. Und da ich grundsätzlich nur solche Kerle prügeln möchte, denen eine Unterwerfung nicht schaden würde, kann ich meine diesbezüglichen Instinkte nicht so ganz verurteilen.«

Gemeinsam von allen apl. Professoren wurde schließlich jene Stelle rezitiert, die vom unausgelebten Zorn gegen Vorgesetzte handelt, der zu gelehrten Werken edelster Zielsetzung führe.

Noch klang es in aller Ohren: »Der Mensch ist gar nicht so schlecht. Der Mensch ist gar nicht böse von Jugend auf, er ist nur nicht ganz gut genug.« Dann war es vollbracht. Brausender Beifall! Nicht gut genug! Alles ist entschuldigt! Die Vergasungen waren nur Ausdruck des sogenannten Bösen ...

Die Chefärzte formierten sich und zogen feierlich von der Bühne. Das Präsidium der akademischen Stände wurde sichtbar, und der Präsident erklärte, vor der einstimmigen Beschlußfassung sei es unerläßlich, zu diskutieren. Er schlage vor: einen Beitrag dafür, einen dagegen. Wer dafür sei ... Schon standen alle auf, es war ein fürchterlicher Lärm von Füßescharren und Stühlerücken, eine Ovation zugleich an die große Graugans, deren Geist unübersehbar durch den gewaltigen Raum wehte.

»Danke«, sagte der Präsident ergriffen, »darauf also können wir verzichten. Irgend jemand muß sich jedoch opfern, wir müssen leider auch eine Gegenstimme ...«

Ich meinte, ruhig mich melden zu können, und viele nickten mir ermutigend zu, froh, daß der Form somit Genüge geschehen würde.

Ich sagte: »Der Mensch ist also nicht bös, sondern nur sogenannt bös. Wenn er grausam ist, ist er es deshalb, weil er nicht anders kann. Seine Instinktgrundlage ist halt so. Alles ist entschuldigt, weil niemand Schuld trifft, höchstens sogenannte Schuld. Sind wir nicht drauf und dran, einen sonderbaren Heiligen zu küren, einen sogenannten Heiligen?«

»Und was ist mit dem Positiven?« schrie jemand aus dem Plenum.

»Ach so, ja, natürlich – fast hätte ich's vergessen. Die drei großen Lorenzschen Vorschläge: die Aggression, für die niemand etwas kann, auszurotten durch Fußballspiel (»Sport baut Vorurteile ab«) und gemeinsames Lachen (charmant, charmant) sowie Begeisterung für Kunst und Wissenschaft ... mir wär's peinlich ...«

»Daran gerade erkennt man den Heiligen!« schrie jemand aus dem Plenum.

»Es ist wahr«, sagte der Präsident, und er nickte mir zu, mein Beitrag war erledigt, »es ist wahr: diese Einfachheit ist es, die überwältigt ... die Abwesenheit übrigens auch dieser Fremdwörter, Frustration und wie das alles heißt ... (Der Präsident war nicht mehr der Jüngste.) Kommen wir denn zur Abstimmung!«

Es war ein gewaltiger Erfolg. Alle stimmten für die Heiligsprechung, jedenfalls fielen Neinstimmen oder Enthaltungen nicht auf, und der Geschäftsführer rannte mit einem vorbereiteten Telegramm für den Heiligen Vater davon, der in seiner Privatkapelle für den guten Ausgang der guten Sache meditiert hatte.

»Sind Sie sehr enttäuscht?« fragte mich ein Kollege beim Verlassen des Saales.

»Nein«, antwortete ich, »sehr nicht, ich meine nur – Seligsprechung hätte auch schon genügt. Schließlich lebt er noch, und dann hätte er wenigstens noch ein Ziel vor sich gehabt ...«

Es war nur ein Traum. Aber manche Menschen erwachen nie aus ihm. Sie leben in einer Lorenz-Welt.

3. August 1969

Sonntag, Sommerwetter, ein Mercedes hält vor dem Haus. Jugendliche entquellen ihm, als drückte man eine Zahnpastatube aus. Ein ganzer Trupp, abenteuerlich gekleidet, setzt sich in Bewegung. Auf ihrem Wege gibt es allerdings ein kleines Hindernis. Olly hat sich dort in die Sonne gelegt. Sie blickt mißmutig auf, schätzt die bunte Gesellschaft ab. Sie muß zu dem Ergebnis gekommen sein, daß es das Aufstehen nicht lohnt, das Weggehen sowieso nicht. Sie bleibt also liegen, knurrt wahrscheinlich leise. Der Trupp hat ebenfalls abgeschätzt und ist zu dem Entschluß gekommen, Streit zu vermeiden. So marschiert er um Olly herum, ein Stück lang auf dem Rosenbeet, dann auf den Weg zurück.

Zu Birke sagen die jungen Leute, sie solle mal schnell ihren Vater holen. (Großer Triumph.)

Einem von ihnen hat beim Biertrinken eine Wespe in die flinke Zunge gebissen. Sie ist etwas angeschwollen, füllt den Mund jedenfalls mehr aus als sonst eine Zunge. Ich mache, was in einem solchen Fall zu tun ist. Dabei frage ich höflich:

»Chemie oder Natur bevorzugt?«

Der Betroffene blickt das Mädchen an, das neben ihm steht. Sie ist sehr schlank, trägt eine dunkle Brille und antwortet:

»Scheißpflanzen! Hauen Sie ihm was Chemisches rein, was sofort wirkt. Wir brauchen ihn.«

Nachdem das geschehen ist, frage ich nach dem Namen.

»Baader«, antwortet er, »meine Mutter schickt den Krankenschein.«

»Vorname?«

»Andreas.«

»Was macht ihr hier am Ende der Welt?« frage ich, etwa so wie man Künstler fragt, die unvermittelt in einem Dorfgasthof auftauchen.

»Da ist dieses Heim«, sagt Baader mit schwerer Zunge.

»Heimterror, haben Sie schon mal was davon gehört?« ruft ein anderer.

»Halt«, sagt das Mädchen, »er ist doch der Arzt hier! Haben Sie oft Schlagwirkungen zu behandeln? Ich meine Jungens aus dem Heim, die man verprügelt hat?«

»Kommt vor«, sage ich, »sie prügeln sich gegenseitig oft genug.«

»Nein, nein«, sagt sie, »das meine ich nicht! Erzieher, die schlagen . . .«

Wer kennt nicht die alten Schlossereien, in welchen ab und zu mal ein Hammer in Richtung des Lehrbuben flog. Aber an dergleichen kann ich mich nicht erinnern.

»Oder laufen sie weg? Das wäre doch auch so ein Zeichen, daß sie schikaniert werden?«

»Natürlich laufen immer wieder welche fort. Sie wissen ja wohl, daß es bestimmte Störungen gibt, die zu ständigem Vagabundieren tendieren?«

Eigentlich hatte ich »Psychopathien« sagen wollen, aber womöglich hätte sie es falsch aufgefaßt.

»Kommt weiter«, beendet Baader das Gespräch, »wir haben keine Zeit!«

Der Trupp setzt sich wieder in Bewegung. Der Letzte ruft vergnügt:

»Mao hat geholfen!«

Ich denke daran, daß ich den Krankenschein sowieso nicht erhalte und rufe hinterdrein:

»He du, ich heiße nicht Mao!«

Draußen fährt der Mercedes an, Olly ist auch diesmal nicht aufgestanden.

---

4. August 1969

Ein heißer Tag.

Die Polizei ruft an, sie braucht eine Leichenschau bei einem Selbstmörder und gibt als Ort die Gegend zwischen dem Forsthaus W. und der Autobahn an. Ich frage, wie ich die Stelle am besten finden könne. Ich würde es von weitem sehen, sagt der Beamte am Telefon, denn ein Hubschrauber sei dort gelandet.

Der Hubschrauber startet gerade, als ich komme. So weiß ich, wohin ich gehen muß, denn mit dem Auto kann man dorthin nicht fahren. Mitten im Feld befindet sich eine Gruppe an einem der großen Hochspannungsmasten. Die Leute nehmen übrigens keine weitere Notiz von mir. Jemand, den ich als Kripo-Mann einschätze, erklärt sehr nachdrücklich einem älteren, schmalen Herrn irgend etwas – ich unterbreche einfach und frage, wo denn die Leiche sei. Der Kripo-Mann deutet nur kurz vor sich hin, dort liege sie. Im hohen Gras dicht vor mir entdecke ich tatsächlich einen Menschen, trete näher und sehe, daß es sich um einen langen, schmalen jungen Mann handelt. Ich bücke mich. Die Vorderseite des Halses weist eine breite dunkelrote Stelle auf, eine Blutung. Ich streiche dem Toten das Gras und das Haar aus dem Gesicht und sehe eine etwa acht Zentimeter breite, klaffende Stirnwunde. Das Gehirn liegt frei, Ameisen krabbeln darin herum. Ich fasse die Hand, sie ist eiskalt und gibt nicht nach. Die Leichenstarre ist voll ausgebildet.

Ich trete zu der Gruppe zurück. Der Kripo-Mann ist mit seiner Rede fertig. Es handelte sich, wie ich den Wortfetzen entnahm, um die Frage, wann die Leiche zur Bestattung freigegeben wird. Bei ungeklärter Todesursache, wie in diesem Fall, wird die Leiche automatisch beschlagnahmt, der Staatsanwalt muß entscheiden, wie dann weiter zu verfahren ist.

Er wendet sich mir jetzt energisch zu: »Sie sind der Arzt?« Noch ehe ich geantwortet habe, erklärt er mir, der Junge sei auf den Mast geklettert, habe dort oben einen elektrischen Schlag bekommen und sei dann heruntergefallen.

Ich erwähne die Stirnwunde, er hat sie noch nicht gesehen. Gut, entscheidet er, wir müssen ihn ausziehen. Er gibt einer jungen Kripo-Praktikantin die Anweisung und reicht ihr Plastikhandschuhe. Sie schützt andere Arbeit vor, sie müsse doch alles mitschreiben. Er winkt ab. Zuerst dies, und wenn sie es noch nie gemacht habe, einmal sei eben das erste Mal, sie solle gleich anfangen.

Als sie das Hemd ausgezogen hat, was bei der Leichenstarre recht schwierig ist, sehen wir an der linken Hüfte eine Strommarke, etwa fünfmarkstückgroß, wie gestanzt, tief in das Innere des Körpers führend; auch hier bereits Insekten eifrig beschäftigt.

»Lichtbogen«, sagt der Kripo-Mann, »in einer Entfernung von

sechzig Zentimetern wird man vom Lichtbogen erfaßt. Der Junge war also schon über die Höhe der Leitung hinausgeklettert, ohne daß er getroffen worden wäre, denn der Lichtbogen faßte ihn in der Hüftgegend. Entweder wollte er noch höher, vielleicht nur Umschau halten, dann wieder runter, wer weiß – oder er hatte die klare Absicht und rückte nun langsam näher an die todbringenden Drahtseile heran.«

»Jedenfalls fiel er herunter«, sage ich, »zog sich einen tödlichen Schädelbruch zu, falls der Strom ihn noch nicht wirklich getötet hatte. Wie steht es mit der Todeszeit?«

Zum ersten Mal sieht mich der Kripo-Mann an, etwas nachdenklich, dann sagt er ruhig und bestimmt:

»Seit Samstag nachmittag wird der Junge vermißt. Wie wir wissen, ist er hier ausgestiegen, vermutlich im Laufe des Samstags noch auf den Mast geklettert. Jetzt ist Dienstag vormittag, es paßt gerade noch in den Rahmen der voll ausgebildeten Leichenstarre, schon fast eine Ausnahme, aber wir können es akzeptieren. Todeszeit demgemäß Samstag nachmittag.«

Er deutet auf den schlanken Mann, mit dem er die ganze Zeit gesprochen hatte:

»Das ist übrigens der Vater.«

»Sie sind der Arzt«, fragt dieser mich, »ist der Junge wirklich tot?«

»Er ist tot«, antworte ich und reiche ihm die Hand, »leider, kann gar kein Zweifel sein. Elektrischer Unfall. Außerdem Schädelbruch. Was für ein Junge war er?«

»Er war ein ganz normaler Junge«, sagt er, tonlos, müde, als hätte er sehr lange nachgedacht, »ein ganz normaler Junge. Ich kann nichts anderes sagen.«

Wir sprechen noch ein paar Worte, dabei stellt sich die Geschichte allmählich zusammen. Eine Schulklasse aus Norddeutschland unternimmt eine Fahrt nach Prag, ins Goldene Prag, und befindet sich nun auf der Rückfahrt. Hier bei uns oben, auf unserer Raststätte, wird der letzte Halt gemacht. Wie man hört, ist nichts Besonderes dabei vorgekommen. Die Jungen waren in den Toiletten, haben sich Erfrischungen gekauft, sind hin- und hergelaufen. Dabei hat sich der Junge abgesetzt, niemand hat es bemerkt. Es waren zwei Busse, und als er in seinem Bus nicht auftauchte, nahm man ohne weiteres an, er sei wohl in den anderen Bus gestiegen, der schon abgefahren war. Zu Hause erst sah man, daß er gar nicht mitgekommen war.

Die Eltern warteten den ganzen Sonntag über, glaubten, er würde vielleicht die Strecke trampen. Dann erst, am Sonntag abend, erstatteten sie Suchanzeige bei der Polizei. Die Umgebung der Raststätte wurde am Montag morgen abgesucht, ohne Erfolg. Am Dienstag kam dann der Vater, erbat einen Hubschraubereinsatz. Der Hubschrauberpilot entdeckte die Leiche an der Hochspannungsleitung.

»Keine Fremdeinwirkung«, sagt der Kripo-Mann, »soviel ist sicher. Das bedeutet, daß die Leiche wahrscheinlich am Donnerstag freigegeben wird.«

Aber was war eigentlich geschehen? Wir wissen es nicht. Wir wissen gar nichts. Weshalb ist der Junge zurückgeblieben, hatte er von vornherein Selbstmordgedanken? Doch weshalb klettert er dann nicht auf den nächsten Mast, sondern ging noch fast zwei Kilometer weiter zu diesem, den er dann bestieg? Wir werden es nicht erfahren.

Ein ganz gewöhnlicher Junge.

Aber machen wir bei dem Versuch, das Unerklärliche unerklärlich zu lassen, nicht einen grundlegenden Fehler? Wir sehen einen Gegensatz, der vielleicht gar nicht besteht. Nach meiner Erfahrung gibt es zwischen den irrationalen Handlungsweisen des Menschen in ihrer Gesamtheit immer nur gradweise, relative Unterschiede. So kann es sein, daß zwischen einer sinnlosen Prügelszene oder einem Selbstmord nur Millimeter liegen, zwischen einem sinnlosen Besäufnis und einem Selbstmord nur Millimeter, und es hängt von den verschiedensten Umständen ab, ob das eine oder das andere folgt. Der Junge hätte durch alles mögliche abgelenkt und umgestimmt werden können. Hätte dann entweder einen Kameraden verprügelt oder sich betrunken.

Allerdings hat man ihm nicht die Chance gegeben. Hier liegt also, wenn wir es recht durchdenken, Schuld vor. Der verantwortliche Lehrer hätte sich niemals bei dem Gedanken beruhigen dürfen, daß der Junge sich wohl in dem anderen Bus befände. Er hätte auf keinen Fall abfahren dürfen, sondern die Polizei anrufen und sie bitten müssen, den ersten Bus, der bereits unterwegs war, bei der nächsten Autobahnausfahrt zu stoppen und nachzuschauen, ob der Junge sich wirklich darin befand. Wenn nicht, hätte er sofort eine Suchaktion starten müssen und diese nicht eher beenden dürfen, bis der Junge gefunden war.

Am Anfang stände also der Wunsch, irgend etwas zu tun, etwas Ungewöhnliches, und es hing von Zeit und Verhältnissen ab, was daraus folgen würde. Es muß nicht unbedingt der Wunsch sein, »es denen einmal zu zeigen«, mit allem Schluß zu machen. Es kann die einfache Enttäuschung dieser Sehnsucht sein, die sich nicht erfüllt – das Andere, das Große, das nicht gekommen ist.

Oder einfach Liebeskummer.

9. August 1969

Samstag vormittag, wir wollen gerade die Sprechstunde schließen, die wir von Anfang an auch samstags durchführen, als Angebot an die Arbeitnehmer, die alltags – nicht zuletzt wegen der weiten Fahrten als Pendler – nicht kommen können, als wieder ein Wagen mit Jungens vorfährt. Aufgeregt kommen sie herein und bringen einen Verletzten, wie sie sagen. Jemand hat ihm mit dem Besen auf den Kopf geschlagen.

Der Junge hält sich den Kopf, es tut ihm weh, sonst scheint es nicht ernst zu sein. Er war nicht bewußtlos, hat nicht gebrochen, auch jetzt ist ihm nicht übel, der Puls läuft etwas schneller als gewöhnlich, keine Anzeichen von Schock.

»Am besten legst du dich jetzt zwei, drei Stunden hin«, sage ich, »ich gebe dir noch ein paar Tabletten.«

»Das geht nicht«, stöhnt er, »wir führen hier eine Aktion durch.«

»Die beginnt doch erst in zwei Stunden«, sagt ein anderer, »so lange kannst du dich ruhig hinlegen.«

»Wo denn?«

»Natürlich hier, wo denn sonst«, rät ein anderer.

»Geht nicht«, sage ich, »wir schließen jetzt, und in Arztpraxen darf sich niemand aufhalten, wenn keine Sprechstunde ist. Das kontrolliert die Polizei. Aber du kannst doch im Auto liegen oder, bei dem guten Wetter, irgendwo auf einer Wiese.«

Die schlanke Dame mit der Sonnenbrille, die schon am letzten Sonntag dabei war, erscheint wieder, blickt sich prüfend um, ob nicht irgend etwas schiefgelaufen ist. Ihr Name ist übrigens Ensslin.

»Es scheint eine reguläre Offensive zu sein«, sage ich später zu Birke, »sie werden die Heime eliminieren.«

»Sagen wir, sie könnten es, aber es sind Studenten, sie halten also nicht durch. Sie haben einen weiten Weg von Frankfurt hierher. Wenn sie heute schon zeitig hier waren, mußten sie sehr früh aufstehen. Auch das paßt nicht in den studentischen Geschmack.«

»Das würde bedeuten, daß sie Opfer bringen«, sage ich, »man wird von Idealismus sprechen müssen.«

»Vor allem von schlechtem Benehmen«, sagt Birke, »und dies zusammen mit der Unzuverlässigkeit wird sie in einer Gesellschaft scheitern lassen, die sich an den Höherstehenden orientiert.«

Der Erziehungsleiter kommt herein.

»Es ist wie eine Offensive«, sage ich, »wann fing denn das Ganze an, und vor allem: wie haben die Studenten es angestellt, hier so offiziell auftreten zu können?«

»Es fing mit zwei Studenten an, die irgendwann im Juli baten, das Heim besichtigen und dann auch mit den Jungens über die allgemeine Situation sprechen zu dürfen. Übrigens sieht es nicht nur aus wie eine Offensive, es *ist* eine, generalstabsmäßig entworfen, gut organisiert, sogar Geld steht zur Verfügung. Jeder Junge, der mitkommt, erhält pro Tag fünf Mark.«

Wir gehen zum Heim. Noch immer stehen viele Jungens dort herum, bilden Gruppen, diskutieren. Die Frankfurter sind leicht zu erkennen: Die Rücken ihrer Jeansjacken sind mit bunten Bildern und Zeichen versehen.

»Was liegt dem zugrunde, abgesehen von den politischen Zielen?« frage ich weiter.

»Aggression als Kontaktsuche«, sagt der Erziehungsleiter, »kennen Sie dieses Phänomen?«

Ich blicke ihn überrascht an.

»Wenn es so plötzlich formuliert wird«, sage ich, »reißt es einen Vorhang weg. Es kommt überall vor, auch in der ärztlichen Praxis. Der Mensch ist einsam, und wenn man die Einsamkeit auf keinem anderen Wege durchbrechen kann, versucht man Zuwendung herbeizuzwingen durch Aufstand.«

---

30. August 1969

Bad Aussee liegt im Salzkammergut, hinter Gebirgsmassiven versteckt. Es ist der ideale Kongreßort. (Nicht zufällig hatte Hitler hier ein letztes Refugium geplant. Nur hatte er zu spät angefangen, die Berge auszuhöhlen, und so reichte es gerade noch, einige Kisten gefälschter Pfundnoten im See zu versenken. Sie wurden gerade gehoben, als wir ankamen . . .) Ist man erst einmal in diesem Kessel, gibt es kein rechtes Entkommen – man ist einem Kongreß auf Gedeih und Verderb ausgeliefert.

Dr. Emanuel Berghoff, der uns eingeladen hatte, war sich darüber sicherlich klar. Der Kongreß war seine Erfindung, eigentlich eine private Angelegenheit, und er erlaubte es ihm, jedes Jahr einmal die bedeutendsten Kapazitäten eines jeden Gebietes zu hören. Wenn er einlud, schrieb er übrigens nicht als Doktor Berghoff aus Wien, sondern als Generalsekretär der »Weltunion für prophylaktische Medizin und Sozialhygiene«, und eigentlich kamen alle. Die »Weltunion« war er, und wem das nicht genügte, dem servierte er noch einige andere Namen, als Präsidenten beispielsweise den alten Professor Glaser.

Diesmal hatte er die Geriatrie zum Tagungsthema bestimmt, und die beiden großen »A« dieses Fachs, B. Aschner aus New York und Frau Aslan aus Bukarest, waren erschienen, dazu viele andere angesehene Forscher und Fachleute auf dem Gebiet der Geriatrie. Aus der UdSSR war der Physiologe Durmischjan gekommen. Er hatte in Wien, beim Verlassen der Maschine auf dem Flugplatz, einigen Ärger, denn man »filzte« ihn, als sei er ein hochkarätiger Spion oder Rauschgifthändler.

Aschner imponierte durch seine souveräne Art. Gelassen schritt er durch Bad Aussee, als hätte der Erzherzog es ihm einst vermacht. Er setzte eine Pressekonferenz an, zu der Ärzte keinen Zutritt haben sollten, er wollte nur zu den Journalisten sprechen.

Ich setzte mich trotzdem mit in den Raum und hörte zu. Aschner erzählte, wie die Hochschulmedizin bei den wichtigsten Krankheiten versage, daß sie bei Rheuma, bei Arthritis, also dem Gelenkrheuma, bei den chronischen Krankheiten absolut nichts zustande bringe. Die Menschen aber wollten Hilfe, und da empfehle er die Erinnerung an die großen Ärzte vor Beginn der naturwissenschaftlichen Ära. Er hatte sie alle präsent und zitierte sie nebenher geläufig, von Hippokrates und Sydenham bis zum alten Hufeland.

Ich fragte ihn schließlich, wie denn das amerikanische Publikum darauf reagiere. Schließlich seien seine Methoden doch reichlich anstrengend, etwa eine Brechkur ...

»Wissen Sie«, fiel er mir ins Wort, »daß die Brechkuren genauso anzusehen sind wie unsere heutigen Schocktherapien? Die Wirkung ist die gleiche, nur ist das Brechen harmloser.«

»Nun ja«, sagte ich, »aber ist es nicht so, daß ein moderner Amerikaner lieber eine Pille schluckt oder sich etwas injizieren läßt, ehe er sich dem Brechen überantwortet und all den anderen Methoden, die Sie vorschlagen – Brennen und Haarseile-Ziehen, Abführen, Schwitzen . . . ?«

»Sie kommen alle zu mir«, sagte er, »niemand will die Chemie der Geschäftemacher. «

»Wollen Sie sagen, daß die empfindlichen Amerikaner wirklich lieber kotzen als eine Pille schlucken?« hakte ein Journalist nach.

»Genau das«, antwortete Aschner, »denn sie wissen, daß sie sich dabei nicht vergiften, was bei den Pillen nicht so sicher ist. «

Am nächsten Tag hielt er seinen Festvortrag und referierte im Prinzip dasselbe. Im Grunde bot er eine Kurzfassung seines großartigen Werkes über die Konstitutionstherapie. Berghoff hatte mich, weil irgend jemand fehlte, in das Organisationskomitee berufen. So saß ich am Vorstandstisch und wußte nicht recht, ob ich mich zur Diskussion melden durfte. Schließlich siegte meine Neugier, zu hören, wie wohl die Antwort des Altmeisters ausfallen würde. Ich fragte also:

»Die Konstitutionstherapie, wie Sie sie vertreten und praktizieren, ist ja schon einmal, und zwar als einzige und alleinige Therapie, bei diesen Krankheiten durchgeführt worden . . .«

Ich sah von der Seite, daß er den Kopf zu mir drehte und eine Hand an ein Ohr legte.

»Es waren die alten Ägypter«, fuhr ich fort, »sie waren so gesundheitsbesessen, daß sie statt ›Guten Tag‹ zueinander ›Wie habt ihr heute geschwitzt?‹ sagten. Soviel ich weiß, ist das Rheuma bei ihnen allerdings nicht ausgerottet worden, und die Mumien zeigen von einem gewissen Alter an alle Formen der Arthritis . . .«

Ich sah, wie er abwinkte.

»Gestatten Sie noch einen Hinweis«, fuhr ich fort, »unser großer Goethe litt auch am Fließfieber, wie man das Rheuma damals nannte. Da alles nichts half, gab er eines Tages dem Drängen seines Hausarztes nach – ich glaube, es war Dr. Huschke, dessen Tagebuch wir noch besitzen – und unterzog sich einer solchen, darf ich sagen: altägyptisch-Aschnerschen Behandlung. Er schwitzte, er machte eine Brechkur und nahm noch einiges andere Unangenehme auf sich. Wissen Sie, wie er reagierte? Ich will es kurz machen: Im Tagebuch des Doktors kam seither der Name des Patienten Goethe nicht mehr vor; er wechselte den Arzt.«

Ziemlicher Trubel entstand im Saal. Mein früherer Chef, der Chirurg Professor G., winkte mir vergnügt zu, andere schrien etwas wie »unverschämt« und »wer ist der junge Mann da vorn?«

Ärzte geraten leicht in Harnisch, wenn ein Dogma angetastet wird. Sie wissen nicht, was Hufeland einst schrieb: Die Kunst ist ewig, das System vergänglich. Sie sind Neo-Dogmatiker, wie die Kritiker Neo-Aufklärer sind. Nur Aschner selbst blieb ganz ruhig. Er erhob sich langsam hinter seinem Pult, reckte sich groß und weiß und sagte dann:

»Wissen Sie, meine Damen und Herren, das höre ich immer wieder, und es soll eine Art Einwand gegen die Konstitutionstherapie sein. Aber das ist es nicht, weil die alten Ägypter, falls sie das wirklich getan haben, was der junge Kollege vorgetragen hat, von der Konstitution nichts wußten, also zufallgestreut gehandelt haben. Mal half es, und mal half es nicht. Und zweitens, meine Damen und Herren, der Patient mit Namen Goethe –! Sie haben ja wohl alle irgendwelche prominenten Patienten, und demgemäß wissen Sie auch, wie diese sich verhalten – nämlich eigensinnig und nicht bereit, irgend etwas mitzutragen, mitzumachen, was ihre Bequemlichkeit tangiert. Wollen wir uns doch freuen, daß wir Herrn Geheimrat Goethe nicht zum Patienten haben.«

Erheblicher Beifall. Ich schloß mich ihm an: Er war halt der große alte Mann der außerschulischen Heilmethoden, stand einmal zum Nobelpreis an; auch Paracelsus-Übersetzer übrigens . . .

Ein anderer Wahlamerikaner und genuiner Wiener trat an das Pult, der Chirurg A. W. Kneucker. Er hatte eine Philosophie der Medizin geschrieben, war in Amerika Urologe. In seinem Buch findet sich provokant der Satz: »Wie erträgt heutzutage überhaupt der Arzt sein Leben? – Je mehr Erkenntnisse er sammelt, desto mehr wird ihm die Unzuverlässigkeit der Medizin vor

Augen geführt. Die Medizin als Wissenschaft ist nicht berufen, dem Arzt einen geistigen Halt zu geben.«

In seinem Vortrag reflektierte er über den Tod. Leben und Tod seien Erfahrungstatsachen, aber im Sinne einer wissenschaftlichen oder philosophischen Überlegung seien wir diesem größten Problem des Daseins nicht nähergekommen. Wir könnten nicht einmal exakt bestimmen, wann jemand tot sei. Dazu berichtete er folgenden Fall:

Ein Polizist bekommt bei einer Verbrecherjagd vier Schüsse durch den Bauch. Bei der Einlieferung in das Spital zeigt sich dieses Bild: Patient atmet nicht, hat an den großen Gefäßen keinen Puls, die Herztöne sind nicht zu hören, und es tritt ein schneller, allgemeiner Verfall ein. Das Gesicht nimmt die Maske der *facies Hippocratica* an, die Nase wird spitz, die Wangen fallen ein. Die Körpertemperatur sinkt und nimmt die Raumtemperatur an. Nichts unterschied diesen Menschen mehr von einer Leiche. Die Augen bekamen die typischen Veränderungen, wurden undurchsichtig, die Pupille war verzerrt, die Haut nahm die eigentümliche Konsistenz und Farbe der Leichenhaut an – nur die Leichenflecken fehlten, und die Totenstarre trat ebenfalls nicht ein. Die beteiligten Ärzte beratschlagten, ob sie den Patienten für tot erklären und in die Leichenhalle bringen lassen sollten, oder ob es ratsamer wäre, noch abzuwarten. Sie entschieden sich für das Abwarten. Nach 72 Stunden, also nach vollen drei Tagen, kamen ganz langsam Atmung und Puls zurück, der Kadaver wurde wieder zum Menschen, und nach mehreren Wochen konnte er die Klinik wieder verlassen, gesund und dienstfähig. Wäre sein Körper nicht sehr genau überwacht worden, hätte man ihn zweifellos für tot erklärt. War er tot gewesen oder nur scheintot? Und wo läuft die Grenze? Wenn sie im naturwissenschaftlichen Sinne so schwer zu ziehen ist, wie sollte sie in philosophischem Sinne zu finden sein?

Zum Schluß seines Vortrages berichtete er, daß er in Chicago bei zahllosen Sterbenden Blutuntersuchungen durchgeführt habe. Immer habe er dasselbe gefunden, nämlich ein Absinken des Magnesiums im Serum. Nach seiner Meinung müsse der Tod etwas mit diesem Magnesiumverlust zu tun haben. Dann trat er vor das Pult und riet dem staunenden Auditorium:

»Machen Sie es wie ich, trinken Sie möglichst viel Kakao, denn Kakao enthält reichlich Magnesium, und damit leisten wir eine Prophylaxe des Todes, die einzige, die mir derzeit bekannt ist.«

Einige Male noch sah und sprach ich Kneucker in den kleinen Kaffeehäusern von Bad Aussee, und immer hatte er seine Tasse Kakao vor sich. Vierzehn Tage später erhielt ich aus Wien die Nachricht, daß er verstorben sei.

Birke war einigermaßen entsetzt über den Kongreß, sagte es auch dem Doktor Berghoff. Sie habe, gestand sie ihm, den Verdacht, daß es sich bei der Medizin nicht um Wissenschaft handle, denn es fehle die Bestimmung dessen, was man wirklich als exakt ansehen könne.

»Exakt in der Medizin«, meinte Berghoff, »ist nur der einzelne Fall.«

»Sie ist also eine empirische Wissenschaft?« fragte Birke weiter.

»Aber natürlich«, sagte Berghoff gewinnend, »eine axiomatische Wissenschaft wie die Mathematik kann sie kaum sein. Denn in der Medizin ist manchmal 2 × 2 auch 5.«

<hr>

4. Oktober 1969

<hr>

Ich liebe die letzten September-, die ersten Oktoberwochen. Die Kurgäste reisen ab, die die Praxis den Sommer über bevölkert haben, und die Einheimischen haben noch nicht begriffen, daß jetzt die Zeit ihrer Beschwerden und Leiden kommt.

Man kann nachdenken.

Merkwürdiger Beruf, Krankheiten zu behandeln, und schon in diesem Wort ist das Verhängnis fixiert. Man soll unablässig etwas tun, handeln. Die Leute sagen: »Sie müssen etwas machen, so können wir es nicht lassen«, oder auch: »*Wir* müssen etwas machen.« Eigentlich müßten wir nachdenken und dann erst entscheiden, ob und was wir machen. Aber wären die Leute nicht schockiert, wenn ihnen das zugemutet würde? Sie sind ja alle auf die »Heilung« durch *eine* Spritze, *eine* Tablette eingestellt – nichts soll sich länger hinziehen, sofort muß die erwünschte Wirkung eintreten. Handelt es sich um Heilung?

Manchmal lehnt man sich zurück, schließt die Augen und überlegt. Wie war das doch damals, langsam kommt die Erinnerung, da ergab sich doch ein überraschender Zusammenhang, ein hilfreicher Ausweg – aber schon muß es weitergehen. Deshalb geht nichts weiter.

Verse eines japanischen Kollegen (Furuja Hideo):

Wie ein Heilkräuter-Sammler
Am Wasserfall sitzend
In Ruhe erkennen.

Die alten Ärzte – die Ärzte vor 150 Jahren – konnten nicht weniger als wir, obgleich sie viel weniger wußten: Sie hatten mehr Zeit. Ist das das Geheimnis?

7. Oktober 1969

»In den alten Zeiten, wo das Wünschen noch geholfen hat« – unwahrscheinlicher Anfang eines unwahrscheinlichen Buches. Friedrich von der Leyen hat ihn ruiniert, wie Wissenschaftler etwas ruinieren, leise und mit gutem Gewissen, indem er das Märchen vom Froschkönig als Nr. 66 in die Mitte und das Märchen von der Unke mit dem banalen Anfang »Es war einmal« als Eröffnung der Sammlung nahm.

Oder wollte der große Märchenforscher, daß wir diesen merkwürdigen Satz vergessen? Ich glaube nämlich, daß er etwas Wahres aussagt: Wünsche können helfen, nicht nur subjektiv, sondern auch objektiv, indem sie wahr werden. »Wahr« heißt nicht immer

»wirklich«, aber das Wünschen ist plötzlich in einen Zustand übergegangen, der der Erfüllung nahe ist. Was man sich in der Jugend wünsche, hätte man im Alter »die Fülle«, sagt Goethe: Kaum jemand, der diesen Satz nicht bestätigen würde.

Das Wünschen darf nicht beliebig sein, nicht austauschbar – und es muß sowohl inständig sein als auch lang anhaltend, durchhaltend, vielleicht lebenslang.

Wenn ich mich frage, womit die Welt und das Leben am besten beschrieben sind, fällt mir ein, daß man sie als Wünschen verstehen könnte. Das Universum ist ein Wunsch, wie Wünsche ausgreifend und ungestüm. Wir müßten nur wissen, wer es sich gewünscht hat und ob es vollkommen dem entspricht, was er sich gewünscht hat.

9. Oktober 1969

Zu meinem Einzugsgebiet gehört ein sehr kleines Dorf, es zählt nur 44 Einwohner, und räumlich erstreckt es sich gerade über 84 Hektar. Mit diesem Dorf muß es etwas Besonderes auf sich haben. Keiner der Älteren, die gestorben sind, ist ohne eine merkwürdige Äußerung geschieden. Am längsten beschäftigte mich, was der alte R. ein paar Stunden vor seinem Tode sagte. Ich fragte ihn, ob er gut schlafen würde. Er antwortete:

»Ich schlafe, wie der Hase schläft.«

»Und wie schläft der Hase?«

»Er horcht, ob der Jäger kommt.«

Ich lächelte ihm zu, und er lächelte zurück. Draußen vor der Tür überlief es mich. *Ich horche, ob der Jäger kommt.* Durch die alten Bäume fuhr der Wind. Der Jäger war ganz nahe, und der alte Bauer wußte es.

Oder der ehemalige Bürgermeister dort. Plötzlich faßte er den Arm seiner Frau und sagte: »Jetzt, jetzt geht's hinab, halte mich fest.« *Hinab*, hatte er gesagt. Gefühl eines Sturzes? Wohin fällt man in dieser Stunde? Und man will gehalten werden!

Der alte G. ließ plötzlich alle an sein Bett kommen, die im Hause waren. »Ich will euch ein Lied singen«, sagte er. Dann sang er mit seiner brüchigen, zittrigen Greisenstimme: *Nun muß ich scheiden aus diesem Tal.* Danach legte er den Kopf zur Seite und starb.

2. Dezember 1969

In einem Märchen steht, woran ein Arzt, wenn er in ein Kranken-zimmer kommt, sofort merkt, wie es steht. Nimmt er eine vermummte Gestalt zu Füßen des Kranken wahr, kann er sein Handwerk beruhigt ausüben, der Kranke wird wieder genesen. Sieht er sie jedoch zu Häupten des Kranken, so weiß er, daß er nichts ausrichten kann.

Wie hilfreich und welch eine Versuchung! Das Märchen erzählt denn auch dieses Schicksal.

Jeder Arzt würde dieses Schicksal teilen. Eine Zeitlang hielte er sich vielleicht an die Regel. Und da sind ja auch so viele alte Leute, die wollen sterben, also läßt er es dabei. Aber einmal wird es ihn sicherlich empören: Soll er tatenlos zusehen, kann er nicht doch etwas ausrichten, wozu denn ist er Arzt? Und er versucht, das Unabwendbare aufzuhalten.

Aber es gelingt nicht. Damit ist sein Schicksal besiegelt. Das Märchen stellt nicht die andere Frage: Und wenn es gelingt?

Der alte Förster R. in N. war schon bewußtlos, als ich wieder zu ihm gerufen wurde. In einer Stunde wollte ich in den Urlaub abreisen, der Vertreter war gerade gekommen. Ich fuhr schnell zu ihm hinauf, »um ihn noch einmal zu sehen«, und konnte es nicht lassen. Eine halbe Apotheke injizierte ich ihm, teils intravenös, teils intramuskulär, dann verabschiedete ich mich von der Frau. Wir wußten beide, wie es steht, wußten es seit Tagen.

»Es ist schade, daß ich ihn nicht wiedersehen werde«, sagte ich. Er hat mir das Wünschelrutengehen gezeigt, mindestens bei ihm konnte ich's, und vor zehn Jahren noch sprang er aus dem Stand aufs Pferd. Jede Weihnacht brachte er rechtzeitig eine wunderbare alte Douglasie, selbst abgehauen und geschnitten – und die vielen Geschichten, die er erzählt hat. Doch nach all meinen Maßnahmen geschieht nichts, er rührt sich nicht, schlägt die Augen nicht auf, nicht einmal die Atmung geht schneller oder wird tiefer. Er ist auf dem Wege fort von uns.

Als ich zurückkomme, rufe ich an und erkundige mich. Ich erhalte die Antwort: *Er lebt*. Aber die Stimme seiner Lebensgefährtin ist traurig. Was bedeutet das? Ich fahre hoch und besuche ihn. Er lebt in der Tat, ist wach, liegt im Bett, aufstehen kann er nicht mehr. Er ist ganz ohne Kraft, der riesige, mächtige Mann ist ein Wrack.

Ich habe die dunkle Gestalt gesehen und habe zuwidergehandelt. Da ich mich so sehr angestrengt habe, lebt er wieder, aber die dunkle Gestalt bleibt unbesiegt – es ist kein Leben.

»Wie es einen doch in die Erde drückt«, murmelt er.

DRITTER TEIL

Der Kampf gegen die Eisenbahn

>*Adler:* . . . Denken Sie, ein beginnender Tumor im
Kleinhirn bei der Sektion, der gar keine Erscheinungen
gemacht haben soll!
Bernhardi: Nein, wenn man denkt, daß manche Leute
gar nicht dazu kommen, alle ihre Krankheiten zu
erleben, man möchte an der Vorsehung irre werden!«

Arthur Schnitzler, *Professor Bernhardi*

Der alte R. ist 1875 geboren worden, hatte also um die Jahrhundertwende schon seine Dienstzeit in der kaiserlichen Armee hinter sich. Als Neunziger litt er an hohem Blutdruck. Immer wenn der systolische Wert über 200 stieg, sagte er, ihm sei so »trocken im Kopf«. Dann wußte ich Bescheid und kontrollierte die Blutdruckwerte.

Eines Tages berichtete ich ihm, daß ein siebzigjähriger Patient von mir in O. gestorben sei. Ich wußte, daß er ihn kannte und war gespannt auf seine Reaktion. Er sagte:

»Der war doch alt genug.«

Jetzt hat er sich mit 94 Jahren den rechten Schenkelhals gebrochen. Das war früher der sichere Tod. Jetzt bohrt man einige Löcher in den Knochen und schraubt eine Lasche auf, alles unter Kontrolle eines Fernseh-Röntgenbildes.

Heute erhalte ich den Arztbrief, darin steht:

»Der postoperative Zustand des Patienten war zufriedenstellend, wenngleich er während des gesamten Aufenthaltes hier örtlich und zeitlich nicht orientiert war. Am 11. 12. 1969 trat dann ohne jede Vorankündigung um 17.15 Uhr der Tod ein. Es dürfte sich um ein Herzkreislauf-Versagen infolge eines Hirnschlages gehandelt haben.«

Wie vage doch die Angaben über Todesursachen selbst aus Kliniken sind! Der Leichenschauschein fordert übrigens dazu heraus. Er gibt nur sechs Möglichkeiten vor, von denen eine anzustreichen ist.

Das Alter jedenfalls ist keine Todesursache, nicht einmal eine

Krankheit. Die alten Physiologen sprachen von »Abnahme«, und wenn die Abnahme zu weit geht, brechen die großen Regulations- und Funktionssysteme zusammen. Die vielen alten Menschen, die ich hier zu behandeln habe, lassen mich daran denken: Altern beruht auf etwas, was sich im Leben und durch das Leben ver- braucht. Früher sprach man von Lebenskraft, der Begriff ist heute noch geeignet. Es ist, als ob jedermann eine bestimmte Menge davon bei der Zeugung mitbekommt. Der größte Teil ist bereits bei der Geburt aufgezehrt. Experten sagten mir, man müsse damit rechnen, daß mehr als 90% bei der Geburt bereits verbraucht sind. Manche meinen, es sei noch sehr viel mehr, es bleibe wahrschein- lich nur 1% der ursprünglichen Menge übrig. Mit diesem einem Prozent kommen wir zur Welt. Wer Geriatrie betreiben will, muß demgemäß sehr früh anfangen.

15. Januar 1970

Birke stellt sich beim Direktor der Universitäts-Frauenklinik vor. Er ist erst vor kurzem berufen worden, also nicht mehr der alte, unter dessen Obhut Stefan zur Welt kam. Er bringt diverse Neuerungen mit, unter anderem die Ultraschall-Untersuchung. Ich erinnere mich, daß man vor fünfzehn Jahren Ultraschall zur Abtreibung benutzte. Die Beschallung brachte manchmal die Gebärmutter soweit, daß sie den Embryo abstieß. Heute wird sie eingesetzt, um das exakte Alter und damit auf das genaueste den Geburtstermin zu bestimmen. Für Birke ist er danach eindeutig und unwiderruflich auf den 20. Februar festgelegt.

Es ist gut, daß es diese Möglichkeiten heute gibt. Nun kann man mit Sicherheit planen, Sachen kaufen, sich auf das große Ereignis einrichten.

Heute sollte die Entbindung stattfinden, das Ultraschall-Verfahren und die Erfahrung des Ordinarius haben es so festgelegt. Aber nichts ist geschehen.

Vor fast drei Wochen bemerkte Birke Senkungswehen. Die alten Ärzte haben herausgefunden, daß diese exakt vier Wochen vor der Entbindung eintreten. Dann wird der Kopf in das kleine Becken hinabgedrückt, die Magengegend wird etwas freier, es ist ein sicheres Zeichen. Wir haben danach noch zwölf Tage Zeit.

Für mich ist das nicht so gleichgültig wie für jemand, der in der Stadt wohnt. Die Straßen sind verschneit, teilweise vereist. Wir haben tiefen Winter, und bis zur Klinik sind es rund 160 Kilometer.

Ich rufe in der Universitäts-Frauenklinik an und werde mit dem Kreißsaal verbunden. Der Privatassistent nimmt den Hörer ab und schreit vor Vergnügen:

»Das Kind ist da, eben geboren, Herr Professor hält es gerade an den Beinen hoch, und es schreit kräftig – hören Sie es?«

»Ist es ein Junge oder ein Mädchen?« frage ich.

Es steckt kein Werturteil in dieser Frage. Der Privatassistent sagt:

»Einen Moment, da muß ich erst einmal hinsehen ... Ja, es ist ein Junge!«

Wir nennen ihn Arved.

Stefan wurde vor zwei Jahren geboren, am 31. Mai in Frankfurt am Main, als man die Frankfurter Universität stürmte. Studenten hatten über den prächtigen Eingang in der Senckenberg-Anlage geschrieben: »Meier-Gustls Oberbayern«. Überall hingen Vorlesungsverzeichnisse einer an diesem Tag gegründeten »Kritischen Universität«, die eine »affirmative Wissenschaft« vertreten sollte. Die Ankündigungen waren aufregend. Heute ist alles vergessen, niemand weiß mehr etwas davon.

9. Dezember 1970

Vortrag auf Einladung der Fachschaft Medizin in der Aula der Universitäts-Hautklinik in Göttingen: Zum Selbstverständnis des praktischen Arztes in der Industriegesellschaft. Gleichzeitig spricht der Nobelpreisträger Manfred Eigen über seine komplizierte Theorie der Lebensentstehung mittels Glasperlenspiels. Als wir kommen, sehen wir einen der Säle überfüllt, viele Studenten stehen vor der Tür. Das wird Eigen sein, denken wir, treten vorsichtig näher, um einen Blick in ein so stolzes Auditorium zu werfen.

Zu unserem Erstaunen sind die Hörer meinethalben gekommen. (Heute wäre es natürlich umgekehrt.)

Mir wird das Wort erteilt, und ich beginne etwas unsicher – denn wie wird man hier meine Ansichten aufnehmen? Ich habe sie bisher nur gedruckt geäußert, und wohin gelangt Gedrucktes? Hier nun müßte sich zeigen, wie wirklich reagiert wird.

»Wenn Ärzte von ihrem Beruf sprechen«, sage ich, »treten sie ein in die Welt des schönen Scheins. Wer eben noch unterm Konkurrenzdruck der betriebsamen Kollegen stöhnte oder über die Privilegierung einer anderen Arztgruppe sich beklagte – etwa der Praktiker über die Internisten –, weiß plötzlich um die ›Einheit des Ärztestandes‹. Wer eben noch mit Streik drohte, weil man ihm seine Honorare beschnitt, erklärt nun unverdrossen, der ärztliche Beruf sei kein Beruf, sondern eine Berufung. Wer von der Unzulänglichkeit der ärztlichen Ausbildung für die Praxis sich überzeugte, meint doch andererseits, zum Arzt werde man nicht ausgebildet, sondern geboren. Die feierliche Sprache, in die er

128

plötzlich verfällt, läßt nachdenklich werden. Was soll sie besagen? Handelt es sich ›um ein Symptom fortschreitender Halbbildung, wie erfunden für solche, die sich als geschichtlich verurteilt oder wenigstens absinkend empfinden, aber vor ihresgleichen und sich selber als inwendige Elite sich gerieren‹, also um eine Variante des ›Jargons der Eigentlichkeit‹? Oder ist es einfach Verlegenheit und vielleicht noch Zeugnis des inzwischen erfolgten Verlustes der Realität und der mühseligen Anstrengung, dies zu verbergen?«

Ich merkte, daß die Hörer, durchweg Studenten, aber der verschiedensten Semester, von Anfang an mitgingen. Ich hatte meine Gedanken systematisch zusammengestellt und trug sie nun in logischer Reihenfolge vor, immer wieder ausgehend von dem fatalen Sachverhalt, daß ein Beruf, der sich aus mancherlei Gründen zur Elite zählen könnte, die Elite als Etikett versteht, das er selber berechtigt ist aufzukleben, ohne jemanden fragen zu müssen.

»Die angestrebte Exklusivität«, führe ich den Faden weiter, »schlägt in die Diskreditierung der anderen um. Nichts beleuchtet dies greller als die geglückte Übung, gegen das Grundgesetz eine eigene Gerichtsbarkeit aufrechtzuhalten. Während man vorgibt, mittels eigener Gerichtsbarkeit den Stand vor einer feindlich gesonnenen Öffentlichkeit zu schützen, gesteht man ein, daß die eben noch als Elite hochgelobte eigene Mitgliedschaft weiterer Gesetze bedarf, weil diejenigen, die für alle Staatsbürger gelten, offenbar nicht ausreichen. Oder – unabweisbare Frage – wird mit der zweiten Gerichtsbarkeit das Instrument geschaffen, die eigenen Mitglieder ›bei Fuß‹ zu halten wie den treuen Deutschen Schäferhund?«

Mein Schlußsatz:

»Also in Zukunft weder die Heilkünstler mit ihrem Weltanschauungsrummel, weder die Vaterfiguren oder Großvaterfiguren, noch die strammen Reihenuntersucher, deren Typus allmählich am Horizont auftaucht, benötigt von den Bürokratien, die sich anschicken, alles zu unterwerfen – sondern der kritische Arzt.«

Der Beifall nach Beendigung des Referates ist recht stürmisch.

Nun beginnt die Diskussion. Der Kinderkliniker Professor Joppich wird sie leiten. Er beginnt mit einem kleinen Gegenreferat, das den Tenor hat, im Grunde sei das alles bekannt, und wenn man es bisher nicht so heraufgespielt habe, liege es einfach daran, daß man kritisch genug sei, die Dinge nicht überzubewerten.

»He, Sie«, ruft ein Student aus der obersten Reihe, »ich will Ihnen mal kurz erklären, was Kritik ist, das wissen Sie nämlich gar nicht!«

Ich blicke erschrocken hoch, meint er etwa mich? Nein, der Professor ist gemeint, er wirft ebenfalls einen – allerdings recht müden – Blick nach oben, als wäre es ihm in letzter Zeit schon öfter zugerufen worden. Wir sind schnell in einer heißen Debatte. Sie setzt sich bis tief in die Nacht fort.

Die Studenten haben – für mich überraschend – ziemlich feste Vorstellungen von dem, was Medizin einmal sein wird, wenn sie anfangen, sie auszuüben. Die Ärzte sollen nicht mehr wirtschaftlich an ihrer Realisierung partizipieren, und die Berufsgerichte müssen nicht abgeschafft werden; wenn sie aber fortfallen, sollten die Gesetze des Bürgerlichen und des Strafgesetzbuches, soweit sie für Mediziner Anwendung finden könnten, bedeutend schärfer gefaßt werden. Das gilt besonders für Experimente am Menschen, etwa mit neuen Arzneimitteln, die bisher nur am Tier erprobt wurden. Ich wende ein, daß im Grunde jede Therapie ein Experiment sei, denn das Medikament, das man verordnet, kann so alt sein, wie es will – für den betreffenden Patienten aber ist es völlig neu, und niemand weiß, wie er darauf reagieren wird. Es gibt immer wieder große Überraschungen. Ich habe einmal einen Todesfall bei der Operation eines Hallux valgus erlebt, und ein andermal eine ungeheuerliche Allergie bei Behandlung mit einem Anti-Allergiemittel. Aber das wird zum Schluß nicht mehr so recht aufgenommen und nicht durchdiskutiert.

Als wir endlich zurückkommen, sehen wir im Scheinwerferlicht eine Gestalt hinter der Glastür zu unserer Wohnung am Boden liegen. Ich laufe schnell ins Haus und entdecke, daß es der kleine Stefan ist. Er ist aufgewacht, hat uns gesucht, ist im ganzen Haus umhergeirrt und schließlich an die Tür gekommen, die er glücklicherweise nicht öffnen konnte. Dort ist er wieder eingeschlafen – auf dem eiskalten Steinfußboden, in der grimmigen Kälte, die von draußen hereinzieht. Glücklicherweise ist sein Immunsystem so gefestigt, daß er nicht erkrankt.

26. Juni 1971

Wie schnell sich wissenschaftliche Grundansichten wandeln.

Ein lang vertrauter Patient fiel mir mit einem Pflaster auf, das er ständig an der Stirn trug und ihn nicht eben schöner aussehen ließ. Ich riß es ihm ab und sagte, damit mache er keine Reklame für mich – und war erschrocken, denn ich sah ein Ulcus rodens, ein kleines, »gestanztes« Loch, Symptom eines Hautkrebses.

Er bemerkte, daß ich etwas verwirrt war, und fragte mich. Ich empfahl ihm, diesen Defekt gelegentlich herausnehmen zu lassen. Es ergab sich, daß er zufällig einen Chirurgen, wenngleich an sich aus ganz anderen Gründen, aufsuchen mußte. Ich bat ihn, ihm diese Stelle zu zeigen, und wenn sich der Kollege bereiterkläre, sie herauszuschneiden, zuzustimmen.

Viele Tage später erhielt ich ein Schreiben dieses Chirurgen, in welchem er mir mitteilte, daß die mikroskopische Untersuchung des herausgeschnittenen Hautstückes leider ergeben habe, daß er nicht weit genug im Gesunden operiert hätte. Man müsse also mit einem Recidiv rechnen.

Als der Patient wieder einmal zu mir kam, setzte ich ihm die Situation auseinander, und in dem Bestreben, ihn möglichst umfassend aufzuklären, sagte ich ihm:

Es gibt zwei Möglichkeiten. Entweder fahren Sie noch einmal zum Chirurgen, er muß noch einmal operieren, oder wir machen etwas ganz anderes, wir lassen diese Stelle mit schnellen Elektronen bestrahlen. Das hat den gleichen Effekt.«

131

Er entschied sich für die schnellen Elektronen. Ich rief sofort den Direktor der Strahlenklinik an. Er sagte mir:

»Es ist der absolut sichere und elegantere Weg, denn wir wissen, daß die schnellen Elektronen nicht in das Gehirn eindringen können, sie schaffen nur zwei Zentimeter, bleiben also im knöchernen Schädel stecken.«

Die Bestrahlung wurde durchgeführt. Dann geschah etwas Merkwürdiges. Die Persönlichkeit des Patienten nahm im Verlauf der Monate Züge an, die sie zuvor nicht gehabt hatte. Schließlich wurde ein EEG angefertigt, und dies brachte rechtsseitig einen Herdverdacht. Die daraufhin vorgenommene Angiographie ließ eine Verdrängung des Gehirns nach links erkennen. Es war also mit einem Tumor auf der rechten Seite zu rechnen.

Der Patient suchte mich am Pfingstsonntag auf, verzweifelt. Ich konnte ihm nur sagen, daß es ein unausdenklicher Zufall sein müßte, wenn ausgerechnet dort, wo man das Ulcus rodens bestrahlt hat, nun auch ein Hirntumor sich entwickelt hätte.

Das aber stand im Gegensatz zur Universitäts-Nervenklinik, die einen intracerebralen gliomatösen Tumor als wahrscheinlich annahm. Ich meinte jedoch, darauf beharren zu können, daß zum Schluß eine Narbenbildung im Gehirn als Bestrahlungsfolge die Ursache sei. Wie dem aber auch sei, um eine Operation, so bedeutete ich ihm, komme er nicht herum. Auch gutartige Neubildungen müßten entfernt werden, da sie ja das Gehirn verdrängen und schädigen. Er war einverstanden und dankte mir für die tröstliche Aussicht, die ihm bis dahin noch niemand eröffnet hatte.

Die Operation wurde durchgeführt. Im Operationsbericht steht: »Wir haben am 7. 6. freigelegt und fanden im Bereich des Frontallappens ein stark ausgeprägtes Hirnödem. Im Mittleren Bereich, vorwiegend im Bereich der zweiten Windung, waren die weichen Hirnhäute milchig getrübt. Darunter tastete man eine derbe Verhärtung, die sich zusammen mit dem Frontallappen in toto entfernen ließ. Die unter der Falx zur Gegenseite verschobenen Windungen, vor allem der Gyrus cinguli, wurden ebenfalls entfernt. Der postoperative Heilverlauf war komplikationslos.«

Ich rief den Bestrahlungs-Ordinarius an, berichtete ihm über diesen Verlauf und das nunmehr vorliegende Resultat.

»Natürlich, ganz richtig, Herr Kollege«, sagte der Ordinarius (fast auf den Tag genau zwei Jahre später), »wir wissen doch, daß schnelle Elektronen ins Gehirn eindringen, etwa fünf Zentimeter.«

Der Neurochirurg, ebenfalls ein Ordinarius, schrieb in seinem Brief übrigens weiter: »Die Untersuchung läßt einen Tumor mit Sicherheit ausschließen. Es dürfte sich um eine Strahlennekrose handeln, was nach Rücksprache mit dem Strahlentherapeuten, Herrn Prof. Dr. . . ., sehr wohl denkbar ist. Das Ulcus rodens wurde mit Elektronen bei einer Herddosis von 6000 R bestrahlt. Eine Schädigung oberflächlicher Hirnstrukturen ist denkbar.«

Es lohnt sich, die Feinheiten der Wortwahl zu studieren. Arztbriefe für Feinschmecker.

---

15. Januar 1972

Sehr kalt, aber kein Schnee.

Fahrt nach München. Mein kleines Buch »Lehren und Lernen in der Medizin« hat mir verschiedene Einladungen gebracht. Hier tagen die Vertreter der ärztlichen Selbstverwaltungsorgane, also der Ärztekammern und der Kassenärztlichen Vereinigungen. In meinem Buch habe ich dafür plädiert, die Ärztekammer lieber aus der Ausbildung herauszuhalten, bei den Kassenärztlichen Vereinigungen war ich etwas schwankend. Es ist mir klar, daß ich, wenn diese Herren sich endgültig eingeschaltet haben – bisher ist es ihnen noch nicht gelungen –, aus diesem Fragenkomplex ausgeschlossen bin.

Abends bei Ernesto Grassi: ein prunkvolles Haus, prunkvoll mit

133

alten, wertvollen Möbeln, Teppichen, Gobelins versehen. Er ist der Herausgeber von »Rowohlts Deutscher Encyclopädie«. Der alte Rowohlt traf ihn nach dem Kriege bei irgendeiner Besprechung, sah dann Grassis gewaltige Fußstapfen im Schnee und sagte sofort: »Mit diesem Mann muß ich zusammenarbeiten, sehen Sie doch nur seine Spuren! Diese gewaltigen Füße!« So jedenfalls wird's kolportiert.

Grassi hatte vergessen, daß er uns eingeladen hatte. Birke und ich kamen dem Anlaß entsprechend gekleidet, er schlurfte im Morgenmantel einher. Doch was Persönlichkeit ausmacht: nicht er, wir hatten sofort Minderwertigkeitskomplexe. Glücklicherweise war der kleine Stefan dabei. Als Grassis Blick plötzlich starr wurde und wir diesem Blick folgten, sahen wir, wie Stefan auf der seidenbezogenen Couch mit Rotwein, von dem ein paar Tropfen auf der Marmortischplatte waren, Figuren zu zeichnen versuchte.

Grassi hatte sich jedoch hundertprozentig in der Gewalt, sprang auf und holte erstens einen Waschlappen, den Schaden ein wenig zu neutralisieren, zweitens Zeichenpapier und einen Bleistift für Stefan.

Dann erzählte er, welchen verlegerischen Mißerfolg man einheimst, wenn man mit irgend etwas zu früh kommt. Die Bände über die Ökologie, die er herausgebracht habe, seien damals verramscht worden, doch heute würde man sich um sie reißen.

»Oder Whorf«, sage ich, »die Linguistik! Das war doch wohl ähnlich?«

»Whorf lief ganz schwach«, sagte er, »aber wir mußten ihn nicht verramschen. Wußten Sie, daß Whorf Feuerwehrmann war? Richtiger Feuerwehrmann, mit Spritze und Helm?«

Er versuchte, das zu demonstrieren, was auf Stefans größten Beifall stieß.

»Wie war es mit der altgriechischen Musik?« frage ich ihn, »soviel ich weiß, gibt es in Europa möglicherweise zwanzig Leute, die diesem Thema gewachsen wären, aber Sie haben, höre ich, 20 000 Bände in Ihrer Encyclopädie gedruckt ...«

»Sind alle verkauft«, sagt Grassi, »alle!«

Und mir fallen wieder die gewaltigen Fußstapfen ein.

Übrigens – so höre ich – werden weniger als 5% aller verkauften Bücher wirklich gelesen. Was ist mit unserem Ideal des »demokratischen Lesens«? Kehren wir zu den Verhältnissen des 19. Jahrhunderts zurück, als kein Buch mehr als fünf- bis sechstausend Leser fand? Hat sich überhaupt etwas daran geändert?

---

12. Februar 1972

Fahrt nach Mainz. Ich bin eingeladen, an einer Sitzung des Westdeutschen Medizinischen Fakultätentages, und zwar in seiner Lernzielkommission, teilzunehmen. Der Göttinger Radiologe Poppe leitet sie, Thure von Uexküll sitzt neben ihm, so kann nichts schiefgehen. Aber der geistige Vater ist ein Amerikaner, der seine Tätigkeit bei der Weltgesundheitsorganisation in Genf benutzt hat, den Bundesdeutschen klarzumachen, daß es mit dem alten Schlendrian in der Medizinerausbildung nicht so weitergehen kann. Sauerbruch prüfte im Taxi, und wer ihm nicht gefiel, den ließ er aussteigen, möglichst in menschenleeren Gegenden, sollte er doch sehen, wie er wieder nach Hause kam. Prüfungen sollen nun der Willkür der Prüfer entzogen werden, außerdem kontrollierbar sein, das heißt unzweideutig: Ende der mündlichen Prüfung, Umstellung auf die schriftliche Prüfung.

Aber ein schriftliches Examen, sage ich zu Johann Jürgen neben mir, hat etwas Anonymes, Maschinelles, es wird die Ängste hochtreiben, viel höher als bei der mündlichen Prüfung! In der Chirurgie in Mainz, erläutere ich ihm, fragte der Prüfer zunächst, ob wir das Fußballspiel am Sonntag gesehen hätten, was wir von der Mannschaft hielten, ober ob wir im Theater waren – und so plätscherte es eine Weile dahin, bis er irgendwann etwas medizinisch Relevantes einflocht.

»Das«, sagt Johann Jürgen, »ist die optimale Prüfung, alles Schriftliche kann nur Ersatz sein und zwar deshalb, weil es an solchen Prüfern heute gebricht.«

Er spricht für die Medizinische Soziologie und macht es auf Soziologenart, indem er sich auf den Tisch setzt. Die hohen Herren mustern ihn teils verstört, teils ärgerlich – niemand belustigt, was doch die normale Reaktion hätte sein können.

Am meisten Beifall findet ein Physiker. Er macht klar, daß die Medizin, da Naturwissenschaft, auch ihren Lernzielkatalog wie eine Naturwissenschaft aufzustellen habe, und gibt einige Beispiele. Verschiedene Fachvertreter melden sich zu Wort und erklären, nun würden sie ihren eigenen Lernzielkatalog noch einmal überarbeiten.

Der Augenkliniker gibt sogleich ein Exempel. Es ist so sensationell für mich, daß ich eine Frage nicht unterdrücken kann. Er fächert eine Vielzahl von raffinierten Fragen auf – alle über das Augenlid. Ich frage, ob ich ihn richtig verstanden hätte, daß es sich, selbstverständlich, nur um das Oberlid handele? Niemand verzieht eine Miene. Johann Jürgen gibt mir einen heftigen Stoß in die Rippen, dann sagt er:

»Ich mißfalle ihnen, aber ich werde wieder eingeladen, du hingegen wirst nicht wieder eingeladen. Denn du hast etwas Heiliges lächerlich machen wollen.«

»Das heilige Oberlid?«

»Du kannst dich auf mich verlassen, ich kenne solche Gremien. Höchstens Uexküll hätte hier einen solchen Scherz versuchen können, und selbst dann hätten einige gemunkelt, er werde nun doch zusehends älter.«

Mir ist übrigens die brave Haltung der Ordinarien, die hier für ihre Disziplinen sprechen, unbegreiflich. Sie tun nicht mehr und nicht weniger, als sich selbst zu entmachten, wenigstens auf dem Gebiet der Prüfungen. Danach wird die Fakultät kastriert sein: Was geprüft wird, entscheidet eine Stelle außerhalb der Fakultät, ja außerhalb der Universität. Der sie leitet, ist übrigens schon anwesend, ein Jurist, der sich eine halbe Stunde darüber verbreitet, daß er als Leiter des neu zu schaffenden Prüfungsamtes weniger Geld erhalten wird als jetzt. Merkwürdigerweise hören alle aufmerksam zu.

<hr />

14. April 1972

<hr />

Symposion in der Deutschen Klinik für Dagnostik, Wiesbaden.
Mitscherlich stößt mich plötzlich an:
»Haben Sie gehört, was die hinter uns gesagt haben?«
Ich hatte es gehört. Es ging etwa so:
»Wie alt sind Sie?«
»Neunundzwanzig.«
»Mensch, dann sind Sie ja noch jünger als ich!«
Das war eigentlich alles, und ich gestehe, daß mir im Moment nicht ganz klar war, worauf Mitscherlich hinauswollte. Er sagte: »Noch jünger als ich – das ist das einzige, was für diese Generation zählt!«
»Aber es ist Ihre vaterlose Gesellschaft«, antworte ich ihm, »die geschwisterliche Gesellschaft.«
»Ja, ja«, nickt er.
Seine Züge werden noch depressiver, und er wird erst wieder lebendig, als es um den Abtreibungsparagraphen geht.
»Wollen Sie denn wieder den Typhus und die Cholera?« ruft er aus, »um Familienplanung zu treiben? Ist Vernunft denn etwas so Schlimmes?«
Ich selbst spreche darüber, daß Diagnose wahrhaft etwas mit gerichtlichem Urteil zu tun haben kann: In der Nazi-Zeit zog zuletzt die Diagnose eines künstlich herbeigeführten Aborts die Todesstrafe nach sich, und mit Diagnosen wie Tuberkulose oder Krebs wirkt der Arzt persönlichkeits-, ja existenzvernichtend. Diagnosen sind etwas, das sehr behutsam behandelt werden muß, mit Rückversicherungen und Einschachtelungen. Denn sie sagen ja nur etwas über unsere Schulmeinung, die Lehre aus, nicht über

137

den krankhaften Prozeß. Wir leben in einer Zeit, die den krankhaften Prozeß ausschließlich somatisch, organpathologisch sieht, – die Psychosomatik ist in ihr im Grunde noch ganz unzeitgemäß, daher auch ihre Schwierigkeiten. Sie gehört noch nicht dazu. Mitscherlich laut:

»Wem sagen Sie das?«

Befreiendes Gelächter. Wir wollen es uns nicht so schwer machen, zum nächsten Thema überzugehen – vielleicht zur Erleichterung etwas im Sinne von »Ein Fall von . . .«

Ohne Datum

Im Bürgerhaus Veranstaltung mit einem Bonner Minister. Mit zahlreichen Bussen sind Teilnehmer herangefahren worden, aber auch die Bürger des Ortes sind recht zahlreich erschienen. Der Vortrag des Ministers ist schwach, für das Dorf zu theoretisch, aber in der Diskussion wird er gut. Anschließend sind wir beim Erziehungsleiter des Heimes eingeladen. Das Essen ist kaum auf dem Tisch, als ein Anruf kommt. Der Minister sei kollabiert, ich möchte doch schnell ins Gasthaus »Zur alten Oberförsterei« kommen. Ich halte es erst für einen Ulk, fahre aber vorsichtshalber los, langsam an das Gasthaus heran. Da tritt eine Gestalt aus dem Dunkel, spricht mich an, ob ich der Doktor sei, er sei der Persönliche Referent des Ministers, es eile. Der Minister liegt in einer Hinterstube auf dem Bett, etwas unglücklich zwischen den vielen Kissen und Betten. Ich befrage ihn, und er antwortet, er habe einen fürchterlichen Druck in der Magengegend, zum Herzen hin, könne kaum atmen, er fühle sich so voll. Unwillkürlich frage ich, während ich anfange, ihn zu untersuchen, wie denn das Essen war. Er winkt erschrocken, wie es scheint, ab, und auch sein Persönlicher Referent macht ein schwermütiges Gesicht und eine bedeutungsvolle Geste: »Zu gut und zu reichlich!« stöhnt er. Das Herz scheint mir in Ordnung, der Blutdruck leicht erhöht, nach

138

dem Streß nichts Ungewöhnliches, der Leib gespannt, die Magengegend druckempfindlich, der ganze Leib druckempfindlich. Ich kenne das Beschwerdebild, es tritt nach den opulenten Dorffestivitäten, silbernen und goldenen Hochzeiten, Geburtstagen, Taufen, Hochzeiten, Beerdigungen mit Regelmäßigkeit auf. Ich spritze ihm etwas für den Kreislauf und außerdem Metaclopramid, um die infolge Überfülle paralysierten Magen- und Darmwandmuskeln wieder in Gang zu bringen.

»Warten Sie hier noch eine halbe Stunde«, sage ich, »dann können Sie nach Hause fahren. Legen Sie sich im Wagen zurück, entspannen Sie sich, morgen ist alles vergessen.«

Am nächsten und noch am übernächsten Morgen schlage ich etwas unsicher die Zeitung auf. Sollte etwa darin stehen, der Minister sei einem Herzinfarkt erlegen, der Dorfarzt hielt das Beschwerdebild für Magenverstimmung . . .? Aber dann ruft der Persönliche Referent an und gesteht, welch ein Leidensweg hinter dem Minister lag, als er sich buchstäblich nicht mehr aufrechthalten konnte. Ankunft am Nachmittag mit dem Hubschrauber in F., dort Imbiß und Umtrunk beim örtlichen Vertreter seiner Partei. Weiterfahrt nach B., dort Abendessen und Umtrunk auf Einladung der Parteiorganisation des Kreises; es gab Prager Schinken, in Brot gebacken. Weiterfahrt nach R., dort kurzer Imbiß, rustikal, Umtrunk. Danach Auftritt im überfüllten, voll ausgeräucherten Bürgerhaus bei uns, anschließend Abendessen im Gasthaus, sehr reichlich, Verweigern hätte beleidigend gewirkt, Getränke . . .

»Sie haben das gleich erkannt«, sagt er, »schicken Sie die Rechnung an mich.«

(Nachtrag: Wurde leider vergessen.)

80. Geburtstag meiner Mutter. Wir feiern ihn in Marburg. Ich frage sie, wie man sich mit Achtzig fühlt, ob sie sich überhaupt als Achtzigjährige fühlt. Sie sieht mich nachdenklich an, dann sagt sie:

»Nein, gar nicht. Ich kann es nicht verstehen, daß ich achtzig Jahre alt sein soll.«

Es erinnert mich an den Erdgeist, den Kalendermann; auch er hat mir gesagt, als er achtzig Jahre alt wurde, habe er das Gefühl gehabt, das Alter sei von ihm abgefallen.

Silvester – Ich habe keinen Dienst, außer für die eigenen Patienten. Wir bereiten die Feier vor, die Flaschen stehen schon bereit – da klingelt das Telefon. Sehr dringend werde ich gebeten, sofort nach R. zu kommen, einem etwa sechs Kilometer entfernten Dorf, für das ich eigentlich nicht zuständig bin. Der zuständige Feiertagsdienst sei, so wird mir gesagt, zu weit entfernt; wenn er käme, wäre es schon zu spät. Beunruhigt frage ich, um was es sich handelt: Ein Schäfer hat sich betrunken und bedroht alle Welt, wird mir aufgeregt mitgeteilt. Ich müßte ihm eine Beruhigungsspritze geben.

Ich muß so etwas öfter einmal tun, und es sind immer ein paar kräftige Leute zur Stelle, die den Randalierer festhalten. So wird es wohl auch hier sein. Es ist zwar ärgerlich, aber ich entschließe mich zu helfen.

Die Situation ist jedoch ganz anders, als ich sie mir vorgestellt hatte. Kräftige Leute sind nicht vorhanden, die feiern nämlich schon alle in den umliegenden Gasthäusern. Vor der Tür stehen ein paar Alte und viele Frauen. Eine von ihnen gibt sich als die

Mutter des Tobenden zu erkennen, den man drinnen im Hause laut schreien hört.

»Kommen Sie mit mir hinein«, sage ich zu ihr.

»Ich werde mich hüten«, antwortet sie, »er würde mir den Hals durchschneiden ... Er ist Fremdenlegionär, wissen Sie, hat einen Kopfschuß und bezieht eine kleine Rente, aber mich kann er nicht leiden.«

»Und was wird er mit mir machen, wenn ich hineingehe?« frage ich ironisch, aber mit einigem Unbehagen.

»Er wird erschrocken sein«, sagt die Mutter, »daß ein Arzt auftritt. Er weiß ja, daß Sie der Arzt sind, und das müssen Sie ausnützen, das ist Ihre Chance.«

Meine Chance wäre gewesen, den Besuch abzulehnen, doch nun bin ich hier und muß sehen, wie ich damit fertig werde. Die Geschichte auf die Polizei abzuschieben, kommt nicht in Betracht, denn sie bräuchte noch längere Zeit für die Anfahrt. Außerdem soll der Fremdenlegionär verletzt sein. Irgend jemand nämlich, so stellt sich heraus, hat ihm bereits einen Schlag mit einer Zaunlatte mitten auf den Schädel versetzt, was ihn freilich nicht maßgeblich geschwächt hat.

Mein Trost ist, daß er mich, wie auch die Mutter glaubt, erkennen würde, denn ich habe ihm schon einmal einen Hammel abgekauft und mit ihm über die Misere der Amerikaner in Vietnam gesprochen. Wenn sie, so meinte er damals, es dort nicht geschafft haben, braucht kein anderer erst anzufangen.

Ich gehe also ins Haus und bemühe mich, selbstsicher aufzutreten. Meine Schritte machen mehr Lärm auf den Holzdielen, als ich für richtig halte, aber da öffnet sich schon die Tür. Der Schäfer steht im Rahmen, das Gesicht blutverschmiert, aus einer Platzwunde läuft venöses Blut, seine Augen sind stier, in der Hand hält er in der Tat ein langes Metzgermesser. Er erkennt mich jedoch, sein Gesicht gewinnt menschliche Züge: »Ah, Monsieur le docteur«, ruft er aus, »comment? Entrez, entrez!«

Er weist mit großer Gebärde in das Zimmer, das ich mit ihm betrete. Auf dem rohen Holztisch stehen viele, teils leere Flaschen, dazu mehrere Wassergläser. Er schenkt mir ein und fordert mich auf, mit ihm zu trinken.

»Sie sind verletzt?« frage ich, deute auf seinen Kopf, »wir müssen etwas machen.«

Er lacht, schüttelt das schwere Haupt, das Blut fliegt umher, trifft auch meinen Silvesteranzug. Er lehnt jede Behandlung kategorisch ab. Kein Verband, alles heilt durch die reine Natur, findet er.

»Aber eine Spritze«, sage ich, »Wundstarrkrampf, die Wunde ist dreckig, der Tod an Wundstarrkrampf ist quälend!«

»Ja«, schreit er da, »ich will nicht an Wundstarrkrampf verrecken, hab viele gute Freunde daran eingehen sehen in Vietnam. Los, eine Spritze!«

Ich lasse es mir nicht zweimal sagen und ziehe ein Sedativum auf, genügend für einen Elefanten. Er läßt sie sich widerstandslos injizieren, setzt sich danach hin, murmelt ein müdes »Au revoir«, dann scheint ihn schon der Schlaf zu übermannen. Ich wundere mich etwas über die schnelle Wirkung und wende mich zum Gehen.

Da ruft die Frau des Hauses von oben, sie sei so schrecklich aufgeregt, ob ich ihr nicht ebenfalls eine Beruhigungsspritze geben könne. Weshalb nicht? Ich erkenne nicht, wie ich in die zweite Falle tappe! Zwar ist die Spritze schnell gegeben – doch da ertönt fürchterliches Geheul von unten.

Wir springen beide an die Treppe und sehen, wie er schon die Stufen hochstolpert, das Messer quer zwischen den Lippen, mit beiden gewaltigen Pranken sich hochziehend. Der Sohn des Hauses, Metzger, durchaus stämmig, macht einen Satz, reißt eine Tür auf und verschwindet. Die Frau schreit voller Entsetzen. Ich trete zurück in den Schatten und warte ab, mein Arztköfferchen fest in der Hand, das womöglich mit seinen scharfen Kanten zur Abwehr nicht ungeeignet ist . . .

Da bricht der Fremdenlegionär plötzlich zusammen. Besinnungslos bleibt er auf den Stufen liegen.

»Hören Sie«, sage ich zu der Frau, »wenn sich da noch einmal etwas tut, rufen Sie die Polizei an. Mich lassen Sie fortan aus dem Spiel.«

Ich steige vorsichtig die Treppe hinab und wage es dann, dem Legionär den Puls zu fühlen. Er beginnt, wie ein Bär zu brummen. Der Puls läuft wie eine Maschine, dieses Herz wird nicht stillstehen. Von einer weiteren Untersuchung nehme ich Abstand.

Zu Hause, wo sich die Freunde bereits versammelt haben, sieht man mich befremdet an: Ich mache nicht den Eindruck, zu einer Feier zu kommen.

1. Januar 1974

Sehr kalt, klirrender Frost und immer noch kein Schnee.

Mir ist Balzacs »Landarzt« in die Hände gefallen, eine Geschichte, die ich mit widersprechenden Gefühlen lese. Dieser Doktor hat viel verloren, schließlich ist er aufs Land gezogen, in einer tiefen biographischen Krise. Ich weiß nicht, wer feiger ist, sagt er: der, der nicht mehr hofft, oder der, der immer noch hofft. Es ist die Situation eines jeden Menschen und zu jeder Zeit. Aber muß man deswegen Bürgermeister werden, wenn man Arzt ist, und vollkommen in Administration und der Sozialpolitik aufgehen? Vermutlich eine Sache des Temperaments – ich weiß nicht, ob dieser Typ mir sympathisch gewesen wäre.

Als breitschultrig beschreibt ihn Balzac, wie alle Landärzte beschrieben werden, und breit in der Brust, aber mit dem Gesicht eines Satyrs. Balzac igonoriert, daß diesem Doktor niemand hineinreden kann in das, was er macht, denn er ist selbst die oberste Instanz. Es ist eine eigentümliche Art von Askese, keine weltfliehende, sondern eine weltgestaltende, also politische. Die alten Priester hätten so gehandelt, wenn ihr Priestertum sie nicht daran gehindert hätte. Im Grunde etwas höchst Praktisches für alle Beteiligten, auch für ihn.

Soll man Praktisches dieser Art anstreben? Was wird aus einem

Menschen, der die Seele tröstet, den Körper behandelt und auch noch der Gesellschaft hilft – und alles zugleich?

Andererseits sitzt man hier in der Abgeschiedenheit, und die Veränderungen werden weitab in den großen Städten bestimmt. Man kann sich ihnen nicht entziehen, auch wenn man so oft erkennen muß, daß sie von Menschen angeordnet wurden, die gar nicht wissen, wie es hier unten aussieht.

Die kleinen Straßen und Wege zwischen den Feldern werden asphaltiert. Ich warte darauf, daß Bogenlampen angebracht werden, die nachts die Landschaft in ein unendliches Filigrannetz von Leuchten verwandeln, die Äcker wie eine Jahrmarktsbeleuchtung umrahmen. Wieviel Geld mag das alles kosten? – Und noch immer gibt es so winzige Renten, daß diese Alten damit nicht leben können und auf milde Gaben angewiesen sind wie im vorigen Jahrhundert.

Der Armen-Arzt mit der Armen-Pharmakopoe ist allerdings nicht mehr nötig. Die Sozialversicherung hat alle erfaßt, als Versicherte oder Mitversicherte, und wer noch durch das Netz fallen könnte, den fängt die Sozialhilfe auf. Dem Balzacschen Doktor hätte das zugesagt. Aber er wäre nicht mehr derselbe geblieben, da man ihn ja ständig bezahlt hätte. Askese ist nicht mehr möglich, es gibt keinen Ort dafür. Wer heute aufs Land geht, bricht nicht aus, er macht allenfalls etwas Besonderes. Bald wird es nur etwas anderes sein, und irgendwann fällt es niemandem mehr auf. Das große soziale Netz reicht bis hierher.

Alle Netze erinnern an Spinnennetze.

15. Februar 1972

»Das freundliche Winterwetter hält an.« Das heißt: Sonne, klirrende Kälte, kein Schnee. Im übrigen Reifglätte, und ich habe noch keine Spikes-Reifen aufgezogen.

Konrad G. läßt mich rufen. Er liegt im Bett, hat ein weißes Tuch um den Kopf gebunden. Es ist eine etwas irritierende Situation, dann durchschaue ich das Arrangement und bin entsetzt: Er liegt in dem Bett seiner verstorbenen Frau, hat sich wie sie ein Kopftuch umgebunden.

»Was ist los?« frage ich ihn.

»Ich habe dasselbe wie meine Frau«, sagt er.

»Wie kommen Sie darauf?« Ich setze mich auf das Bett und betaste seinen Leib.

»Mir tut der Magen so weh«, sagt er.

Wie lange schon, das kann er nicht angeben, aber jedenfalls längere Zeit. Er habe zunächst versucht, mit Diät auszukommen, aber heute sei es doch so schlimm, daß er Angst vor den Feiertagen habe.

(Späterer Nachtrag: Ich schicke ihn sofort zum Röntgen, und seine Ahnung – oder war es ein Wissen? – wird bestätigt. Ich sage es ihm jedoch nicht, aber aus seinem Verhalten wird deutlich, daß er weiß, wie alles weitergehen wird.)

18. Februar 1974

Eine der in unregelmäßigen Abständen durchgeführten Blutspendeaktionen. Man hat mich gebeten, diesmal dabei zu sein; ein Arzt sei ausgefallen. Ich begebe mich ins Bürgerhaus, wo es wie im Fasching zugeht, nur ohne Masken. Die ganze Gegend trifft sich hier und läßt sich Blut abzapfen. Es ist eine fröhliche Stimmung, man ruft sich Scherzworte zu, unterhält sich, Schwestern laufen geschäftig hin und her. Die sonst fehlende Kommunikation wird reichlich geboten.

Mit einem der Ärzte komme ich ins Gespräch. Er erzählt mir, das Blut fließe so reichlich, daß sie einen nicht unbeträchtlichen Teil davon wegschütten müßten, weil einfach zuviel Blut von den gängigen Blutgruppen vorhanden sei.

Überhaupt, gibt er mir zu verstehen, sei das ein riesiges, für den

Außenstehenden kaum zu begreifendes Geschäft, der Blutspendedienst könne mit jedem Industrieunternehmen konkurrieren. Er berichtet, was alles aus dem Blut gewonnen werde und wieviel es dann einbringe, da ja jeder Bestandteil einzeln verkauft werde.

»Partizipieren Sie wenigstens daran?« frage ich ihn.

»Nein, noch nicht«, lacht er, »aber wir werden außerordentlich gut bezahlt.«

Nach einer Weile setzt er hinzu:

»Was Sie hier machen, ist sicherlich die schlechteste Lösung in der Medizin. Sehen Sie sich nach einem Job um wie dem meinen, dann haben Sie Zeit, leben gut, und um die Bauern hier wird sich schon irgend jemand kümmern.«

22. Juli 1974

Ein junger Mann aus dem Nachbardorf ist bei mir in Behandlung; allgemeine nervöse Beschwerden ... Nichts geht doch über einen echten Knochenbruch, da weiß man, woran man ist. Aber diese unbestimmten Klagen, das Ziehen, die Mißempfindungen, woran ist man da? Am Unbehagen des Menschen in der von ihm selbst geschaffenen Zivilisation, also genau da, woran er leidet, seit er in Dörfern und Städten wohnt. In der Urhorde gab es andere Klagen: Man schlug sich tot oder wurde totgeschlagen und vielleicht aufgefressen.

Der junge Mann, aus der Werbebranche übrigens (hierorts bekannt dadurch, daß der Staat ihm eine Domäne zu einem Preis verkauft hat, der weit unter dem der Reparaturkosten liegt, die kurz vorher noch durchgeführt wurden), sagt, bevor er sich verabschiedet:

»Sie wissen doch wohl, daß Sie binnen kurzem hier Ohrenschützer tragen müssen? Ich meine, nicht gegen die Kälte, sondern gegen den Lärm.«

»Die dicken Dinger?« frage ich irritiert, »und wer wird hier derart lärmen?«

»Die Schnellbahn«, lächelt er, »die Trasse wird genau 600 Meter von Ihnen entfernt, da oben bei den Weiden, entlangführen, und alle zwei Minuten soll nach der Planung dort ein Zug mit 300 km Geschwindigkeit vorbeirasen.«

»Kann ich mir nicht vorstellen«, sage ich, »denn die kleine Bimmelbahn zwischen den Dörfern, die noch läuft, ist ziemlich leer, die Züge auf den Strecken zwischen den Städten sind leer, die Fernverkehrszüge sind leer . . . Weshalb sollte eine Schnellbahn nicht leer sein?«

»Sie sehen die Dinge falsch«, sagt er, »darauf kommt es doch gar nicht an. Gebaut wird, weil Planer, Politiker, Unternehmer, also Straßenbau- und Tiefbaufirmen, zum Schluß auch die dabei benötigten Arbeiter, daran verdienen. Sehen Sie die Sache einmal so.«

»Sie meinen, gebaut wird in jedem Fall, auch wenn es fast sicher ist, daß es unnütz ist?«

»Unnütz vielleicht nicht«, erwidert er, »aber überflüssig. Vergessen wir außerdem nicht, daß diejenigen, die bauen, sich damit profilieren: ein Teil innerhalb ihrer Behörden und Bürokratien – sie werden schneller befördert –, ein anderer in den Medien, sie werden bekannter, können für bessere Positionen kandidieren.«

»Um welche Bahn handelt es sich eigentlich?«

»Die große Nord-Süd-Verbindung«, belehrt er mich. »Im alten Reich, von dem ich nur noch aus den Schulbüchern weiß, liefen ja alle Verbindungen von Osten nach Westen. Inzwischen hat sich die Gestalt geändert, die Nord-Süd-Wege sind wichtiger, und offenbar reichen sie nicht aus. Auch der Güterverkehr spielt dabei eine Rolle.«

»Wissen Sie schon Näheres?«

»Hier interessiert der Verlauf Hannover–Würzburg. Schnellbahnen dürfen keine Kurven haben, jedenfalls keine größeren, das würde das Tempo drosseln. Also legen die Planer ein Lineal auf die Landkarte und ziehen einen Strich. Dieser Strich führt durch mehrere neu erbaute Erholungssiedlungen und aparterweise mitten durch die geplante Universität in Fulda, übrigens auch mitten durch mein Grundstück.«

»Kann man da nicht irgend etwas machen?« frage ich unsicher.

»Eine letzte Möglichkeit scheint zu bestehen«, sagt er, »deshalb erwähne ich es ja. Ich setze da einige Hoffnungen auf Sie. Ein Arzt, der sich engagiert, zählt, weil er etwas von Gesundheit versteht, und Gesundheit wird hier ziemlich gefährdet. In vierzehn Tagen ist eine Anhörung, die letzte, zum Planfeststellungsverfahren. Danach ist alles gelaufen. Zur Anhörung kann jeder erscheinen, der durch dieses Projekt irgendwie tangiert wird. In erster Linie kommen die Behörden – daran erkennt man, daß wir von einem Netz von Behörden und Dienststellen eingesponnen sind wie die Fliege im Spinnennetz. Es wäre eine nette Überraschung, wenn einmal Bürger erschienen, ganz normale Bürger ...«

»Ich weiß nicht, ob man die hiesige Bevölkerung in Bewegung bringen kann, und an eine Mobilisierung denken Sie doch?«

»Wenn ich ehrlich sein soll: ja! Ich sehe einen riesigen Treck von Traktoren, Lastkraftwagen, Mistwagen, Personenwagen, der sich wie eine Schlange zum Rathaus in M. zieht ...«

4. August 1974

Ein Sonntag im Sommer. Gegen zehn Uhr treffen wir uns im Jugendheim. Wir wollen die Situation besprechen und stellen ziemlich schnell fest, daß sich die Dinge schon sehr weit entwickelt haben. Der Forstamtsleiter belehrt uns, daß eine letzte Anhörung zum Planfeststellungsverfahren am 20. erfolgen wird, in einer der Nachbarkreisstädte, frühmorgens gegen neun Uhr, und alles, was damit »befaßt« ist, wie es im Behördendeutsch heißt, ist geladen.

Der Erste Beigeordnete unserer Gemeinde berichtet, daß man schon seit langem etwas unternommen habe, und der Bürgermeister sei deshalb nicht gekommen, weil wir so täten, als hätte sich vorher niemand darum gekümmert. Das aber treffe nicht zu. Er unterbreitet auch einige Briefkopien und Flugblätter als Beweise. Wir wollen das nicht bestreiten, erklären wir ihm, aber offensichtlich hat es bislang nichts genützt. Wir müssen also buchstäblich bei Null anfangen.

Immerhin gibt es, wird weiter zutage gefördert, schon Bürgerinitiativen gegen die Schnellbahn an verschiedenen Orten. Je mehr wir uns damit beschäftigen, desto deutlicher wird: Die gesamte Schnellbahnstrecke wird von Bürgerinitiativen begleitet.

Wir befinden uns in einer nervösen Stimmung – tatsächlich glauben nämlich die meisten von uns, daß das Anhörungsverfahren die allerletzte Möglichkeit biete, noch Einspruch einzulegen.

Wir beschließen, für den kommenden Freitag eine Bürgerversammlung einzuberufen. Wenn sie nur einigermaßen gut besucht wird, wollen wir zur Anhörung mit einem Protestzug erscheinen. Der Werbeberater verspricht, die notwendigen Transparente kostenlos herzustellen.

9. *August 1974*

Das Unfaßliche ist geschehen, das große Bürgerhaus ist voll, man könnte ruhig sagen: überfüllt. Wir haben allerdings auch einigen Wind entfacht. In unserer Einladung, die wir von Haus zu Haus verteilen ließen, heißt es:

»Alle 6 Minuten wird ein Schnellzug mit 100, später 300 Stundenkilometern über die Trasse an unserem Ort vorbeidonnern. Der ständige Lärm ist stärker als der Schall von einem Düsenjäger!

. . . Selbst zu Schleuderpreisen wird niemand Ihr Haus kaufen wollen, Ihre Investitionen für den Fremdenverkehr sind verloren!«

Die Dörfler haben ja inzwischen zumeist das Vieh abgeschafft, dafür weitgehend auf den Fremdenverkehr gesetzt – doch in einem lärmbelasteten Ort müßten sie dies alles rückgängig machen!

Zunächst referiert der Oberforstmeister: Er macht klar, daß bereits der Bau, also das Aufschütten der Dämme, die Einschnitte, die Brückenpfeiler Klima und Wasserhaushalt verändern würden. Es wird kälter werden bei uns, sagt er, und jeder weiß, daß es gerade kalt genug ist. Die Kaltluft könne nämlich nicht mehr abfließen wie bisher, man müsse mit gefährlichen Spätfrösten rechnen. Unter den Aufschüttungen werde sich Wasser stauen, damit würde die Grundwasserströmung beeinflußt; auf welche Weise, sei schwer zu sagen. Vielleicht würden wir es verlieren, der Boden werde austrocknen, und auch mit Hochwasser sei zu rechnen, da ja das von den Aufbauten und Böschungen abfließende Oberflächenwasser die Abflußschwankungen der Bäche verschärfen müsse. Dann kam das schwerste Geschütz: Vier Forsthäuser würden überflüssig. Hundert Hektar Wald würden verschwinden und eine gleich große Fläche landwirtschaftlichen Nutzbodens.

Da viele Dörfler »im Wald« arbeiten, traf diese Mitteilung hart. Ein aufgeregtes Brodeln erfüllte den Raum, das sich noch verstärkte, als der Vertreter der Landwirte sprach. Ich selbst brachte einige Informationen über die gesundheitlichen Auswirkungen der zu erwartenden Lärmbelastung und schloß mit der Vision einer futuristischen Gegend, in der auf hohen Stützpfeilern oder flach über der Erde Schnellzüge rasen, die wenigen zurückgebliebenen Menschen aber mit Hörschutzhelmen umhergehen: »Sie sehen dann aus wie Insekten, und sie sind auch so freudlos wie Insekten.«

Menschen haben kein Verhältnis zu Insekten, sofern sie keine schönen Flügel haben. Ich erinnere mich der ungeheuren Wirkung jenes Satzes von Karl Korn in der von ihm mitredigierten NS-Zeitschrift »Das Reich«, das man damals las wie heute »Die Zeit«, der NS-Staat ähnele einem Termitenstaat. So ungefähr jedenfalls drückte er sich aus, vielleicht etwas indirekter, aber der

150

Sinn war deutlich, und jedermann erschrak. Vergleiche mit Insekten treffen ins Mark. Anders Hardi, der mir hinterher zuflüsterte:

»Bist du sicher, daß die Insekten unglücklich sind? Bedenke, daß beispielsweise die Ameisen außer dem Menschen, der ihre Hügel zertritt, keine natürlichen Feinde haben!«

Es ist soweit, daß wir abstimmen lassen können, und es wird beschlossen, am 20. morgens vor dem Rathaus der Kreisstadt zu erscheinen und die Bürokraten gehörig zu erschrecken.

20. August 1974

Ein strahlender Sommertag. Von unserem Dorf aus zieht sich ein imponierender Treck von Bulldogs, Leiterwagen, kleinen Lastwagen, Kleinbussen, Kraftfahrzeugen aller Art durch die Täler in die Kreisstadt. Auf die großen Plakate und Transparente hat der Werbechef die Konturen von Bauern mit Sensen und Knüppeln und zugkräftige Parolen wie »Die Bahn muß weg« gemalt. Ein wenig könnte man schon glauben, wir brächen auf, um das Rathaus zu stürmen, und vielleicht hat man in der Kreisstadt auch so etwas befürchtet, nachdem uns die dortige Polizei leichtfertigerweise die Genehmigung zur Protestaktion erteilt hatte.

Auf dem Lande steht man früh auf. Wir waren also sehr pünktlich vor dem schönen Fachwerkrathaus und riegelten es mit polizeilicher Zustimmung hermetisch ab. In einer Seitenstraße erschien eine schwarze Limousine, hielt kurz, wendete, fuhr fort, um in einer anderen erneut aufzutauchen. Es waren die Vertreter der Bundesbahn, die zu spät dran waren.

»Was geht denn hier vor? Wir müssen durch. Wir sind von der Bundesbahn und haben eine Besprechung im Rathaus!«

»Das geht nicht. Da protestiert eine Bürgerinitiative gegen die Bundesbahn!«

Blaß und etwas gebrochen erscheinen sie dann zu Fuß, belastet mit schweren Aktenmappen, vor dem Rathaus. Wort- und grußlos schlängeln sie sich an uns vorbei, die wir auf den Stufen stehen und per Megaphon unsere Forderungen der Bevölkerung, die sich neugierig versammelt hat, mitteilen.

Ein angesehener Arzt des Ortes kommt zu mir die Stufen hoch:

»Herr Kollege«, sagt er, »das ist ja großartig, ich dachte schon, ich müßte mein Wochenendgrundstück nebst Häuschen wieder verkaufen! Natürlich bin ich auf Ihrer Seite! Wohin kann man Ihnen eine Spende überweisen? So etwas kostet ja Geld!«

Ich beruhige ihn, bisher habe es noch nichts gekostet, er sei aber herzlich eingeladen, an der Sitzung teilzunehmen, zu der wir uns den Zugang verschaffen würden.

»Das ist nicht nötig«, erklärt mit breiter Freundlichkeit der Erste Kreisbeigeordnete, der aus der Tür tritt, »Sie alle sind herzlich eingeladen. Und, bitte, seien Sie doch vernünftig – dies hier bringt ja schließlich Arbeitsplätze! Weshalb protestieren?«

»Ich bin nicht sicher«, antworte ich ihm, »ob das wirklich ein Argument ist. Die Arbeit muß mit Maschinen verrichtet werden, die die großen Firmen von auswärts mitbringen, und natürlich bringen sie auch ihre Spezialarbeiter mit. Vielleicht daß noch ein paar Handlangerplätze besetzt werden müssen ...«

Wir betreten das Rathaus und nehmen im Sitzungssaal Platz. Ich sehe, wie jemand den Forstamtsleiter beiseite nimmt, ihn zu einem Tisch mit Telefon führt, eine Nummer wählt und ihm dann den Hörer reicht. Das Gespräch scheint dem Forstmann keine Freude zu machen. Er blickt ärgerlich, sagt aber mehrfach: »Jawohl!« Dann setzt er sich. Bei der ganzen Verhandlung meldet er sich nicht mehr zu Wort. Hardi hat es ebenfalls bemerkt und meint, das sei sicherlich der Regierungspräsident gewesen. Dem werde er es noch ankreiden, Beamte zu reglementieren, die nun endlich einmal den Mut haben, sich für Bürgerinteressen zu engagieren.

Ein Vertreter der Bundesbahn, lang und hager, referiert mit etwas lustloser Stimme. Der Doktor neben mir, ein Mann hoher Reputation, wippt aufgeregt hin und her:

»Sagen Sie«, flüstert er mir laut zu (Altersschwerhörigkeit), »daß wir das alles nicht dulden werden, sonst sag' ich's!«

»Warten Sie noch etwas«, beschwichtige ich ihn, »wir kommen auch noch dran, das wirkt dann besser.«

»Halt!« ruft er plötzlich, »jetzt fangen Sie auch noch mit der Medizin an!«

»Mit der Medizin?« Der Bundesbahnfunktionär läßt verblüfft sein Manuskript sinken, »mit der Medizin?«

»Sie haben eben ›topographisch‹ gesagt«, ruft der Doktor, »gestehen Sie's nur! Und Topographie ist eine medizinische Wissenschaft.«

»Nein, nein«, sagt der Bundesbahner, der jetzt nicht mehr weiß, wie ihm geschieht, »es war doch nicht medizinisch gemeint!«

»Dann erklären Sie's gefälligst«, grollt der Doktor, »aber wir Bürger lassen uns nicht irreführen.«

Von draußen hören wir Sprechchöre: »Die Bahn muß weg! Die Bahn muß weg!«

Laut Polizeibericht, den ein Pressemann uns zeigt, haben wir 120 Autos und andere Fahrzeuge und 800 Demonstranten auf die Beine gebracht.

Ein zweiter Herr von der Bundesbahn kommt und bittet uns zu einem Gespräch am Nachmittag.

»Dergleichen ist der Bundesbahn noch nie passiert«, sagt er, »wir wollen doch kein neues Zeitalter einführen.«

Das glaube ich ihm gern. Jedermann weiß schließlich von den riesigen Defiziten der Bundesbahn und ihren Zwängen, Personal abzubauen und Strecken stillzulegen.

Aber hier will sie eine Schnellbahn bauen.

»Wenn ich sterbe, wirst du nicht bei mir sein«, hat meine Mutter einmal zu mir gesagt. Jetzt war sie mehrfach hier, wir haben sie geholt, weil es ihr nicht gut ging. Sie aß nicht, wenn sie allein war, trank auch nicht genügend, die Kreislaufverhältnisse waren nicht ermutigend. Es gelang uns stets, sie wieder hochzupäppeln. Regelmäßiges Essen und das Wundermittel der alten Chirurgen, Strophanthin, in Traubenzucker verdünnt, wirken immer noch prompt. Dabei hatte sie Leibschmerzen, diffus, nicht lokalisierbar, jedoch weiche Bauchdecken, also offenbar nichts, was einen operativen Eingriff erfordert hätte. Wir wissen seit ihrem Aufenthalt in der Universitätsklinik, daß sie Gallensteine hat, aber ihre Schmerzen sind dafür nicht charakteristisch.

Heute ruft Vera, meine Schwester, an: Es ginge unserer Mutter außerordentlich schlecht, sie habe sehr starke Schmerzen und weine. Das ist bei ihr ungewöhnlich.

Sie ist immer ein halbes Kind geblieben, durch ihr ganzes Leben hindurch, verstört in der großen Welt, ängstlich ihre kleine Welt festhaltend.

Ich bin im Aufbruch zu einem Vortrag in Tutzing. Ich entschließe mich, sie wieder in die Klinik einzuweisen, rufe dort an, kläre alles telefonisch für sie.

Abfahrt nach Tutzing. Unterwegs, von einer Tankstelle aus, Anruf in der Klinik. Es ist 19.30 Uhr. Der diensthabende Arzt, ein Kollege namens D., sagt mir, daß man noch nicht durchblicke; wie ich habe man auch dort zunächst eine Gallenblasenentzündung angenommen, das scheine es aber nicht zu sein.

»Hat sie noch Schmerzen?« frage ich.

»Ja«, sagt er, »noch immer.«

»Sie ist jetzt gut drei Stunden bei Ihnen, und Sie haben es nicht für nötig gehalten, die Schmerzen zu lindern?«

»Herr Kollege«, kommt es vorwurfsvoll zurück, »wir dürfen

doch die Symptome nicht verschleiern! Erst müssen wir wissen, um was es sich handelt, dann können wir vielleicht ...«

»Und wenn Sie es nie herauskriegen oder erst in acht Tagen, – handelt es sich um eine Veterinärklinik bei Ihnen?«

Er ist tief gekränkt. Ich müßte doch auch wissen, vor die Therapie hätten die Götter die Diagnose gesetzt – dieser schwachsinnige Spruch, der in jeder Praxis, also bei 90 Prozent aller Kranken täglich widerlegt wird. Ich sage ihm, daß ich in zwei Stunden wieder anrufen werde, und wenn sie dann immer noch Schmerzen habe, würde ich etwas anderes unternehmen.

Um 22.00 Uhr rufe ich an und höre, daß es ihr besser geht, ohne daß sie ein Schmerzmittel erhalten habe. Sie sei wieder zuversichtlich, lächle und sei auch auf einen Scherz eingegangen. Indes wisse man noch immer nicht, um was es sich bei ihr eigentlich handele. Man werde morgen weitersehen.

Soll ich zurückfahren? Ich bin von der Nachtfahrt ziemlich mitgenommen. Nasse, rutschige Straßen, Dauerregen, die grellen Lichter der entgegenkommenden Fahrzeuge. Ich würde erst am Vormittag ankommen. Ich will abwarten und in der Frühe wieder anrufen.

Aber ich finde keine Ruhe und stolpere nachts noch einmal im Schloß Tutzing umher, ein Telefon suchend. In der Klinik ist alles abgeschaltet. Die Nachtschwester endlich sagt mir, sie habe Anweisung, meine Mutter am nächsten Morgen in die Chirurgie zu verlegen. Ich atme etwas auf, Chirurgie bedeutet für mich Klarheit – man hat es mir in vielen Jahren ansozialisiert. Wir werden also wissen, was ihr fehlt, und es wird etwas gemacht werden.

Anruf in der Chirurgie. Ich werde tatsächlich mit dem Arzt verbunden, der meine Mutter operiert hat. Der Kollege berichtet geschäftsmäßig kühl:

»Als ich hörte, schlechtes Ekg, diffuse, aber heftige Leibschmerzen, habe ich sie mir gleich in den OP bringen lassen, denn das deutet ziemlich genau auf Mesenterialinfarkt hin. Ich habe aufgemacht, und der ganze, fast der ganze Dünndarm war schon brandig. Mir blieb nichts übrig, als wieder zuzumachen.«

»Hätte man nicht resizieren können? Infusionen geben?«

»Fast der ganze Dünndarm, Herr Kollege, nein, da war nichts weiter möglich.«

»Sie lebt noch?«

»Ja. Sie ist aus der Narkose schon erwacht. Wir hatten natürlich nur eine ganz leichte gegeben.«

»Wie geht es ihr?«

»Sie hat keine Schmerzen, wenn Sie das meinen.«

»Wenn sie Schmerzen haben sollte, werden Sie ihr etwas geben?«

»Selbstverständlich. Aber damit ist nicht zu rechnen. Die Stoffe aus dem absterbenden Gewebe trüben sie nun langsam ein, sie wird ganz ruhig sterben.«

»Können Sie ihr sagen, daß ich angerufen habe und daß ich heute noch losfahren werde, vielleicht bin ich heute abend schon da?«

»Ich werde es ihr sagen. Ich nehme an, daß sie heute abend noch lebt. So was dauert doch gut seine zwölf, ja vierundzwanzig Stunden.«

Ich bedanke mich, rufe noch schnell meine Schwester an, informiere sie und bitte sie, sofort in die Chirurgie zu gehen und sich an ihr Bett zu setzen.

Dann greife ich mein Vortragsmanuskript und gehe in den Tagungssaal. Eine solche Nachricht nimmt man nicht wirklich auf. Man hört sie, und man versteht sie nicht. Vor das Ungeheure, das uns zermalmen würde, haben die Götter einen Filter geschaltet. Ich bin wie betäubt, trete aber zum Pult und beginne zu sprechen.

»Das Thema«, sage ich, »ist mir unsympathisch wie nur eines. Es lautet: Der Kassenarzt – Kassenknecht? Arzneimittelvertreter? Helfer der Menschheit? Wenn man wirklich etwas zur Situation der niedergelassenen Ärzte sagen will, kann man das erste, den Kassenknecht, ruhig weglassen, das zweite, den Arzneivertreter, ebenfalls, das dritte, Helfer der Menschheit, möchte der Arzt sein, von ganzem Herzen übrigens, aber seine Erfahrung hat ihn gelehrt, daß die Wissenschaft der Medizin noch in den Kinderschuhen steckt . . .«

Nach dem Vortrag kurze Pause, dann soll diskutiert werden. Ich haste zum Telefon. Inzwischen ist es Mittagszeit, in der Klinik ist schon wieder alles abgeschaltet. Die Herren sind entweder noch beim Operieren oder schon in der Kantine oder zu Hause. Endlich erreiche ich einen Kollegen, der mir als diensthabend angekündigt wird. Er spricht nur gebrochen Deutsch. Ich erkläre ihm, um was es sich handelt, und er sagt, er verstehe alles, wisse aber nicht, was ich meine. Ich nenne ihm den Namen meiner Mutter, buchstabiere ihn zweimal, bis ich begreife, daß er das deutsche Buchstabieren nicht begreift, denn er antwortet ganz verwirrt. Endlich scheint er zu erfassen, was ich will – freudig ruft er mir durchs Telefon zu:

»Wenn Sie meinen alte Frau aus Innere, heute früh gleich operiert, alte Frau tot.«

Die Sprechzeit, die die eingeworfenen Münzen erlauben, ist zu Ende, das Telefon schaltet ab, ehe ich noch weiterfragen kann.

Ich rufe meine Schwester an, frage, ob sie bei ihr war, als sie starb.

»Nein«, sagt sie, »da war ein Farbiger, der ließ uns nicht zu ihr. Wir haben sie durch das Glasfenster von hinten sehen können, sie muß es gewesen sein. Er sagte immer nur, er kenne diese Frau nicht.«

»Warum hast du dich nicht gleich beschwert?« schreie ich ins Telefon, »den Oberarzt, den Professor, irgend jemand hättest du doch erreicht?«

»Kann man sich in einem Krankenhaus beschweren?« fragt sie, »und warum hast du es nicht gemacht?«

27. November 1974

Sterben ohne ärztliche Hilfe, das muß einmal die Regel gewesen sein. Ein Arzt stand nur Reichen zur Verfügung, großen Herren, Königen. Im übrigen starb man ohne Arzt. Aber man starb nicht allein, die Familie war zugegen, hielt die Hand – etwas, woran Sterbenden, auch wenn sie keine weitere Kommunikation wünschen, so viel liegt. Jemand soll sie halten, einfach nur berühren, die Hand drücken: Du bist nicht allein.

Heute vollzieht sich das Sterben im Krankenhaus, auf der Intensivstation – und wenn irgendein Ort dafür ungeeignet ist, so die Intensivstation. Das Intimste geschieht, der Abschied aus der raumzeitlichen Dimension, aber nur Apparate summen, der Oszillograph flackert, eine Schwester blickt routinemäßig, wie weit es ist. Nichts zum Zudecken, denn der Körper muß ja an jeder Stelle leicht zugänglich sein. Grelles Licht, Lärm, lautes Türenschlagen. Keine Zuwendung.

Meine Mutter und dieser ausländische Arzt: »Alte Frau, was wir operiert haben, ist tot.« Sie hat sich gefürchtet, das ist sicher. Warum sind wir nicht alle bei ihr gewesen? Irgend etwas vollkommen Unwichtiges, wie dieses Referat in Tutzing, hat es mir nicht erlaubt. In einer solchen Stimmung erkennt man, daß es immer das Unwesentliche ist, das unser Leben in die vielen Nebenwege und Abwege, die wir gehen, lenkt.

Die Perfektion der Technik ist aufgeboten, es wird ein Surrogat von »Wir haben alles getan, was möglich ist« erzeugt, aber wir haben nicht getan, was notwendig ist.

Die Technik ist nicht wirklich perfektioniert. Da ist der Kranke an den Monitor angeschlossen, man kann auf der Stelle die elektrische Herzaktionskurve kontrollieren, aber das hat nur Bedeutung, wenn ein Arzt ständig daneben steht oder sitzt, um unverzüglich einzugreifen. Ist das nicht der Fall, flackert die Kurve sinnlos über den Schirm, niemand sieht sie, und wenn ein Signal eine Unregelmäßigkeit ankündigt, muß erst jemand zu diesem Bett laufen und nachsehen, was los ist. Selbst diese aufwendige Technik erleichtert nichts.

29. November 1974

10.30 Uhr Beerdigung meiner Mutter. Der Sarg wird nicht mehr geöffnet. Wir sind nur ein paar Leute, den Gesang liefert der junge Pfarrer so gut wie allein. Stefan, der neben mir steht, fragt, wann wir sie endlich wieder aus dem Kasten herausnehmen.

Zur gleichen Zeit wird Boris Rajewsky beerdigt, Rektor der Universität, Physiker, Professor, berühmter Wissenschaftler, Mitglied vieler Gremien, Vorsitzender vieler Ausschüsse. Ein ungeheurer Menschenauflauf, Würdenträger und Repräsentanten aus all diesen Institutionen, Verbänden, Gesellschaften. Wie mag er gestorben sein?

Freiheit hat immer etwas von Einsamkeit. Wie werden sie es empfinden, meine Mutter und er, in ihrer neuen Freiheit?

1. Dezember 1974

Tieck berichtete August Wilhelm Schlegel über den Tod des Bruders Friedrich 1829. Friedrich Schlegel war in Dresden und hielt im Hotel de Pologne von Dienstag bis Freitag, jeweils 18 bis 19 Uhr, seine Privatvorlesungen über die Philosophie der Sprache, die eigentlich Vorlesungen über das Leben waren. Er war etwas ängstlich geworden, fürchtete, daß ihn das dabei abverlangte »erhöhte Denken« überanstrengen und seine Kräfte sehr schwächen würde. (In der vierten Vorlesung hat er sich viele Gedanken darüber gemacht, wie sich Zeit und Ewigkeit scheiden und was beim Sterben geschieht.) Jetzt schrieb er an der zehnten Vorlesung, und an der Stelle über das vollendete und vollkommene Verstehen mußte er abbrechen, um die Feder nie wieder in die Hand zu nehmen. Sicherlich hat er geglaubt, daß er bald weiterschreiben werde, denn er hat mitten im Satz aufgehört.

Gegen Mitternacht, so beginnt Tiecks Bericht, hört die Nichte, wie er im Zimmer umhergeht, steht auf und wärmt ihm Wasser, damit er die Hände hineintauchen könne. Das hat ihm schon oft geholfen. Schlegel selbst ist dabei unbesorgt, heiter, mißt der Unruhe, dem Frösteln keine besondere Bedeutung bei. Um ein Uhr nachts hört sie ihn wieder, steht besorgt auf und findet ihn schwankend und taumelnd. Fast unverständlich stammelt er, sie möge ihm Eau de Cologne geben. Sie führt ihn zum Sofa, wo er das Bewußtsein verliert. Sie klingelt nach dem Hausknecht, der erst nach einer halben Stunde kommt. Nun wörtlich: »Dieser wird zum benachbarten Arzt gesendet. Der Diener ist endlich herbeigekommen. Der Arzt hört nicht, es meldet sich in dessen Haus, ohngeachtet des lauten, häufigen Schellens, kein Mensch. Kein Pochen hilft, und ohne Arzt und Hilfe kommt der Hausknecht wieder. Indessen hat Friedrich in Krämpfen gelitten, im Halse gewürgt, und ohne Sprache und Bewußtsein die Augen weit hervorgetrieben. Der Arzt, der später kam, sagte, es sei durchaus keine Hilfe möglich gewesen . . .«

Schlegel ist, wie man damals wie heute sagt, »am Schlage gestorben«, hat sicherlich von seinem Todeskampf nichts mehr gemerkt, der für die Nichte ein schreckliches Erlebnis sein mußte. Der Arzt hätte nach dem damaligen Stande der Wissenschaft einen Aderlaß versuchen können, im übrigen wäre er Trost gewesen.

Das alles ist schon sehr lange her. Geschieht es nach wie vor aufs neue? Wie stirbt heute ein berühmter Dichter? Ich nehme das Beispiel eines Mannes, den ich sehr verehre, Nikos Kazantzakis. Im hohen Alter wurde er krank. Er litt an Lymphomen, die mit Fieberschüben auftraten, an einer Augenkrankheit, aber er war voller neuer Ideen und Pläne. Er wollte den »El Greco« neu schreiben, »völlig anders«. Jean Bernard hatte ihn nach Freiburg überwiesen, zu Professor Heilmeyer. Es lag also eine Blutkrankheit vor, zweifellos eine Leukämie.

Noch lebend kam er nach vielen Umwegen in Freiburg an. »In diesem Zustand?« kritisierte der diensthabende Oberarzt, »in diesem Zustand?«

Er war auf dem Bahnhof zusammengebrochen, sein rechter Arm war so angeschwollen, daß man sich mit dem Gedanken trug, ihn zu amputieren. Seine Frau war entsetzt, was wäre ein Schriftsteller ohne rechten Arm? Sie war entschlossen, ihn zu töten, um ihm das zu ersparen, was notwendigerweise folgen müßte. Aber der Arm schwoll wieder ab.

Als sie es Nikos erzählte, wurde er nachdenklich, dann raffte er sich auf:

»Bringe mir ein Stück Papier und einen Bleistift, ich will üben, mit der linken Hand zu schreiben.«

Schließlich kam der letzte Tag. Es war der 26. Oktober 1957, ein Sonntag. Der Doktor sagte zu Frau Kazantzakis:

»Ist Ihnen klar, daß sich Ihr Gatte heute in einem ernsten Zustand befindet?«

»Ich habe ihn schon zweimal in diesem Zustand gesehen.« antwortete sie. »Sie werden ihm helfen, damit er auch diesmal davonkommt, nicht wahr?«

Dann ihre Eintragung in ihr Tagebuch.

»Er versprach es, verließ aber die Klinik. Er kam erst abends nach zehn Uhr wieder, als alles vorbei war.«

Kazantzakis antwortete schon nicht mehr auf ihr zärtliches »Nikosmou«. Sie nahm seine Hand und legte sie sich auf den Kopf, als wäre er noch bewußt genug, sie zu segnen.

»Er blieb unbeweglich. Sein ›kleines Kinderherz‹ schlug noch.

Sein Atem war noch rascher und kürzer geworden ... Die Hand blieb lange auf meinem Kopf. Warm, weich, immer erfrischend. So, wie ich sie liebte. Dann legte ich sie sanft zurück auf das Bett. Nikos Kazantzakis war nicht mehr. Ich hätte Türen und Fenster aufreißen und schreien mögen! ›Mond, Sterne, Bäume, tiefe Nacht, ihr, die er so sehr geliebt hat, er ist nicht mehr!‹ Ich schämte mich ...

Ich kehrte zu ihm zurück, betrachtete ihn lange. Ich schloß ihm die Augen. Diese kleinen olivfarbenen Augen, gute, eulenspiegelhaft, die die Sonne niemals wiedersehen würden!«

Auch hier hat sich der Arzt entzogen. Hat es dem Todkranken an irgend etwas gefehlt? Die Klinik bot ihre Routine – das scheint das Höchste zu sein, was sie bieten kann, und die Frau war bei ihm, die zweiunddreißig Jahre sein Leben begleitet hatte. Der Arzt hätte noch einige Injektionen machen können, Steroidhormone, Infusionen, sicherlich hätte es nichts geändert. Aber er hätte, einfach durch sein Dabeisein, tröstlich gewirkt, helfend.

Ohne Datum (1975)

Mir ist ein merkwürdiges kleines Buch in die Hände gefallen, eine 1902 in Leipzig erschienene Übersetzung aus dem Russischen: »Beichten eines praktischen Arztes – Versehen und Fehlschlüsse« eines russischen Arztes namens W. Weressajew. Verblüffend schon das Vorwort, in dem Dr. Weressajew berichtet, man habe ihn heftig angegriffen, weil er die vielen Bedenken gegen die ärztliche Praxis nicht in Ärzte-, sondern in Laienkreisen diskutiert habe. Wörtlich: Er hätte doch wissen müssen, »daß die Tageszeitungen, die bereits beständig gegen die Ärzte hetzen, mit Freuden das von mir mitgeteilte Material in ihrem Sinne ausbeuten würden«.

Medizinkritik hat es also schon immer gegeben, und immer standen die Ärzte im Kreuzfeuer. Wenig später, an einem schönen

Sonntagmorgen, ruft mich ein Arzt an, dessen Namen ich zunächst nicht verstehe. Er fragt, was ich davon hielte, wenn er nach Mexiko fliegen und dort Ivan Illich besuchen würde. Ich rate ab, zu teuer, zu umständlich, und Illich kommt auch immer wieder mal nach Deutschland ...

»Weshalb wollen Sie denn so unbedingt mit ihm sprechen?« frage ich, »er hat ja alles, was er vortragen kann, aufgeschrieben. Kaufen Sie sich sein Buch.«

»Habe ich schon«, sagt der Chirurg aus dem Norden, »ich will selbst ein solches Buch schreiben.«

Er fragt mich, ob er mal schnell zu mir herunterkommen könne. Weshalb nicht? Ich lade ihn herzlich ein.

»Nein, nicht irgendwann«, sagte der Doktor, »jetzt gleich, ich fahre sofort los, in drei Stunden bin ich bei Ihnen.«

»Von wo rufen Sie an?« frage ich überrascht.

»Aus Lauenburg«, sagt er.

Drei Stunden später ist er da, groß, lachend, Vertrauen ausstrahlend, braungebrannt, übrigens weißer Mercedes – und er bringt Heidekraut mit und ein Manuskript, in das ich alsbald hineinblicke.

Es trifft auf das genaueste meinen Weressajew! Wie bei Weressajew werden hier die Sünden aufgezählt, zunächst die fremden – Weressajew bringt die längst vergessene (vertuschte?), fatale Geschichte von Kochs Tuberkuloseheilmittel, das ein vollkommener Fehlschlag war, weil es nicht half, aber Tuberkulose verbreitete –, dann auch die eigenen. Bestürzend der ungeheure Umkreis: Da ist nichts ausgenommen. Der Chirurg zitiert einen Bericht von H. Melchior, wonach in den letzten Jahren Kunstfehler sogar bei Phimosenoperationen vorgekommen sind, die zu Penis-Nekrosen mit nachfolgender Amputation des Penis geführt hätten. Nach Krampfaderoperationen mußten, weil versehentlich statt der Vene die Beinschlagader herausgerissen wurde, Beine amputiert werden (H.-M. Becker). Das steht in einem einzigen Heft der Monatszeitschrift »Der Chirurg«, die außerdem darüber berichtet, daß die Sterblichkeit nach Dickdarmoperationen, die in den USA 2,1 Prozent (Bears, Rochester) beträgt, in der Bundesrepublik zehnmal höher liegt, nämlich bei 19,3 Prozent (F. Deucher, Bonn). Die Ursache wird nicht verschwiegen: fehlerhafte Technik.

Er sieht mein Erstaunen und sagt:

»Lappalien! Nichts – verglichen mit den Resultaten, die sich ergeben würden, wenn man systematisch die wissenschaftliche Literatur durcharbeitete!«

»Der zahnlückige Opa«, sage ich, »der im Vorderen Orient die Vorhaut des Penis seines kleinen Enkels abbeißt, arbeitet also sicherer als unsere aseptische, technisch perfektionierte Medizin?«

Ja, darüber will er etwas schreiben, denn es muß sich ändern lassen. Das Heil liege in der Spezialisierung. Dickdärme dürften nur von Dickdarmspezialisten, Hände nur von Handspezialisten operiert werden, dann würden derartige Entgleisungen nicht mehr vorkommen.

»Es hat etwas für sich«, sage ich, »und in unserer durch die Arbeitsteilung charakterisierten Industriegesellschaft werden Sie sofort ein freundliches Echo finden. Aber sollen wir denn die bewährte alte allgemeine Chirurgie aufgeben?«

»Sie meinen den Chefarzt des kleinen Kreiskrankenhauses, der alles macht, was ihm vorgeworfen wird? Sofort! So schnell wie möglich, denn sie ist hoffnungslos veraltet und nicht zu retten.«

»Der Chefarzt des kleinen Kreiskrankenhauses«, sage ich, »den ich noch kenne, hat nicht nur operiert, er hat auch Lungenentzündungen behandelt, Bülau-Drainagen bei Pleuritis angelegt, die Mandeln entfernt und das Herz gestärkt – und gegen solche Praxis ist nichts einzuwenden, wenn er nur seine Grenzen kennt und den Kranken, kommt er selbst nicht weiter, an die richtige Stelle schickt.«

»Warum wollen Sie Urväterhausrat erhalten?« fragt mein Besucher verblüfft.

»Aus Gründen, die immer dringlicher werden«, sage ich, »der Allgemeinchirurg in seiner bescheidenen Klitsche macht den

Blinddarm nämlich noch für 65 Mark pro Tag, während Ihre hochspezialisierten Kliniken unter 300 Mark pro Tag gar nicht arbeiten können! Und es geht weiter: In der kleinen Klitsche fühlen sich die Patienten geborgen, Schwestern umsorgen sie, die zu Hause noch ihre Familie haben, und die Küche wird von Hausfrauen bekocht, die Konservenernährung ablehnen und ›richtig‹ kochen.«

Ich empfehle ihm zwei Verlage, die sich für das Buch interessieren müßten. Tatsächlich hat einer von ihnen dann das Rennen gemacht.

Der Chirurg heißt übrigens Hackethal.

Ich finde, daß Chirurgen gut geeignet sind, einen Blick auf die Geschichte unserer Wissenschaft zu werfen, wenn sie dafür Zeit haben, denn die Medizin hat eine blutige Geschichte. Noch im Kriege 1870/71 wurden die meisten Amputationen ohne Narkose wie im Mittelalter durchgeführt (allerdings goß man kein siedendes Öl mehr in die Wunden, wie dies bis zu Napoleons Zeiten üblich war), obgleich die Narkose bereits Routinemethode war. Aber die Ärzte glaubten, damit Zeit zu verlieren, so daß andere Schwerverwundete zu kurz kämen.

Weressajew schreibt: »Als Pirogow (der berühmte russische Chirurg) im hohen Alter an einem Carcinom der oberen Kinnlade erkrankte, wandte sich der ihn behandelnde Arzt Dr. Wjowodzew an Billroth mit dem Anliegen, Pirogow zu operieren. Nachdem Billroth sich über den Fall genau orientiert hatte, lehnte er die Operation ab: ›Ich bin nicht mehr der furchtbare und kühne Operateur, den Sie in Zürich gekannt haben‹, schrieb er an Wjowodzew, ›wenn ich eine Operation für indiziert halte, so lege ich mir immer die Frage vor: würde ich wohl die Operation, die ich an einem Kranken mache, an mir selbst vornehmen lassen?‹ Folglich hat Billroth früher Operationen gemacht, die er an seinem eigenen Leibe nicht gestattet hätte!«

Und Weressajew setzt hinzu: »Selbstverständlich, denn sonst hätten wir nicht die ganze Reihe der glänzenden neuen Operationen, die wir Billroth verdanken.« Weressajew sah also ganz deutlich den unauflösbaren Widerspruch, den man heute ignoriert, zwischen der Humanität, die wir durchsetzen sollen, indem wir beispielsweise nur auf bereits erprobte Mittel zurückgreifen, und der Inhumanität, die uns zwingt, auch das nicht Erprobte einzusetzen, weil wir sonst keinerlei Bewegung, keinen Fortschritt hätten.

»Wo ist der Ausweg aus dem Dilemma?« steht bei Weressajew, und: »Ich weiß es nicht.« Aber *wir* sollten es allmählich wissen. Ich meine, es sei jetzt die Zeit, die kritische Medizin, die im Grunde ja Kritik der Außenseite, der Organisation, war, zu einer Kritik an den medizinischen Inhalten fortzuführen.

20. Februar 1975

Vom Verkehrsausschuß des Deutschen Bundestages in Bonn kam eine Einladung. Am Donnerstag, den 20. Februar, wird uns im Zimmer 2303 im 23. Stockwerk des »Langen Eugen« eine Anhörung gewährt. Natürlich sagen wir zu. Unsere verschiedenen Bürgerinitiativen – insgesamt zwölf –, von Körle bis Fulda, bringen eine stattliche Schar Delegierter auf. Die Fahrt ist nicht ungefährlich, die Autobahn streckenweise vereist, hier oben bei uns sogar noch verschneit und noch nicht geräumt, als wir in aller Frühe aufbrechen.

Glücklicherweise ist das Zimmer 2303 ein stattlicher Saal. Eine Landkarte ist aufgehängt, und wir registrieren mit Überraschung, daß nicht eine, sondern zwei verschiedene Trassenführungen eingezeichnet sind: eine entlang unseren Dörfern und Städten, diese teilweise zerschneidend wie in Fulda, und eine andere, jenseits der Berge, uns nicht berührend. Der Vorsitzende des Ausschusses, Holger Börner, steht dabei und blickt uns mit einem breiten Lachen an. Ich frage ihn, was das bedeuten soll, von der zweiten Möglichkeit hätten wir nicht zu träumen gewagt.

»Ihr wollt doch euer Erfolgserlebnis«, sagt Börner, »hier ist es!«

Es ist tatsächlich die einfachste Lösung, die Trasse einen Kilometer weiter nach Osten zu rücken – wir hätten die Reise gar nicht
anzutreten brauchen. Andererseits entstehen dem Fiskus keine
Kosten, denn Reisespesen erhalten wir nicht.

Als der Ausschuß beisammen ist, die ersten Gruppenaufnah-
men mit gewichtigen Mienen geschossen sind, erteilt Börner
meinem Freund Auth aus Fulda das Wort. Er erhebt sich und sagt
sanft:

»Ich spreche hier für 100 000 Wähler« – er verbessert sich
umständlich –, »Bürger ... und sage gleich zu Beginn, wir sind
nicht grundsätzlich gegen die Schnellbahn, auch nicht gegen eine
solche Trasse, nur glauben wir nicht, daß die Bundesbahn hier die
richtige Planung durchgeführt hat. Zu viele wichtige, die Existenz
zahlloser Bürger bedrohende Einzelheiten, für die Planer vielleicht nur Kleinigkeiten, sind übersehen worden ...«

»Über die Köpfe der Bürger hinweg läuft nichts«, sagt Börner,
»das muß die Bundesbahn sehen.«

Im übrigen ist er energisch für die Bahn, ein moderner Indu-
striestaat brauche ein günstiges Schienennetz. Es ergibt sich, daß
in unserem Kielwasser ziemlich viel Politik mitgefahren ist. Ein
Vertreter der Industrie- und Handelskammer ist dabei, aufmerksam blickende Abgeordnete des Landtags unseres Bundeslandes,
auch einige Bundestagsabgeordnete wie Klaus Jürgen Hoffie, der
sich für unsere Sorgen sehr interessiert gezeigt hat und die Strecke
mit seinem Porsche und einer Kamera abgefahren ist, um selbst zu
sehen, wie aufragende Pfeiler und Brücken die Landschaft verändern müßten. Hardi und ich sprechen über die Auswirkungen auf
die Bürger und ihre Besucher. Börner belehrt uns:

»Sie befinden sich da in einem Zielkonflikt. Heile Landschaft
und saubere Umwelt und dann noch sichere Arbeitsplätze nebeneinander, das sind Wunschträume.«

Er hütet sich aber vor einer Konfrontation, denn ihm ist klar,
wie stolz jedermann wäre, wenn er hier lautstark protestieren
dürfte. Ich versage mir denn auch einen Widerspruch, und so geht
die Anhörung weiter und wie voraussehbar zu Ende: Börner

verspricht, in den nächsten Tagen mit dem Bundesbahnpräsidenten zu sprechen und ihn zu verpflichten, die neuesten Erkenntnisse des Lärmschutzes und der Lärmbekämpfung in der Planung zu berücksichtigen.

Eine kleine Pause. Der Chefplaner der Bundesbahn steht vor der Landkarte und schüttelt den Kopf. Dann kommt, von Auth und den Bürgern aus Fulda gebeten, Dr. Dregger mit einigen Abgeordneten und mit einem Bundesbahndirektor. Die Diskussion bewegt sich etwa in der gleichen Art, aber eine Kleinigkeit läuft ganz anders. Ich frage, eigentlich mehr, um mich auch einmal aktiv zu beteiligen, den Bundesbahndirektor, ob diese Schnellbahn, wenn sie einmal fertig wäre, dann noch die neueste und bestmögliche Entwicklung darstelle.

»Keineswegs«, lächelt er, »keineswegs. Wenn die Schnellbahn einmal fahren wird, haben wir die endgültige Lösung so weit, daß sie geplant und realisiert werden kann: die Vakuumröhre. Die Züge werden dann geschossen, alles spielt sich unterirdisch ab, die Landschaft wird nicht berührt.«

»Wir wollen also Milliarden hinauswerfen, während wir doch wissen, daß wir dann gleich nochmal bluten müssen?« ruft einer der Bürger. Es ist eine Nebenerkenntnis, aber sie geht schließlich unter. Dr. Dregger und seine Leute müssen noch anderen Verpflichtungen nachkommen. Die Anhörung ist zu Ende.

In der Tiefgarage ramme ich mit dem Wagen einen Pfeiler. Der Blechschaden arrondiert kräftig die Kosten für diese Informationsreise.

---

20. August 1975

Stefan geht jetzt zur Schule. Die Schule hat die Gemeinde einst selbst gebaut. Es ist ihr nicht gerade leichtgefallen. Sie hat fünf Klassenräume, einen Experimentierraum sowie eine Lehrküche. Für diese Zwecke ist sie optimal ausgestattet. Auch Lehrkräfte sind genügend vorhanden. Die Schülerzahl liegt ständig über hundert, dennoch wird kräftig davon geredet, daß sie geschlossen werden müsse. Man plant und baut große zentrale Schulen, um die Schüler besser unterrichten zu können. Die kleinen Dorfschulen sind dagegen nicht konkurrenzfähig, glaubt man höheren Ortes. Sie werden laufend stillgelegt, selbst wenn sie gerade erst eingeweiht worden sind.

Heute ist der erste Elternabend. Birke nimmt ihn wahr. Ich folge ihr etwas später, auch aus Neugier, weil es Derartiges zu meiner Schulzeit nicht gab. Niemals wurden damals Eltern nach irgend etwas gefragt. Ich habe seit je Hemmungen, Türen zu Räumen zu öffnen, in welchen Besprechungen und Tagungen ablaufen. Nach einigen unschlüssigen Minuten vor der Tür mache ich sie vorsichtig auf. Jemand sieht mich und ruft meinen Namen. Er wird sofort an die Tafel geschrieben ...

Ich bin mitten in die Wahl des Vorsitzenden des künftigen Elternbeirats hineingeplatzt. Ich überlege, daß es nicht richtig wäre, das zu korrigieren. Man müßte denken, daß ich mir zu schade für ein solches Amt bin. Sicherlich ist es mit Ärger verbunden; schon die eventuelle Schließung, über die gemunkelt wird, läßt einiges erwarten. Die Abstimmung läuft, und dann stellt sich heraus, daß ich gewählt bin. Keine überwältigende Mehrheit – schließlich war nichts vorbereitet, am wenigsten ich selbst.

Ich nehme die Wahl an, und bei dem anschließenden Gespräch mit den anderen Mitgliedern des Vorstands ergibt sich als erster Punkt die Notwendigkeit, etwas gegen die tatsächlich vorgesehene Schließung der Schule zu unternehmen. Die Eltern wollen es so lange wie möglich vermeiden, ihre Kinder jeden Morgen in eine Mittelpunktschule jenseits der Autobahn fahren zu müssen.

Der Ärger beginnt.

Die Schule ist mit weitaus mehr Problemen belastet, als ich annahm. Da gibt es also diese Lehrküche mit einem großen Herd, den die Eltern früherer Schulklassen gekauft und der Schule zur Verfügung gestellt haben. Er ist damit in das Eigentum des Schulträgers übergegangen. Dieser aber, der Kreis, hat beschlossen, den Herd einer anderen Schule zu geben – als würde er hier nicht genutzt. Das ist keineswegs so, ja gerade wegen der neuen Pensionen, die hier entstehen und die selbstverständlich Diäten anbieten müssen, wäre es wünschenswert, laufend Kochkurse durchzuführen.

Ich spreche mit dem Landrat, aber der ist unübersehbar desinteressiert und macht deutlich, daß er nur mit einem halben Ohr hinhört; zum Schluß eine vage Versprechung, die Sache noch einmal überdenken zu wollen. Am nächsten Morgen wird der Herd bereits abgeholt.

Gegen Mittag ist Frau G. gestorben, Leberkrebs. Sie war seit dem Morgen bewußtlos. Es ist noch nicht lange her, da machte ich bei ihr, von der Tochter gerufen, mit dem weitgereisten Kollegen M.-W. einen Besuch. Wir sahen uns beide erschrocken an, als wir die Hand auf den Bauch legten und die vergrößerte, höckrige Leber fühlten. Wir sprachen beruhigend mit ihr, aber diese eine Berührung der von kleinen Geschwülsten durchsetzten Leber ließ uns nachher im Auto noch lange kein Wort finden.

Die Leber ist ein widerstandsfähiges Organ, sie hält lange gegen den Krebs durch; es können 80 Prozent ihres produktiven Gewebes zersetzt sein, und sie arbeitet vielleicht noch immer weiter. Dann spiegeln die Leberwerte im Blut allenfalls ein etwas angegriffenes, in Wahrheit aber im Todeskampf befindliches Organ wider.

Der alte A. kommt am Nachmittag, obgleich keine Sprechstunde ist. Er kam eigentlich immer nur, wenn keine Sprechstunde war. Er ist jetzt 91 Jahre alt, geht ohne Stock, in einem zu dünnen Mäntelchen bei der schneidenden Kälte, wohnt außerhalb des Dorfes in einem hochgelegenen, aus Brettern gebauten Gartenhaus, zu dem steile, vereiste Stufen emporführen. Er klagt, er könne nicht mehr richtig gehen, es liege an den Schuhen, er rutsche ständig aus. Wir suchen ein Paar Schuhe von mir heraus, das ihm paßt und mit dem er, wie er freudig feststellt, besser gehen kann.

Ich fahre ihn nach Hause und steige langsam hinter ihm, ihn stützend, die gefährlichen Stufen empor. Er geht mühsam, aber völlig sicher. Einmal seufzt er:

»Wie schön, daß ich wieder zu Hause bin.«

Dies ist sein Zuhause. Man könnte ihn nicht in ein Altersheim schicken.

31. Januar 1976

Dr. J., der einstige Bibliothekar aus F., hat seinen 72. Geburtstag. Ich besuche ihn, und wir sprechen über Schriftsteller und Verleger. Schievelhuths Übersetzung von Thomas Wolfe liegt vor ihm, er blättert darin, dann sagt er:

»Mir fällt auf, daß es eine Übersetzung nicht ins Deutsche, sondern ins Hessische ist. Ich mag Dialekt – ich stamme ja aus dieser Gegend, wie Sie wissen –, aber die Hochsprache hat ihre Bedeutung. Sie macht frei von den Fesseln der heimatlichen Parzellen und führt in einen größeren Zusammenhang. Ist Ihnen bekannt, was der Verlag ihm dafür bezahlt hat? Ganze achthundert Mark! Ich habe den Verleger später einmal gefragt, als er in unsere Bibliothek hineinsah, da antwortete er seelenruhig: Schließlich habe er nicht mehr gewollt.«

Dr. J.s Zimmer ist dunkelgrün tapeziert, die Bücherregale sind weiß, und wo keine Bücher stehen, hängen Kopien wertvoller Gemälde, vor allem alter Meister, die er sich hat anfertigen lassen.

Unvermittelt sagt er:

»Würden Sie, wenn ich Sie darum bitte, mir eine Spritze geben?«

»Haben Sie Schmerzen?« frage ich.

»Nein«, sagt er, »ich meine die erlösende, endgültige Spritze. Ich habe in der Großstadt immer die Einsamkeit gesucht, aber hier bin ich nicht einsam, sondern allein. Draußen läuft alles vorbei – ich sehe schon lange nicht mehr aus dem Fenster. Würden Sie das tun?«

»Nein«, sage ich, »und Sie sollten es nicht von mir verlangen.«

»Weshalb nicht?«

»Ich kann Ihnen keine zufriedenstellende intellektuelle Antwort darauf geben«, antworte ich, »aber ich möchte Sie auf dieses eine, merkwürdige Bibelwort verweisen. Ich bin nicht bibelfest, kann Ihnen nicht einmal sagen, wo es zu finden ist. Es lautet . . .«

»Wer bis ans Ende ausharrt, den werde ich erlösen«, murmelt er, »ich weiß, ich weiß . . .«

Und Tränen laufen seine Wangen hinunter.

1. Februar 1976

Georg B. kommt spät abends mit heftigen Kopfschmerzen. Er hat sie seit längerem, nimmt Tabletten, die es in den Apotheken ohne Rezept zu kaufen gibt. Er ist auffällig blaß. Ich injiziere ihm ein Analgetikum und sage ihm, wir sollten die Ursachen so starker Schmerzen ergründen. Vor allem müßten wir das Blut untersuchen. Er solle morgen früh wiederkommen. Er antwortet:

»Wenn Sie mich genauer untersuchen, dann schreiben Sie mich krank. Ich muß aber weitermachen, es ist meine große Chance.«

Er will orthopädischer Schuhmacher werden, hat eine Umschulungsgelegenheit, wird vom Arbeitsamt unterstützt, und das will er nicht aufs Spiel setzen.

Er kommt am nächsten Morgen nicht.

12. Februar 1976

Ich bin stark erkältet, müßte eigentlich liegen, einen heißen Grog trinken oder Tabletten schlucken. Ich werde zu Georg B. geholt. Er ist zum Wochenende wieder hier, inzwischen hat es ihn erwischt: eine starke Grippe, er schwitzt, hat hohes Fieber, hustet, die Kopfschmerzen sind etwas zurückgetreten. Am Montag will er wieder zu seinem Kurs. Die Heilung soll schnell erfolgen!

14. Februar 1976

Früh morgens, Georgs Frau ruft an, ihr Mann sei bewußtlos. Ich laufe, noch immer fiebernd, sofort zu ihm hinüber. Er lebt, ist aber tief komatös, der Blutdruck ist nicht zu messen, der Puls schwach. Ich injiziere intravenös, was in solchen Fällen angezeigt erscheint, Euphyllin®, Steroidhormone, und bestelle den Krankenwagen. Er soll sofort und mit Blaulicht kommen, keine Zeit verlieren.

Mein erster Gedanke: Schlafmittelvergiftung. Aber das scheidet aus. Was überhaupt vorgegangen ist, frage ich.

»Ich wachte nachts auf, hörte, wie er im Badezimmer rumorte. Er murmelte immer: Mein Kopf, mein Kopf.«

»Sie haben sich nichts dabei gedacht?«

»Ich habe auch öfter Kopfschmerzen! An Kopfschmerzen stirbt man nicht.«

Der Wagen kommt herangeheult. Georg wird eiligst eingeladen.

Nach einer halben Stunde rufe ich in der Klinik an. Georg ist noch immer bewußtlos. Ein Hirntumor scheint nicht vorzuliegen. Ich empfehle ein komplettes Blutbild, Überprüfung der weißen Blutkörperchen. Der ausländische Kollege, der den Dienst versieht, verspricht es.

Nach einer Stunde ruft er mich an und sagt triumphierend:

»Wir haben recht gehabt! Blutbild sagt eindeutig: Leukämie!«

»Ich dachte zu spät daran«, erwidere ich, »sonst hätte ich ihm hier mehr Steroidhormone gespritzt ... Haben Sie es jetzt getan?«

»Wozu?« antwortet er, »er ist tot.«

Später kommt die Frau zurück. Sie erzählt, der kleine Sohn habe gesagt, nachdem er längere Zeit am Bett des Vaters stand:

»Jetzt wollen wir Papa mitnehmen nach Hause. Unser Doktor macht ihn wieder lebendig.«

Dann fügt sie hinzu:

»Ich muß Sie um etwas bitten. Ich kann es den Eltern nicht sagen. Fahren Sie hin und erklären Sie es ihnen, daß ihr Sohn tot ist?«

»Wußten sie, daß er krank war?«

»Nein, sie wissen von nichts.«

Es gehört zu meinen schlimmsten Erlebnissen. Die beiden alten Leute saßen friedlich am Tisch und aßen zu Mittag.

16. Februar 1976

Eine Patientin kommt, sie glaubt, sie habe dasselbe wie Georg B.

»Ich habe die gleichen Symptome«, sagt sie.

Sie ist blaß, nervös, ein »unkritischer Hypochonder« – für die »kritischen Hypochonder« habe ich mein »Krankheitenbuch« geschrieben. Ich spreche lange mit ihr und weiß, als sie geht, daß sie überlegt, wen sie nun aufsuchen soll. Man wird niemandem etwas ausreden, der sich nichts ausreden lassen will. Krankheiten sind wie politische Meinungen (wechseln übrigens auch genausogern die Richtung).

Abends kommt Dr. M. vom Blutspendedienst. Ich war einmal zusammen mit ihm Assistenzarzt. Damals kämpfte er um sein Millionenerbe, war bettelarm, spielte Gitarre in einer Band, wenn er abends dienstfrei war. Inzwischen hat er seine Prozesse gewonnen, brauchte eigentlich nicht zu arbeiten, hat aber diese Stelle angenommen, »um etwas Ernsthaftes zu tun«. Er erzählt, welch sonderbare Erlebnisse man beim Blutspenden habe, vor allem auf dem Lande. Dort sei das Blutspenden der große abendliche Rummelplatz, wo alles sich trifft, wiedersieht, ausspricht. Wenn man jemanden abweise, weil seine Serologie nicht stimme oder der Blutdruck zu hoch sei, müsse man geradezu psychotherapeutisch vorgehen. Es werde als Beleidigung aufgefaßt.

Es kommen noch mehr Freunde. Einer fragt den sprudelnden Dr. M., wie er es denn mit der Religion halte, an was er glaube.

»Ich bin Vollerotiker«, sagt Dr. M., »genügt das nicht?«

18. Februar 1976

Beerdigung von Georg B. Ich durchbreche ein Tabu und gehe auf den Friedhof. (Ärzte nehmen an den Beerdigungen ihrer Patienten in aller Regel nicht teil.)

Ich denke darüber nach, daß man im Grunde jede Erkältung, jede sogenannte Grippe auf Leukämie abklopfen müßte: also nicht nur die Lunge abhorchen, sondern den Bauch abtasten, ob die Milz nicht vergrößert ist, und ein Blutbild anfertigen ... Was würden aber die Kassen dazu sagen? Sie verlassen sich mitten im Zeitalter perfektionierter Medizintechnik auf den »klinischen Blick«, die Intuition ihrer Kassenärzte.

Der Sonntag ist der alttestamentarische Ruhetag, aber irgend
jemand klingelt immer früh. Diesmal ein Mann, der sich entschuldigt, es sei eigentlich nicht dringend, aber er habe die ganze Nacht
nicht schlafen können. Er ist Vertreter, eine dynamische Erscheinung, und wirkt alles andere als ängstlich. Er setzt sich und
erzählt, erst gestern, am Samstag, sei ihm die Bedeutung der
Worte aufgegangen, die mein Vertreter zu ihm gesprochen habe –
Erklärung eines dermatologischen Befundes.

Er war etwas beunruhigt gewesen über ein paar kleine rote
Stellen an der Spitze des Penis und hatte meinen Vertreter
befragt. Er war damit, ohne es zu wissen, an der richtigen Stelle,
denn mein Vertreter ist Hautarzt. Er stellte sofort eine Anhiebs-
diagnose und ließ sie durch Gewebeentnahme – sicherlich keine
angenehme Prozedur – von der Histologie seiner Klinik bestätigen: eine Erythroplasie. Diagnosen sind oft nur Beschreibungen
in fremder Sprache, so auch hier: »Rote Stelle« müßte man
übersetzen, aber man rechnet diese Erscheinungen zu den Präkanzerosen. Und wieder müßte man übersetzen, denn Präkanzerose
heißt wörtlich übersetzt »Vor-Krebs« – und natürlich versteht
jeder darunter ein Vor- oder Frühstadium eines Karzinoms.

Mein Vertreter hatte die Diagnose dem Patienten mitgeteilt
und gleichzeitig Röntgenbestrahlung empfohlen.

»Hat das irgendwelche Nebenwirkungen?« war die Frage des
Patienten.

»Keine besonderen«, hatte der Doktor geantwortet.

Mein Vertreter erzählte mir davon, als ich zurückkam. Ich war
etwas irritiert:

»Macht man das tatsächlich bei jeder Erythroplasie?«

»Gewiß«, war seine Antwort gewesen, »wir sammeln diese
Fälle und werden die Ergebnisse später auswerten.«

»Mensch, wenn Sie einmal so etwas am eigenen Penis entdek-
ken, würden Sie dann auch gleich . . .?«

Er schwankte sichtlich bei dieser Gewissensfrage und sagte schließlich zögernd:

»Man könnte natürlich erst mal abwarten.«

Das versuche ich, dem Patienten an diesem frühen Sonntagmorgen auseinanderzusetzen, aber es fruchtet nicht, er bleibt verstört. Er hat das Wort »Präkanzerose« im Lexikon nachgeschlagen und die fatale Erläuterung dazu gelesen.

Da kommt mir ein Gedanke. Im Überschwang der ersten bezahlten Assistentenstelle hatte ich einen folgenreichen Schritt getan und das »Handbuch der Allgemeinen Pathologie« subskribiert. Natürlich hatte ich nicht geahnt, was da auf mich zukommen würde – jedes Jahr zwei bis drei Bände, keiner unter DM 500,—. Nun steht diese Reihe im Regal, stattlich, Vertrauen ausstrahlend, nur selten genutzt, übrigens noch immer nicht vollständig. Jetzt suche ich mir den Band heraus, in welchem die Präkanzerosen behandelt werden: Das Gallensteinleiden, heißt es darin, könnte man genauso als Präkanzerose auffassen, denn bei 115 Gallenkarzinomen hat man bei 73,3 Prozent Gallensteine gefunden: nur in 21,7 Prozent der Fälle fehlten sie. Dies ist, so erkläre ich ihm, die Methode, eine Präkanzerose zu definieren.

»Wie steht es mit der Erythroplasie?« fragt er.

Er spricht das Wort so fließend, daß er es oft gebraucht haben muß.

»Hier«, sage ich, »ist auch die Erythroplasie behandelt. Unter 169 Kranken mit Peniskrebs fand man sechsmal eine Erythroplasie. Nur sechsmal! Wir wollen die Präkanzerose vergessen.«

Er atmet kräftig durch, dann schüttelt er mir die Hand:

»Lebensretter«, sagt er, »ich weiß nicht, was aus mir geworden wäre, ich weiß nicht einmal, was ich heute noch gemacht hätte!«

Er verabschiedet sich und läßt mich mit dem angenehmen Gefühl zurück, daß sich die Anschaffung des teuren Werkes am Ende doch gelohnt hat.

Teilnahme an einer Gesundheitskonferenz in Gelsenkirchen. Ich fahre mit dem Wagen dorthin. Als ich aussteige, stelle ich fest, daß ich ohne Jacke, damit ohne Brieftasche (altmodischer Brauch, muß ich ändern) und infolgedessen ohne Geld bin. Ohne Jacke ist es noch zu kühl, ohne Geld in der Großstadt unerfreulich. Mir fällt Wolfgang P. ein, der in Bonn studiert. Nach einer Stunde ist er da und hilft mir aus der Patsche.

Auf der Konferenz werden verschiedene Arbeitskreise angeboten. Die Finanzierung des Gesundheitswesens zieht die meisten Teilnehmer an, eine unübersehbare Menge strömt in den betreffenden Saal. Wir entscheiden uns für die Forschung, die in der Tat nur einen kleinen Kreis interessiert. Der Forschungsminister erzählt lang und breit, welch gutes Verhältnis er zu den großen wissenschaftlichen Instituten hat, zu den Professoren und Direktoren. Ich kann mich nicht enthalten, anzumerken, daß der, der Geld bringt, im allgemeinen immer offene Türen findet, und daß es wohl weniger mit ihm, als vor allem mit dem Geld zu tun habe. Er geht natürlich nicht darauf ein, aber sein Blick ist ziemlich eisig.

Dann kommt er zum Thema, das uns interessiert, nämlich zu den Forschungsprojekten, die er finanziert. Ich habe mir die Zahl nicht notiert, aber sie ist stattlich. Unter allen findet sich ein einziges, das es mit den Ärzten in der Praxis zu tun hat. Dabei handelt es sich aber auch nicht um das, was in der Praxis wirklich gemacht wird, sondern um die Einführung der Elektronischen Datenverarbeitung, also um eine recht exzeptionelle Sache. Ich melde mich nach Schluß des Referates zu Wort und frage, ob ich es richtig verstanden hätte, daß das Ministerium in der Hauptsache die Industrie bei Vorhaben finanziert, die diese eigentlich selbst finanzieren müßte, weil sie ja später daran verdient?

Was die Praxis betreffe, müsse man doch wohl bedenken, daß gut 90 Prozent aller Kranken im ambulanten Bereich bleiben, nur ein verschwindend kleiner in Institute, Polikliniken usw. komme. Die Zahl derer, die in Universitätskliniken eingewiesen werde, liege unter 1 Prozent. Umgekehrt ströme aber das Geld für die Forschungen fast ausschließlich in die Universitäten, und wenn es einmal auch Praxen erreiche, dann zu Zwecken, an welchen die Industrie interessiert sei. Noch immer müsse man aber die Praxis als terra incognita ansehen.

Ich habe das relativ harmlos formuliert, betonungslos, wie nebenher gesprochen. Dennoch erfaßt der Minister sofort, wozu das führen könnte. Er hebt die Hand und sagt:

»Ende der Diskussion.«

Er steht auf und geht. Der Persönliche Referent versichert noch schnell, dies sei kein Affront gegen irgendwen, der Minister habe noch Verpflichtungen.

»Vor allem hat er keine Manieren«, sage ich.

Ein Staatssekretär, der still in der Ecke gesessen hatte, spricht mich an:

»Menschenskind, auf so was warten wir schon lange. Schade daß es nicht mehr Leute gehört haben!«

»Sie könnten diese Ansicht und Einsicht verbreiten«, sage ich höflich, »wenn Sie sie für richtig halten.«

»Ich habe schon Ärger genug«, winkt er ab, »Ministerien sind Nahkampfinstitutionen.«

1. Juni 1976

Tschechow schreibt unterm 16. April 1893 an A. S. Suworin: »Zunächst will ich Ihnen von meiner Person berichten. Ich beginne damit, daß ich krank bin. Eine scheußliche, ekelhafte Krankheit. Keine Syphilis, sondern etwas Schlimmeres – Hämorrhoiden. Schmerzen, Juckreiz, Spannung, man kann weder sitzen noch gehen, und der ganze Körper ist so gereizt, daß man sich aufhängen möchte.«

Man könnte auch heute nichts anderes darüber schreiben! Um 6 Uhr klingelt es, ein Pfarrer steht vor der Tür, der hier an einer Konferenz teilnimmt, und weint vor Schmerzen. Hämorrhoiden.

28. Juni 1976

Morgens um 6 Uhr ruft die Polizei an und bittet mich, zu einer Leichenschau in den Steinbruch zu kommen. Es ist ein herrlicher Sommermorgen, wolkenlos. Ich fahre den Aschenberg zum Steinbruch hoch, habe die Wagenfenster heruntergekurbelt. Die Vögel zwitschern, man kann es sogar beim Fahren hören.

Von weitem sehe ich die alte Hainbuche, an deren unterstem langen, blätterlosen Ast ein Mensch hängt. Man wird an Szenen aus Western erinnert. Ein Kriminalbeamter und ein Polizist sitzen genau darunter und unterhalten sich.

Ich muß ihnen leider eröffnen, daß ich die Leichenschau nicht oben im Baum vornehmen kann. Sie nicken, der Kripo-Beamte nickt außerdem dem Polizisten auffordernd zu. Er erhebt sich und klettert den Baum hoch. Ich überlege mir, wie der Kripo-Mann und ich wohl am besten die Leiche auffangen könnten – da knallt sie schon zu Boden.

Ein Abschiedsbrief wird bei dem Toten, einem verhältnismäßig jungen Mann, gefunden. Der Grund ist wirtschaftliches Desaster. Eine Formulierung bestürzt mich: »Sage doch D., ich habe schon wieder eine Dummheit gemacht.« Hat er bedacht, daß diese Dummheit irreversibel ist?

Wir unterhalten uns noch kurze Zeit, und ich frage, ob die Kripo oft zu Selbstmorden gerufen werde. Der Beamte nickt, es sei deutlich häufiger als früher.

»Und was sind die häufigsten Anlässe für Ihr Eingreifen«, frage ich, »Schlägereien?«

»Das machen die Kollegen«, sagt er und nickt dem Polizisten zu, der inzwischen wieder vom Baum herunter ist, »bei uns die Sittlichkeitsdelikte.«

»Was? Hier auf dem Lande?«

»Genau so ist es«, sagt er.

15. Juli 1976

Der Anruf erreicht mich bei einem Patienten: ein schwerer Unfall auf der Landstraße zwischen N. und O., zwei nicht allzuweit entfernten Dörfern. Ein paar Bäume säumen den Straßenrand, hinter ihnen fällt das Straßenniveau zu einer tiefen Wiese ab. Dort sind schon viele Fahrer mit einer Gehirnerschütterung wieder zu sich gekommen, sofern sie es geschafft haben, zwischen den Bäumen hindurchzusteuern. Der Noteinsatzwagen sei schon unterwegs, heißt es, auch der Rettungshubschrauber sei benachrichtigt. Es scheint also schlimm zu stehen, denn der Rettungshubschrauber wird hier meist nur angerufen, wenn es aussichtslos ist. Schon von weitem sehe ich eine Schlange von Fahrzeugen, an der ich vorbeifahre, sofort von allen Fahrern, soweit sie mich nicht als Arzt erkennen, energisch abgewinkt, mit drohenden Zeichen zum sofortigen Halten aufgefordert. Der deutsche Autofahrer ist ein verkappter Polizist.

Der Rot-Kreuz-Wagen ist inzwischen schon eingetroffen; einen Notarztwagen wie in der Großstadt gibt es hier nicht. Die Ärzte müßten von den Krankenhäusern gestellt werden, und deren Planstellen sind so berechnet, daß niemand entbehrt werden kann. Außerdem gehen in die kleinen Krankenhäuser, wie wir sie hier haben, nur die Anfänger, und Anfänger sind im Notarztwagen fehl am Platz.

Der Verletzte ist schon eingeladen, erhält Sauerstoff, ein Sanitäter macht Herzmassage. Er macht es so, wie ein Arzt es kaum besser machen könnte. Aber die Enge des Wagens ist hinderlich. Ich schlage vor, den Verletzten wieder auf seiner Bahre herauszu-

181

ziehen und an die Erde zu stellen. Sein Gesicht ist ziemlich zerstört, beide Augen zerquetscht, die Nase eingedrückt, der Unterkiefer und wohl auch der Oberkiefer zerbrochen, die blutverschmierte Haut bläulich. Mindestens ein Bein ist zerbrochen und abgeknickt, auch die Brust scheint eingedrückt, dennoch lebt er noch.

Man hört das Geräusch des Hubschraubers. Er schwebt vorschriftsmäßig ein und setzt auf einem Wiesenweg auf. Bei noch laufendem Rotor springt ein rotbedreßter Notarzt heraus und rennt gebückt mit zwei Koffern in der Hand auf uns zu. Wie in Vietnam.

Schon ist der Rote da, wirft die Koffer hin, die von den beiden Rettungssanitätern sofort geöffnet werden, stellt sich breitbeinig über den Verletzten, drückt auf die Brust des Verletzten, etwas stärker, als es die Sanitäter taten, ein-, zwei-, drei-, viermal, dann Atemstoß durch den aufgesetzten Atembeutel. Nach einer Serie dieser Art versucht er zu intubieren, schiebt einen Schlauch durch den Rachen in die Luftröhre, was auch gelingt. Der Schwerstverletzte lebt noch, aber das Herz ist sich nicht schlüssig, ob es weiterschlagen soll. Der Monitor auf dem Ekg, das sich in einem der Koffer befindet, zeigt eine starke Tendenz zur Null-Linie bei sporadischen elektrischen Entladungen. Ich helfe beim Anlegen der Infusion. Der Blutverlust muß immens sein. Das Herz wird durch elektrische Stromstöße stimuliert, reiht dann gehorsam ein paar fast normale Aktionen aneinander, um aber sofort wieder zu entgleisen. Nach einer halben Stunde stellt der Kollege in Rot seine Bemühungen ein. Das Ekg zeigt keine Ausschläge mehr, auch die Elektrostimulation bringt nichts mehr. Er schreibt den Leichenschauschein, dann marschiert er zum Hubschrauber zurück. Der Rotor knattert, und die anwesende Polizei, die bisher Messungen der Fahrspur, Bremsstrecke usw. vorgenommen hat, bestellt über Funk einen Leichenbestatter.

Nichts kann mich von der Deutung des Eindrucks abbringen, daß in tiefer Bewußtlosigkeit sich dasjenige, was unser Bewußtsein ausmacht, im Wortsinne aus dem Körper zurückgezogen hat.

Es tastet vielleicht noch die Module unserer Hirnrinde ab, aber es gibt keinen Kontakt mehr. Diese kostbaren, komplizierten Konstellationen von zellulären und subzellulären Strukturen nehmen nichts mehr auf – der Geist streicht darüber wie der Wind über die Schornsteine einer toten Stadt.

Meine erste eingehende Beobachtung des Sterbens, es war im Mühlberg-Krankenhaus in F., also noch zur Zeit meiner tiefsten Überzeugung von der Wahrheit des theoretischen Materialismus, ließ sofort den Gedanken aufkommen, daß sich hier zwei Dinge trennen, die im Grunde nichts miteinander zu tun haben. Ihre Verbindung ist ein Geheimnis, aus ihm leben wir. Man müßte, wollte man es wenigstens beschreiben, zu einer Art occasionalistischer Philosophie kommen. Der Körper gibt die Gelegenheit, die *occasio*, für den Geist, sich zu realisieren.

(Nachtrag, ein halbes Jahr später)

Die Versicherung fragt an, ob ich mich an das Wetter an diesem Tage erinnern könne. Es sei angegeben worden, die Sonne habe geschienen, so daß man annehmen dürfe, der Verunglückte sei von der Sonne geblendet worden.

Das sind sie: die schwierigsten Fragen, die an den Arzt gestellt werden. Schreibt er, er könne sich nicht erinnern, ist die Sache abgetan, die Familie erhält kein Geld, während viele andere es erhalten, weil ihre Ärzte weniger streng sind. Schreibt man, die Sonne habe geschienen, ohne daß man sich erinnern kann, hat man den schlechten Geschmack im Munde, der solche Handlungen zu begleiten pflegt. In diesem Fall kann ich beruhigt schreiben, daß die Sonne stark schien, ich selbst war geblendet worden. Aber der Tote hatte eine Zigarettenschachtel in der Hand, die halb angerissen war. Eine Zigarette war nicht herausgenommen worden. Vielleicht war dies der wahre Grund? Er wollte sich eine Zigarette anzünden, und dabei entglitt ihm die Herrschaft über das Fahrzeug. Oder war es beides?

Offenbar gibt es drei Stadien der Medizin:

vorwissenschaftliche Medizin (Zaubermedizin, Priestermedizin, Volksmedizin)

wissenschaftliche Medizin (die Griechen, bis hin zu Hufeland)

die naturwissenschaftliche Medizin (beginnend mit der revolutionären Pariser Spitalsmedizin, die anfing, zu messen und zu wiegen; bei uns zuerst Virchow)

Aber mit der neuen Stufe ist die vorhergehende nicht eliminiert! Noch immer gibt es die Volksmedizin, noch immer gibt es die alte wissenschaftliche Medizin, nach der Goethe und die Königin Luise von Hufeland behandelt wurden. Dies alles existiert weiter in unserem Denken: Gedankenlos schreiben wir Ärzte auf die Rezepte »3 × 1«, ohne uns zu vergegenwärtigen, daß wir eine altägyptische Einnehmefomel der pharaonischen Medizin wiederholen – täglich und stündlich! Und überall sind Hilfen verborgen, wir müssen sie nur erkennen, uns wieder zugänglich machen. Was dann entstehen würde, wäre eine Medizin, die wirklich helfen kann: eine integrale Medizin, die nichts ausschließt, sondern alles Wertvolle prüft und nutzt. Heute will jeder eine eigene Richtung begründen, aber es kommt darauf an, nicht neu abzuspalten, sondern zusammenzubringen. Die alte Dame Medizin bedarf einer integralen Kur.

28. Mai 1976

Inzwischen haben viele Sitzungen in der Schnellbahnsache stattgefunden, und noch mehr Papier ist bedruckt worden. Das Kartenwerk, das die Deutsche Bundesbahn dazu gefertigt hat, weist deutlich aus, daß durch die Trassenführung – es ist immer noch die alte, direkt am Ort vorbei – der Lärmpegel auf 75 dB angehoben wird, so daß unsere Gemeinde als Fremdenverkehrsort ausscheiden müßte. In dem Erläuterungsband der Zentralen Transportleitung der Bundesbahn wird offen zugegeben, daß unser Ort zwar stark betroffen werde, daß man aber wegen dessen Bedeutungslosigkeit nicht in die Mehrausgaben von rund 140 Millionen Mark einsteigen sollte, die eine Verlegung, wie in Bonn vorgesehen, bedingen würde. Ein Rückzugsgefecht.

Ich habe noch einmal zu einer großen Veranstaltung eingeladen und den zuständigen Minister, den Minister für Umwelt und Landwirtschaft, als Redner gewonnen.

Kurz vor 20 Uhr rollt sein Mercedes an, gefolgt von Streifenwagen der Polizei. Alles macht einen müden Eindruck, dörflicher Abendfrieden ist ausgebreitet. Der Minister, ein noch verhältnismäßig junger Mann, blond, Brille, ehemaliger Studienrat, entsteigt verschlafen der Staatskarosse.

In diesem Augenblick fahren zwei große Busse vor, weitere folgen, es sind die Bürgerinitiativen der anderen Orte. Zwei- bis dreihundert Mann entströmen ihnen. Der Minister sieht sie, fragt leise:

»Für meine Veranstaltung etwa?«

Ich bestätige es.

Da strafft er sich, reckt sich empor, ist voll da. Das Bürgerhaus ist inzwischen an der Grenze seines Fassungsvermögens angelangt, und immer weitere Autos treffen ein. Transparente werden entrollt. Ich führe den Minister auf das Podium. Er ist überglücklich. Gerade war er auf einer Parteiversammlung, um zu einer wichtigen Regierungsentscheidung zu sprechen – und hätte alles am Biertisch erledigen können, so wenig Leute waren gekommen. Nun pumpen ihn die Massen mächtig auf.

Die Massenpsychose, alles zu zentralisieren, was zu zentralisieren ist, Landkreise, Rathäuser, Ämter, Behörden, Krankenhäuser, Schulen, läuft hier noch immer auf vollen Touren. Man kann nicht im geringsten zweifeln, daß die Tage unserer kleinen Schule gezählt sind. Wenn man überhaupt etwas für ihr Weiterbestehen tun will, muß man die Erinnerung an unseren Kampf gegen die Schnellbahn nutzen. Ich teile deshalb dem für die Schulen zuständigen Ersten Beigeordneten lapidar mit, daß wir für die Schule auf die gleiche Art antreten würden, wie wir dies gegen das Schnellbahnprojekt so erfolgreich getan haben. Es würde an Auffahrten und Aufmärschen vor dem Landratsamt, entsprechenden Resolutionen aller hier existierenden Parteien, Vereine, Verbände und Clubs nicht fehlen.

Der Erste Beigeordnete ist ein Mann von umwerfender Jovialität, die noch dadurch verstärkt wird, daß er niemals Sachkenntnisse vorweist, wenn es nicht ganz unumgänglich ist. Er lehnt sich zurück, zündet sich eine dicke Zigarre an, lacht mich gewinnend an und versucht, von verschiedenen Seiten her diese Möglichkeit zu ironisieren.

Ich würde ihm gern auf die Schultern klopfen und zu verstehen geben, wie sympathisch er mir ist samt seiner Zigarre (die zwar teuer aussieht, aber einen Qualm entwickelt wie ein militärisches Reizgas), doch mir ist klar, daß hier kein Millimeter aufgegeben werden darf. Ich wiederhole schlicht, was für ihn und seine Ausschüsse und Unterausschüsse zu erwarten steht, wenn sie ihrem Drang nachgeben sollten, unsere Kinder zu dem fatalen Nahverkehrstourismus zu zwingen. Ich erwähne, daß die amerikanische Bürgerrechtsbewegung »bekanntlich« nicht von Rassenfragen, sondern von Schulkindertransportproblemen ihren Ausgang genommen habe. Man sehe ja, wie weit das reichen könne.

Für den modernen *organisation man* ist Ruhe die erste Bürgerpflicht. Ich merke, wie bei ihm die Assoziationen in Richtung möglicher Schwierigkeiten laufen – und wie leicht es wäre, sie zu vermeiden, indem man nämlich diese Sache einfach auf sich beruhen ließe. Gar nichts tun ist etwas, das von vornherein auf jeder Behörde Vorrang hat. Sie wird erst aktiv, wenn es sich nicht vermeiden läßt, also wenn von oben oder von unten gedrückt wird.

Passivität erscheint hier als der logische Ausweg aus einer möglicherweise brisanten Situation. Ich werde dem Elternbeirat andeuten, daß wir aller Voraussicht nach unsere Schule halten können.

Andererseits bedeutet millimeterbreites Nachgeben einer Behörde in so wichtigen Fragen eine Kontinentalverschiebung. Deutet sich damit eine Gesinnung an, die bereit ist, zurückzunehmen, was in der Verplanungswut überschießend deformiert wurde? Die Planer haben nicht geahnt, wie die Bevölkerung an den alten Ortsnamen hängt. Aber ein solcher Schritt wäre zu gewaltig. Wir müssen abwarten.

24. September 1976

Das Telefon klingelt, eine aufgeregte Stimme, der man anmerkt, daß sie leise sprechen muß, um nicht von Unberufenen gehört zu werden.

»Sie müssen gleich kommen, sofort! Es geht um eine wichtige Tagesordnung, kurzum um alles. Und eine Stimme fehlt.«

»Soll ich etwa mit abstimmen?«

»Nein, natürlich nicht! Diese eine Stimme ist ja da, aber sie fällt wahrscheinlich aus. Mit einem Wort, der Parteifreund ist total betrunken. Er lallt umher, wir können nichts mit ihm anfangen.«

»Kann man nicht bei der Abstimmung zum rechten Zeitpunkt seinen Arm so stützen, daß er seinen Zweck erfüllt?«, frage ich, »das soll schon öfter mit Erfolg praktiziert worden sein.«

»Nein, nein, das geht nicht«, kommt es beschwörend aus der

Muschel, »die anderen sind ja keine Nachtmützen. Und noch schlimmer wäre es, wenn es hinterher bekannt würde. Dann wäre es möglich, die Abstimmung anzufechten. Nein, es muß etwas geschehen! Ärzte haben da doch Spritzen, die jemand auf der Stelle nüchtern machen . . .«

Noch einiges Hin und Her. Es stellt sich heraus, daß der Betreffende gar nicht mein Patient ist und der Ort ziemlich weit entfernt; der Anrufer ist mir allerdings gut bekannt. Mir bleibt nichts übrig, ich sage zu.

Vor dem Gasthaus werde ich rechtzeitig auf den dunklen Hof und dort in die dunkelste Ecke geleitet. Dann führt man mich durch die Hintertür in einen kleinen Nebenraum. Darin stehen einige verstört blickende Männer um einen netten, sympathischen alten Herrn herum, der eifrig parliert. Sie machen mir Platz, und es stellt sich heraus, daß der ältere Herr, den ich noch nie gesehen habe, einen angenehmen Rausch hat, inzwischen aber gut präpariert worden ist, denn er krempelt sofort seinen Ärmel hoch, als er begreift, wer ich bin, und streckt den Arm aus.

Ich messe seinen Blutdruck, dann injiziere ich ihm ein Analepticum intravenös, das verblüffend wirkt. Er starrt mich eine Zeitlang an, dann schüttelt er sich, steht auf und stampft in den Sitzungssaal. Die anderen blicken sich befriedigt an, nicken mir zu und laufen hinterher. Auch mein Bekannter erhebt sich, flüstert mir noch schnell zu, er werde einen Krankenschein besorgen, dann springt er ebenfalls davon.

So etwas Selbstverständliches ist die Medizin. Am nächsten Tage entnehme ich dem lokalen Intelligenzblatt, daß das fragliche Projekt mit einer Stimme Mehrheit durchgegangen sei.

Enzio L. will einen Film für den Südwestfunk mit dem Erdgeist und mir drehen. Wir sollen beide über das Alter sprechen, der Erdgeist vom Standpunkt der Lebensweisheit, ich von dem schwankenden der Gerontologie, und irgendein Kobold hat ihm eingegeben, dies alles solle während eines Spazierganges auf den Batternfelsen bei Baden-Baden stattfinden.

Dort hat er sein Kamerateam, sitzt selbst da mit Sonnenbrille und Schirmmütze. Uns schickt er um die Ecke, damit wir auf einem schmalen Steg direkt auf die Kamera zukommen. Wir gehen auch brav die angewiesene Strecke, dann erschrecke ich – nicht nur ein wenig, um es ehrlich zu sagen. Denn der Steg führt direkt am Rande des Felsens entlang, neben ihm geht es hundert oder zweihundert Meter in die Tiefe. Kein Geländer, kein Strauch, nur der schlichte Abgrund. Der Erdgeist marschiert voran und spricht gewaltig über das Altern, ohne sich darum zu kümmern, daß es hier ein jähes Ende finden könnte. Neben uns »hält« ein französischer Armeehubschrauber einige Sekunden in der Luft, der Pilot und sein Co-Pilot betrachten uns staunend. Vor allem werden ihnen unsere unentwegten Mundbewegungen merkwürdig vorgekommen sein.

Irgend etwas dreht sich mir im Magen um: Sein rechter Schuh – diese großen, langen Schuhe der alten Männer – ragt jeweils weit über dem Abgrund, und in der Rechten schwingt er den Regenschirm dazu. Ich strecke den rechten Arm aus, den Erdgeist etwas abzuschirmen. Da dreht er sich ärgerlich um:

»Laß das gefälligst!«

Ich habe das Gefühl: gleich stürzt er ab, und natürlich würde ich einfach mit ihm abstürzen.

Als wir den Steg hinter uns haben und das eigentliche Gespräch beginnen soll, sehen wir Enzio bleich, Schweiß auf der Stirn. Wie wir aussehen, weiß ich nicht – dem Erdgeist hat man möglicherweise nichts angesehen –, aber mir war es schon ziemlich blümerant. Enzio geht auf uns zu:

»Könnt ihr mir verzeihen! Ich habe es nicht gewußt! Kaum wart ihr auf dem Wege, fragt mich der Kameramann, ob er sich darauf einrichten soll, euren Absturz zu filmen.«

»Was ist mit unserem Gespräch, zum Donnerwetter?«, ruft der Erdgeist, »ist es etwa nicht aufgenommen worden?«

Der große Meister des improvisierten nachdenklichen Sprechens ist über nichts empörter als über ein solches Versagen.

»Nein«, sagt Enzio, »Erdgeist, verzeih mir, ich habe alles abgestellt und hier gesessen wie versteinert.«

»Wie versteinert?« sagt der Erdgeist, dem jetzt allmählich die Gefahr bewußt zu werden scheint, »ich hätte schon etwas mehr erwartet, wenn etwas passiert wäre ...«

VIERTER TEIL

Helfen oder Heilen

»Nie die Hoffnung, wie den Mut verlieren! Wer
nicht mehr hofft, denkt auch nicht mehr, Apathie
und Geisteslähmung sind die unausweichlichen
Folgen, und der Kranke muß notwendigerweise
sterben, weil der Helfer schon gestorben ist.«

C. W. Hufeland, *Enchiridion medicum, Vermächtnis
einer fünfzigjährigen Erfahrung*

Kurzreise nach Sizilien. Im Holiday-Hotel von Naxos ein lehrreiches Erlebnis. Am Nachbartisch fällt plötzlich ein älterer Herr vom Stuhl und unter den Tisch. Ich springe hinzu, krieche unter den Tisch. Das Herz hatte ausgesetzt, ich klopfe auf den Brustkorb, mache externe Herzmassage, halte den Unterkiefer, damit die Zunge nicht den Schlund verlegt, und langsam kommt er wieder zu sich. Währenddessen höre ich, wie über mir ein distinguiertes Gespräch geführt wird:

»Was ist Ihr Gatte von Beruf, gnädige Frau?«

»Rechtsanwalt.«

»Hat er sich da – sagen wir – spezialisiert?«

»O ja, er befaßt sich hauptsächlich mit Kfz-Sachen, Unfällen.«

»Sehr interessant, gnädige Frau. Und solche Anfälle, hatte er sie schon öfter?«

Als ich wieder auftauche, stellt sich der Herr vor, ein Internist aus D. Er hat es richtig gemacht, die wirkliche Arbeit soll man delegieren. Wesentlich ist es zu eruieren, wie der Patient wirtschaftlich gestellt ist. Auf seinem Rezeptblock sehe ich, daß er sich Name und Adresse bereits notiert hat. *Er* wird die Rechnung schreiben.

Wir besprechen beide den Fall, rufen zwei Sizilianer, die den Patienten, der groß und schwer ist, wie sich nun herausstellt, auf dem Stuhl – wie auf der *seda* – davontragen. Wir beschließen, ihm zu erlauben, die Nacht noch im Hotel zu verbringen. Am nächsten Morgen soll er dann nach Hause fliegen. Von den hiesigen Krankenhäusern hält man nicht viel.

Mir hat es immerhin, wenn auch kein Honorar, so doch den Vorzug eingebracht, in dem riesigen Eßsaal von nun an bevorzugt bedient zu werden. Der Doktor aus D. erweist sich übrigens als feinsinniger Kunst- und Geschichtskenner. Bei den Normannen und Friedrich II. habe ich, wie sich zeigt, beträchtliche Lücken.

12. Oktober 1976

Die Tankstellen in Italien streiken. Wir finden aber ein Büro, das Autos vermietet und einen Geheimtip fürs Tanken weiß. Dann machen wir uns auf nach Syracus.

Ehrfurchtsvoll verweile ich längere Zeit an der Stelle, an der der Regiesessel von Aischylos stand, als er hier seine »Perser« inszenierte. Man muß sich klarmachen, daß die Stadt damals das Theater einbezog – heute liegt die Stadt weit entfernt.

Es macht etwas Mühe herauszufinden, wo die Villa Landolina ist. Als wir sie gefunden haben, stellen wir fest, daß der berühmte Park mit dem Grab Platens zur Hälfte von Bulldozern wegradiert ist, weil daneben ein Museum gebaut wird. Wir suchen vergebens nach dem Grab des deutschen Dichters.

Größter Eindruck, wie die antiken Denkmäler in die modernen Häuserreihen einbezogen sind, der Apollon-Artemis-Tempel zum Beispiel.

Die Hitze bestimmt uns, auf den Besuch der *Casa natale* von Pirandello in Girgenti zu verzichten. Mit Bedauern – denn werden wir je noch einmal hierher kommen? – fahren wir zurück.

Luigi Pirandello – wir hätten gern den Erfinder der Medizinsoziologie geehrt. Er hat als erster gezeigt, daß die Menschen als Rollen leben, nicht als Menschen. Er war kein Arzt, aber er war gezwungen, seine kranke Frau zu pflegen, und dabei hat er sie studiert. Sie war wahnsinnig.

In der Stadt wie auf dem Lande gibt es etwas, was sehr dramatisch in Erscheinung tritt, ohne daß die Wissenschaft einen Namen dafür hätte. Ich meine den Nervenzusammenbruch. Da schreit jemand auf, ist unfähig zu irgend etwas anderem, schreit und weint, ist völlig von seinem Leid ausgefüllt. Ein anderer ist zusammengebrochen, schluchzt still vor sich hin, ist nicht mehr ansprechbar, auch völlig von seinem Leid ausgefüllt, so daß nichts anderes mehr daneben Platz hat. Beide sind sie nicht beeinflußbar. Man muß sie vor sich selbst schützen, damit sie nicht versuchen, sich das Leben zu nehmen: »Nervenzusammenbruch«, sagt man volkstümlich.

Die Wissenschaft weiß diesen tief eingreifenden Vorgang nicht zu benennen. Sie könnte von einer hysterischen Reaktion sprechen, aber der Hysterische ist nicht erfüllt, er ist eher zweckorientiert. Willy Hellpach hat vom »nervösen Collaps« gesprochen – das ist bald hundert Jahre her – und hat damit die Verweichlichung des Zeitalters gemeint. Ich schreibe in solchen Fällen »reaktives Psychosyndrom« in die Kartei.

Ich finde den Ausdruck nicht besonders gut, da man aber irgend etwas notieren muß, habe ich mich dafür entschieden. Man könnte auch *up to date* »Urschrei« schreiben, denn so etwas ähnliches ist es ja. Der Wunsch, bei extremer Überbürdung alles hinzuwerfen, laut aufzuschreien, dadurch alles zu leugnen, nichts mehr anzuerkennen als den eigenen Schmerz, steckt tief in uns.

Hellpach meint zwar, das gebe es erst seit dem bürgerlichen Zeitalter – ich aber glaube, das hat es immer gegeben, welches Zeitalter wir auch nehmen. Wenn der Mensch plötzlich in sein eigenes Leid verwandelt wird, verliert er die Herrschaft über sich selbst.

In F. sind verschiedene Selbstmorde vorgekommen, so viele, daß sich die Pfarrer entschlossen haben, einen Besinnungsgottesdienst durchzuführen und anschließend über Sterben, Tod und Selbstmord zu diskutieren. Sie haben mich dazu eingeladen.

Die Prüfung besteht darin, daß in der Versammlung eine Schizophrene aufsteht und plötzlich laut dazwischenschreit: die Pfarrerin, die den Vorsitz führe, sei gar keine evangelische Christin, sondern eine katholische, und ihr allerlei andere Dinge anhängt. Ich winke sie zu mir. Sie kommt auch sofort. Ich biete ihr einen Stuhl neben mir an, fordere sie auf, sich zu setzen, und sage ihr dann, ihre Rede wäre wirksamer, wenn sie zur rechten Zeit käme, an dieser Stelle würde sie niemand richtig verstehen. Sie solle abwarten, ich würde ihr dann das Wort erteilen. Sie ist hocherfreut und verhält sich die ganze Zeit ruhig. Zum Schluß hat sie vergessen, was sie sagen wollte. Schizophrenie? Ich tippe auf Hysterie.

Es geht mir seit ein paar Tagen schlecht. Ich stelle Extrasystolen bei mir fest, also unregelmäßigen Herzschlag, ein »dumpfes Gefühl« in der Herzgegend. Das Wetter!

Gestern abend hat ein als besonnen bekannter Fahrer eine Frau direkt vor unserem Haus angefahren. Ich lief sofort zu ihr, konnte nur noch den Tod feststellen. Die Polizei kam, nahm ein Protokoll auf, ich verwies auf den Umstand, daß an dieser Stelle eine Straßenlaterne angebracht sein müßte. Zu meiner Überraschung wird dem Fahrer der Führerschein nicht abgenommen. Er will weiterfahren, müßte eigentlich zur Schicht, aber ich berede ihn, heute zu Hause zu bleiben. Er ist natürlich sehr verstört.

Freitag ist sowieso ein überladener Tag. Das nahende Wochenende bringt viele auf den Gedanken, eben noch schnell zum Arzt zu gehen. Endlich ist alles überstanden, und Birke fragt mich, ob wir von unseren für heute reservierten Theaterkarten Gebrauch machen wollen. Ich hatte es vergessen. Wir entschließen uns schnell, ziehen uns um, verzichten auf das Abendessen und fahren los.

Im Staatstheater Kassel »Richards Korkbein«, das Publikum ist amüsiert, es wird herzlich gelacht, gute Stimmung herrscht. Im Foyer der Intendant, der mißmutig dreinblickt. Auf meine Frage nach dem Grund dafür – angesichts dieses Erfolges – sagt er:

»Das ist es ja! Ich schäme mich! Mit solchen Sachen müssen wir die Leute ins Theater locken! Das Theater ist aber eine moralische Anstalt, und nie war das nötiger als heute.«

»Ich weiß nicht«, erwidere ich ihm, ehrlich überrascht, »hat Theater nicht auch etwas mit Spaß zu tun, mit Lebensfreude? Außerdem fand ich das Stück nicht niveaulos.«

»Es ist sogar auf hintersinnige Weise politisch«, schaltet sich Birke ein.

»Die Leute sehen doch nur die glitzernde Leiche«, wehrt er ab, »die wir durch den Zuschauerraum abseilen, und grölen, das ist alles, was bleibt.«

Er sieht plötzlich den Kultusminister, dessen sonst immer sorgenvolles Gesicht ein leises, vergnügtes Lächeln belebt, und stürzt eifrig auf ihn zu. Von weitem höre ich, wie er sich auch bei ihm wieder entschuldigt, ein solches Stück aufführen zu müssen.

Als wir zurückkommen – es ist nach 24 Uhr, denn wir haben noch schnell etwas gegessen – finden wir einen Zettel an die Tür geheftet, der mich dringend zu unserem Freund R. bestellt. Uns liegt viel an ihm, er ist auf seine Weise ein Künstler, ideenreich, zuverlässig. Ich fahre sofort los. Er geht im Zimmer unruhig auf und ab, raucht offenbar eine Zigarette nach der anderen, denn der Aschenbecher ist voll. Unübersehbar hängt sein linker Mundwinkel, er hat eine Fazialisparese. Speichel tropft aus dem Mund. Er zittert etwas, ist aschfahl. Ich frage ihn, wie das angefangen hat.

Er sagt, den ganzen Tag schon sei ihm nicht recht wohl gewesen, vor allem habe er starke Kopfschmerzen gehabt. Dann plötzlich habe seine Frau bemerkt, wie der Mundwinkel abgefallen sei.

Der Blutdruck ist erhöht, das Herz schlägt unregelmäßig, der linke Unterarm sei wie taub, er könne die Hand nicht richtig bewegen. Sie ist aber nicht gelähmt. Ich spritze ihm Euphyllin® und 250 mg Urbason® und ermahne ihn, sich sofort hinzulegen, nicht mehr zu trinken oder zu rauchen und morgen nicht aufzustehen, bevor ich wieder da bin. Er verspricht es. Als ich gehe – inzwischen ist es schon 1 Uhr – kommt es mir so vor, als sei die Fazialisparese ein wenig zurückgebildet.

13. November 1976

Ich fahre noch vor dem Frühstück zu R. Er ist schon auf, steht im Zimmer wie gestern, vielmehr wandert darin herum, aber die Fazialisparese hat sich deutlich sichtbar zurückgebildet; er hat auch keine Kopfschmerzen mehr. Im Grunde fühle er sich fast wohlauf, sagt er und drückt eine Zigarette aus, um gleich nach der nächsten zu greifen.

Ich injiziere wieder und bitte die Frau, mich am frühen Nachmittag anzurufen. Es ist Samstag, die Kliniken arbeiten ohne Dampf, und wenn ich ihn doch noch einweisen müßte, sollte es möglichst früh geschehen.

Wir haben eine Arbeitssitzung unserer Liste in der Ärztekammer für heute verabredet. Insgesamt zwölf Ärzte, Mausbach referiert. Eine lange Diskussion schließt sich an, dann kommt der Anruf. Es steht wieder schlechter. Wir fahren zu R. – ich will die Gelegenheit, so viele Konsiliarii aufbieten zu können, nutzen und nehme drei Kollegen mit. Wir untersuchen ihn, die Parese ist tatsächlich wieder da, und es geht ihm deutlich schlecht. Er ist blaß, zittert, klagt über Kopfschmerzen, meint, daß er zeitweilig nicht sehen könne.

Hier bahnt sich was an, so ist die allgemeine Meinung. Diagnose: beginnendes organisches Psychodrom.

»Wohin?« frage ich.

»Neurochirurgie«, sagt einer der Ärzte, »am besten in unsere Klinik.«

Ich lasse ihn anrufen, aber offenbar beschwört der Kollege am andern Ende der Leitung ihn händeringend, von einer Einweisung ausgerechnet zu ihm Abstand zu nehmen. Ein anderer Kollege versucht es in seiner Klinik. Wie es scheint, spielt sich haargenau das gleiche ab. Dann nehme ich selbst den Hörer in die Hand, wähle den Krankentransport, bestelle den Wagen, verlange ausdrücklich Blaulicht, und nachdem das geklärt ist, rufe ich die nächste neurologische Klinik an. Als sich schließlich der diensthabende Arzt meldet, sage ich:

»Herr Kollege, ich habe einen Patienten mit Blaulicht zu Ihnen auf den Weg gebracht, er ist sicherlich gleich bei Ihnen, es handelt sich um ein beginnendes organisches Psychodrom ...«

Der Diensthabende stöhnt, warum denn ausgerechnet zu ihm, sie seien gerade im Umbau, sehr beschränkt, räumlich gesehen, und es gebe doch noch andere Kliniken. Ich sage ihm, er solle nicht weinen, jetzt sei der Patient nicht mehr umzulenken, ich erwarte seinen Anruf, sobald der Patient untersucht sei.

Von der Frau höre ich am Abend, daß der Kollege zunächst versucht habe, die Erscheinungen auf Trunkenheit zu beziehen. Der Schwerkranke, schon benommen, nicht mehr voll orientiert, habe das aber mitbekommen, sei aufgestanden und habe versucht, die Treppe wiederzufinden, um das gastliche Haus zu verlassen. Da endlich begriff der Kollege, was vorlag.

Wir haben noch bis 24 Uhr diskutiert, wie man am besten zu einer Optimierung der gesundheitlichen Versorgung kommen könne. Es erhebt sich die Frage, ob man die Fachärzte mit ihrer apparativen Sucht verstaatlichen könne und nur die Allgemeinärzte, da billiger, noch freiberuflich lassen. Eine andere Perspektive: die ambulante Versorgung ganz in die Kliniken zu verlegen. Allerdings fehlt an diesem Abend etwas der Sinn dafür. Das eben erlebte Beispiel des Schwerkranken hat doch geschockt.

16. November 1976

Ich rufe die Universitätsklinik an. Unserem Freund R. geht es schlechter. Er ist jetzt »tief eingetrübt«, wie der diensthabende Arzt sagt, was soviel heißt wie bewußtlos und, da dieser Zustand sich verstärkt hat, nichts Gutes. Man hat ihn auf die Wachstation gelegt, um ihn besser unter Kontrolle zu haben. Ein Szintigramm am Tage zuvor hat einen Verschluß der Arteria media rechts ergeben. Deshalb hat man heute eine Computer-Tomographie durchgeführt. Dabei fand sich auf der rechten Seite, genau im Versorgungsgebiet dieser Arterie, eine ausgedehnte Zone verminderter »Dichte«, die fast durch die ganze Hirnhälfte reiche. Die Mittellinienstrukturen seien nach links gedrückt. Der rechte Seitenventrikel, diese kleine Kammer in jeder Hirnhälfte, sei auf der rechten Seite komprimiert. Ein so ausgedehnter Befund lasse keine andere Deutung als ein schweres Hirnödem, eine starke Hirnschwellung, zu. Eine Blutung ins Gehirn käme demnach nicht in Betracht, damit auch kein operativer Eingriff.

R. ist nur wenig älter als ich. Als ich ihn einwies, stand die Mutter dabei. Sie ist hoch in den Achtzigern, vollständig gesund.

Die Arteriosklerose ist das Schicksal.

19. November 1976

Ich rufe erneut die Universitätsklinik an. Bei R. hat die Eigenatmung nicht mehr ausgereicht, so daß man ihn intubiert und an eine Beatmungsmaschine angeschlossen hat. »Er wird jetzt kontrolliert beatmet«, sagt der diensthabende Arzt. Inzwischen sei er vollständig gelähmt, keinerlei Reflexe kämen mehr.

Er ist damit praktisch tot, denn ohne diese unterstützenden Maßnahmen würde er nicht mehr leben.

»Haben Sie noch irgendeine Hoffnung?« frage ich, denn immerhin wird er beatmet.

»Ich kann dazu nichts sagen«, antwortet der diensthabende Arzt, »rufen Sie den Professor an.«

Der Professor ist allerdings nicht zu erreichen.

31. Dezember 1976

Für die Festtage am Jahresende hat sich ein kleines Ritual eingespielt. Vor Weihnachten bringt der alte Förster eine Douglasie, die er selbst gefällt und zurechtgehauen hat. Dann erscheint am Heiligen Abend morgens der Tierarzt mit einem Hasen. Und Silvester eilt der alte Doktor herbei, nun schon hoch in den Siebzigern, quick, sprühend, mit einer Flasche Wein, über den ich hier nichts weiter notieren will.

»Es fällt schwer, etwas Zufälliges im Leben festzustellen«, eröffne ich diesmal das Gespräch, »irgend etwas greift durch, in jedes individuelle Leben hinein.«

»Reden wir nicht vom Schicksal«, erwidert er, »es gibt gewisse Gesetze, nach denen alles abläuft. Das kann dann freilich den Eindruck erwecken, es würde etwas zielstrebig ablaufen. Was meinen Sie, griechische Göttin?«

Er wandte sich an Birke. Beide unterhalten sich oft über gräzistische Fragen, meist über die altgriechische Sprache, weil Birke dazu neigt, gewisse Wörter anders zu übersetzen als er.

»Wenn die alten Griechen ihr Leben beschrieben«, sagt Birke, »sprachen sie von ihren *tychai*, man müßte ja wohl sagen: von den Zufällen.«

An dieser Stelle nimmt das Gespräch eine unerwartete Wendung. Der alte Doktor beugt sich vor:

»Zufälle, das bringt mich auf eine Frage, natürlich ist es unpassend, sie hier und heute abend zu stellen, sie gehört in die Sprechstunde, aber es kostet Sie nur einen Handgriff – bitte, was ist das?«

Er öffnet seinen Kragen und fordert mich auf, den Hals abzutasten. Ich habe ihn kaum berührt, als es mich durchzuckt: ein Hodgkin, eine bestimmte Art von Lymphdrüsen-, von Blutkrebs, höckerig und hart.

»Es stört mich beim Rasieren«, setzt er hinzu.

Als ich nichts sage, weil es mir im Augenblick die Sprache verschlagen hat, setzt er noch einmal an:

»Sollte es – nun ja, ich meine, man kommt auf solche Gedanken, – Krebs sein?«

»Krebs ist es nicht«, sage ich, »aber so ganz erfreulich ist es wiederum auch nicht. In jedem Fall müssen wir diese Geschwulst behandeln.«

»Sehen Sie«, wendet er sich Birke zu, »er sagt nicht die Wahrheit. Allerdings glaube ich selbst nicht daran, daß es Krebs ist, insofern berühren sich unserer beider Illusionen.«

Er fragt mich, was ich unter Krebs verstehe, und ich erwidere, wenn ich es wüßte, säße ich nicht hier.

»Nein, so meine ich es nicht«, sagt er, »ich möchte gern wissen, wie Sie nach langer Tätigkeit als Arzt darüber denken.«

»Für mich fällt dieses Geschehen unter den Oberbegriff des Wachstums«, sage ich, »Wachstum ist immer ambivalent, es tendiert dazu, sich zu übersteigern. Das ist Krebs: sich immer weiter vortreibendes Wachstum. Am Ende vernichtet sich die wachsende Masse selbst, denn es ist nichts mehr da, was sie noch verschlingen könnte. Es geht über alle Begrenzung hinweg, gestaltungsfeindlich, denn was da aufwuchert, ist ohne Gestalt. Die Masse, die sich da formlos ausbreitet, ist nicht von dieser Welt. Manchmal denke ich, wenn man Leben experimentell erzeugen könnte, es würde so aussehen wie die trostlosen amorphen Massen, die man in den Bäuchen findet.«

»Was mag der Grund sein, daß Wachstum plötzlich die Fähigkeit verliert, sich an einen Bauplan zu halten?«

»Die Medizin kann nur vordergründig denken«, erwidere ich ihm, »irgendetwas geht verloren, die Regenerationsfähigkeit hat ja beim Menschen schon lange aufgehört, Nennenswertes zu leisten, womöglich erlahmt die Widerstandskraft.«

»Womöglich erlahmt die Widerstandskraft ... um Krebs zu bekämpfen, müßte man sie wieder stärken, ist es das?«

»Ja, so einfach ist das, nur wissen wir leider nicht, wie man das am besten anstellt. Vielleicht kommt es auf Sauerstoff an, auf bestimmte einfache Baustoffe ...«

»Entschuldigen Sie, wenn ich Sie unterbreche, aber wollen Sie sagen, daß das, was man allenthalben macht, nämlich Operation und Bestrahlung, keine angemessenen Mittel sind?«

»Ganz gewiß nicht, aber die modernen aggressiven, cytotoxischen Substanzen sind es ebenso wenig.«

Die Stunde ist herum. Wie immer zu Silvester erhebt er sich, wir wünschen uns alles Gute, er verspricht, gleich in die erste Sprechstunde zu kommen, dann schließe ich die Tür hinter ihm. Ich sehe, wie er ganz schnell mit lebhaften kleinen Schritten durch den Schnee davongeht, den Kopf etwas nach vorne, in den Mantel hinein, gebeugt. Es schneit ein wenig, man sieht es im Lichtschein der Lampen, die heute um diese Zeit noch brennen.

Die Hodgkinsche Krankheit, ziemlich weit fortgeschritten. Gesetze laufen ab. Wie dieses ablaufen wird, weiß ich. Ich werde nur lindern können, nicht einmal helfen.

Der Doktor ist zur Untersuchung erschienen. Nun zeigt sich, daß die gesamte linke Halsseite bis zum Ohr hinauf von einer derben, zusammenhängenden Gewebsmasse ausgefüllt ist, über der die Haut teilweise gerötet und stark gespannt ist. Streifenförmige Rötungen ziehen zur Vorderseite der Brust, über die Brust hinab.

Natürlich hat er inzwischen Ratschläge von vielen Seiten erhalten. Sie zielten hier meist auf Gewebeentnahme, damit man feststellen könne, um was es sich eigentlich handele. Der Radiologe, dem ich ihn vorstelle, ist aber wie ich der Ansicht, daß man auf keinen Fall Gewebe entnehmen sollte, da die Wunde mit Sicherheit nicht heilen würde. Der Radiologe denkt mehr an eine Metastasierung, also die Absiedlung eines irgendwo im Körper verborgenen, noch unbekannten Primärtumors. Zur Strahlentherapie äußert er sich »zurückhaltend«, da »in einem derart indurierten Gewebe es sehr schnell zu Geschwürbildungen kommt, die dann nicht mehr zu beherrschen sind«.

Ich entschließe mich zu einer konservativen Behandlung: Er erhält Vitamine und Steroidhormon, jeden Morgen um 8 Uhr zu nehmen. Im übrigen werde ich den Tumor ständig beobachten. Sollte er größer werden, will ich ein weiteres Medikament, vor allem Synacten®, ein halbsynthetisches ACTH, ein Hormon der Hirnanhangdrüse, einsetzen, das zusätzlich die Nebennierenrinde stimuliert. Außerdem soll er alles zu sich nehmen, was mit Vitamin C zusammenhängt.

Der alte Herr ist ziemlich gerädert nach diesen vielen Maßnahmen und weiß natürlich nicht, daß ich ihm das meiste erspart habe. Vor allem erhält er keine cytotoxischen Substanzen, also chemische Krebsmittel, die aus früheren Giftgaskampfstoffen entwickelt wurden und heute in allen Krebskliniken eingesetzt werden.

Er zitiert, ehe er geht, Schiller: »Alles zu retten, muß alles gewagt werden. Ein verzweifeltes Übel will eine verwegene Arznei!« Nun, da er gründlich untersucht ist, wird er wieder zuversichtlicher.

Heftiges Schneetreiben. Der Raum des Jugendklubs ist überfüllt. Wir wollen über Alkoholismus diskutieren. Es sind ein paar Berufs-Antialkoholiker dabei. Wenn sie sprechen, weht es einen elitär an. Irgendwie geben sie zu verstehen, daß der, der kein Alkoholiker war, eigentlich nicht vollwertig ist.

Ich lasse sie aber dabei, vor allem schätze ich die Techniken, die sie inzwischen entwickelt haben und teilweise geschickt anwenden. Meine These, Alkoholismus sei eine Krankheit (Beifall von ihrer Seite), und zwar eine Krankheit des Willens (kurze Pause der Überraschung, dann Protest), wird heftig kritisiert.

»Wenn der Alkoholismus keine Krankheit des Willens ist«, sage ich, »was ist er dann?«

»Abweichendes Verhalten«, meint ein ganz Schlauer.

»Das ist nur eine Beschreibung«, erwidere ich ihm, »bringt die Sache nicht auf den Begriff.«

»Sucht«, kommt es endlich.

»Drogenabhängigkeit«, folgt sofort darauf.

»Welches ist Ihrer Meinung nach die Einstiegsdroge«? kommt eine Frage.

Ich blicke über die Versammlung, Rauch hängt darüber, auch Bierflaschen sieht man, hinter Coca-Cola-Flaschen etwas dem Blick entrückt.

»Das Nikotin«, sage ich, »ist das erste, dann kommt das Bier. Nikotin ist ein wirkliches Gift, unentschuldbar. Das Bier könnte ein Medikament sein, wenn es nicht dazu verführen würde, es in immer größeren Mengen zu sich zu nehmen. Mit der Euphorie, zu der es uns bringt, beginnt die Paralyse des Willens.«

Wie viele Alkohol-, d. h. Willenskranke gibt es auf dem Lande?

Man kann sie nicht zählen. Sie werden toleriert, bis zu einem gewissen Grade sogar deswegen geschätzt, bis sich herausstellt, daß sie nicht mehr ihrer Arbeit nachgehen können, plötzlich will niemand mehr etwas mit ihnen zu tun haben! Wer eben noch ein »fröhlicher Zecher« war, allseits beliebt, ist jäh ein Ausgestoßener, ein Penner, ein »Suffkopp«.

Auf dem Lande sind diese Wege voraussehbar. Die Jungens wollen von zu Hause weg, wollen als erwachsen anerkannt werden, also stellen sie sich an die Theke. Die Aufgabe der Mädchen besteht darin, sie rechtzeitig von dort wegzuholen. Es wird also früh geheiratet. Wenn es nicht gelingt, sind die Jungens meist verloren.

Unser Dorf hat früher, so klein es war, schon acht bis zehn Kneipen gehabt. Aber es hat ja sonst nichts gehabt – so könnte man die Kranken entschuldigen.

22. Januar 1977

Für ein Gespräch mit U. v. W. habe ich mir ein paar Notizen gemacht. Erster Punkt: Wir leben in keiner Wissenschaftsgesellschaft. Sobald Entscheidungen anstehen, an welchen Interessen erheblichen Ausmaßes bestehen – beispielsweise Kernkraftwerke –, werden Wissenschaftler nur befragt, wenn man weiß, wie sie antworten und daß sie sich davon nicht abbringen lassen werden. Zweiter Punkt: Wir müssen mehr über die Zwecke der Technologien wissen. Alle Techniken sind zweischneidig, und keiner der Entdecker der Atomenergie hatte als Zweck die mögliche Ausrottung des Lebens im Sinn.

Es ist also immer noch so, daß wir nicht wirklich wissen, was wir tun.

Das Gespräch im Hause M. lief dann aber anders. Wir kamen auf Ludwig Klages, den ich wieder einmal gelesen hatte. Es gab einen Anlaß dafür, denn die berühmte Abhandlung, die er im

Oktober 1913 für die Tagung auf dem Hohen Meißner geschrieben hatte, ist wieder aktuell, weil man den Meißner abbauen will, wenn man kein Kernkraftwerk in dieser Gegend errichten darf.

Klages sieht die Verwüstung der Erde als Folge der Verstandeskultur, aber er betont, daß hier nicht Verstand überschätzt werde, sondern daß es grundsätzlich im Wesen des Geistes liege, die Natur zu vernichten. Was mir sofort gefällt, ist die klare Erkenntnis des Dualismus: Bios und Logos sind zwei ganz verschiedene Dinge, eines entspringt nicht aus dem anderen. Nur bin ich nicht sicher, ob es die Bestimmung des Geistes ist, die Lebenswelt zu zerstören. Wie Thoreau kann man sagen: »Wenn du die Farne kennenlernen willst, mußt du deine Botanik vergessen«, denn kein wissenschaftlicher Ausdruck, keine Systematik, führt wirklich an die Farne heran. Aber was man weiß, würde gewinnen, würde vollständiger werden, wenn man danach wieder Botanik lernen würde.

U. v. W. rückt Klages in die Nähe des Faschismus. Ich bin im Dritten Reich aufgewachsen, niemals wurde uns Klages empfohlen. Niemals wurde sein Name genannt, denn mit Zweiflern konnte man nichts anfangen. Man wollte Bejaher. Und mit diesen Bejahern stehen wir heute mitten im Nebel.

---

24. Januar 1977

Immer mehr Menschen ziehen aufs Land, und wer heute gegen den Strom schwimmen will, müßte in die Stadt ziehen. Kaum noch ein Dorf, in welchem kein Lehrer wohnt, der in der Stadt unterrichtet und hier Schafe zieht und Keramik herstellt. Mit ihren kleinen runden Brillen und den umgehängten Leinentaschen fallen sie unter den Dörflern sofort auf, wenn diese die Zuzügler, die nun bäuerlicher leben wollen, als die Bauern je lebten, mit Erstaunen beobachten.

Werden sie krank, versuchen sie, sich mit Säften und Kräutern zu helfen, und wenn sie mich dann doch rufen, ist ihre erste Bitte: »Keine Chemie!« Es ist ganz rührend zu sehen, wie sie von der Natur alles erhoffen, ohne zu wissen, daß es die Natur gar nicht mehr gibt.

Auch sie werden von Rheuma befallen. Dann legen sie Brennessel auf und bereiten sich Brennesselsalat oder -tee. Sie sind erschrocken, wenn man ihnen bedeutet, sie müßten mit Brennessel wie mit Pyramidon umgehen: Ständig genommen, schadet er den Nieren. Ihre Schafe gehen meist ein, und sie denken viel darüber nach, warum ihnen so vieles mißglückt; die Gänse holt der Fuchs, nur Hund und Katze bleiben, auch die Katze immer nur per Stippvisite.

Sie setzen sich zu den Bauern und fragen sie, wie man es machen muß. Manchmal habe ich das Gefühl, ihnen wird nur eine verkürzte, jedenfalls nicht ausreichende Antwort gegeben, weil die Bauern gar nicht einsehen, daß man sich heute noch damit beschäftigen muß, während sie selbst es doch aufgegeben haben. Sie stellen keine wirkliche Gegengesellschaft dar, denn sie sind zu wenige, auch sind sie zu heterogen, ihre Meinungen differieren. Aber ihr bloßes Dasein erinnert uns an vieles, was wir vergessen haben.

26. Januar 1977

Schopenhauer hat vom »metaphysischen Bedürfnis« des Menschen gesprochen, aber es gibt ein noch stärkeres, sein »kathartisches Bedürfnis«. Er ist das Lebewesen, das ständig ein neues Leben anfangen will. Die Naturheilkunde hat das klar erkannt, ihre Erfolge hängen damit zusammen. Sie fordert den Menschen auf, sich zu ändern, und zwar grundlegend, nicht nur in einzelnen Gewohnheiten. Die Menschen sollen auf der Stelle ganz anders essen, als sie bisher gegessen haben, oder sie sollen viel laufen und ganz anders denken, oder viel sitzen und ganz anders denken (in diesem Fall nennt man es meditieren). Solche Appelle braucht der Mensch.

Die Medizin in ihrem apparativen Elfenbeinturm dünkt sich über all das erhaben, *sie versteht heilen als reparieren.* Und sie macht sich auch nichts daraus, daß ihre Anordnungen widersprüchlich sind. Ich nehme das Beispiel der Diät beim Zwölffingerdarmgeschwür:

nach B. Ascher schwarzer Kaffee, rohe Eier, Schinken, Bitterstoffe; nach Bircher-Benner pflanzliche Rohkost; nach Kalk Schonkost; nach Meulengracht Beibehaltung des gewohnten Küchenzettels.

Für den vernünftigen Menschen erscheint jeder Vorschlag schädlich, und alle widersprechen einander. Dennoch kann man mit ihnen heilen; es muß allerdings der Appell hinzukommen: Du mußt dein Leben ändern.

Am Abend Elternversammlung, Thema: Legasthenie. Es gibt Modekrankheiten. Dies ist eine. Wer auf sich hält, steht auf und sagt: Mein Kind ist Legastheniker.

---

11. Februar 1977

Trotz schlechter Straßenverhältnisse infolge Schnee und Eis sind ein paar junge Ärzte und Studenten vorbeigekommen, und wir diskutieren die Frage, wie medizinische Verbrechen zustande kommen können. Das hat die Studenten schon damals in Göttingen bei meinem ersten Vortrag so brennend interessiert. Sie haben einen humanitären Beruf gewählt und müssen plötzlich sehen, daß man dabei auch entgleisen kann, daß inhumane Programme und Praktiken daraus folgen können. Wie ist das möglich?

Ärzte sind gebildete Menschen, haben ein langes akademisches Studium hinter sich, sind in Universitätskliniken viele Jahre ausgebildet worden – wo sind die Bedingungen der Kriminalität?

»Sie müssen eben in dieser Sozialisation selber liegen«, meint Wieland, »wo sollte man sie sonst suchen? Das Studium ist an Details orientiert, die Assistentenzeit drillt auf Gehorsam – das Ergebnis ist der Fachidiot. Bei getöteten Kommissaren wird der Kopf präpariert, und was man dann an Bemerkenswertem findet, als Wissenschaft verstanden.«

»Vielleicht geht es noch einfacher zu erklären«, sagt M.-W., »jede Ausprobung eines neuen Medikaments bedeutet den Verzicht auf Sicherheit, man geht ohne Erfahrung vor, es kann ein Schaden entstehen, aber das macht nichts, denn es wird von allen als Wissenschaft verstanden.«

»Es hängt also davon ab, wie wir Verbrechen definieren«, sage ich. »Verstehen wir darunter einfach, daß jemandem ein Schaden zugefügt wird. Der Schaden kann physisch sein und psychisch. Beziehen wir auch das Psychische ein, geht es noch leichter. Die Praxis der Ärzte bedarf der Ausweitung. Bei neuen Patienten mißt man den Blutdruck. Was immer auch gemessen wird, man macht ein ernstes Gesicht und hm, hm – nichts wirkt nachhaltiger als ein solches hm, hm – und bestellt den Betreffenden für die nächste Woche wieder mit den Worten: Wir wollen auf Ihren Blutdruck achten. War der Blutdruck noch nicht hoch, so steigt er jetzt. Ein Blutdruck-Neurotiker ist geboren, und irgendwann schlägt die Abweichung aus dem psychischen in den physischen Bereich um, schon handelt es sich um einen organischen arteriellen Hochdruck. Der Patient würde ein solches Vorgehen wohl als Verbrechen einstufen, nur weiß er nichts davon, erfährt es auch nie. Der Arzt wird es sicherlich nicht als Verbrechen ansehen. Für ihn ist es ein ziviles *corriger la fortune*, nicht mehr.«

»Menschen, die so etwas fertigbringen, sind fähig, in großem Stil Euthanasie zu betreiben, und zwar an Insassen von Heil- und Pflegeanstalten, bei behinderten Kindern, im Konzentrationslager unter dem Motto von wissenschaftlichen Experimenten . . .«

»Das ist richtig«, antworte ich Wieland, »nur darfst du nicht vergessen, daß es sich um Menschen handelt wie dich und mich, wie wir hier alle. Einige von uns würden nicht mitziehen, andere haben Skrupel, geben aber nach. Der Mensch ist schwach, er will Schwierigkeiten aus dem Wege gehen, und eben deshalb handelt er sich so viele ein.«

»Sagtest du, man hätte sich weigern können, ohne daß die SS zuschlug?«

»Gewiß. Ich war einmal, 1944 in Stettin, mit Soldaten zusammen, die gebeten hatten, nicht mehr an Massenerschießungen teilnehmen zu müssen. Man hatte sie versetzt, ohne daß ihnen irgendwelche Nachteile erwachsen wären.«

Später fällt mir ein, daß Stendhal einen Arzt gezeichnet hat, der das aggressive Moment der Medizin verkörpert, den Dr. Sansfin in einer nachgelassenen, unvollendeten Novelle. Er geht schließlich so weit, daß er auf Menschen schießt, was allerdings nicht gelingt, da ihm das Gewehr in den Schlamm gefallen und verstopft ist. Dieser Dr. Sansfin hat einen Buckel, und man kann annehmen, daß er sehr viel entbehren mußte in seiner Jugend, daß er oft gedemütigt worden ist oder jedenfalls glaubte, gedemütigt worden zu sein. Vielleicht war schon die Berufswahl ein strategisches Moment: eine Position einnehmen, die es erlaubt, nunmehr auf die anderen herabzusehen. Der Pöbel, die Ausgestoßenen, dazu gehören jetzt plötzlich die anderen, die sich eben noch erhaben dünkten! Die Frage kommt, ob man die Bedingungen der Berufsausbildung so ändern könnte, daß derartige Abweichungen nicht möglich sind.

»Nicht grundsätzlich«, meine ich, »denn das Moment der Inhumanität ist tief in der Medizin selber enthalten. Indem wir gezwungen sind, zu abstrahieren, um Wissenschaft zu begründen, verraten wir den konkreten Menschen. Wir sehen in Herrn Meier nicht mehr eine Persönlichkeit mit ihrer eigenen Geschichte, sondern einen Fall von . . . was auch immer: wir sehen in ihm einen Abschnitt aus dem Lehrbuch. Und dann kommt das Entscheidende, wir behandeln ihn so, wie es in dem Lehrbuch abstrakt, für alle gültig, festgehalten ist. Individualisieren ist schwer möglich, man hat es ja immer so gemacht, den einzelnen dem Gesetz zu unterwerfen, dem Gesetz der Wissenschaft, der Klinik . . .«

»Das Absehen von der Person ist der Beginn des Verbrechens?«

»In gewissem Sinne ist es so«, erwidere ich, »wenn es auch extrem klingt, aber tatsächlich handeln und behandeln wir ja an dem kranken Menschen, der der Mittelpunkt sein sollte, vorbei, wenn wir ihn als Krankheitsbild, als Kategorie, als irgend etwas pauschal zu Traktierendes nehmen.«

Wieland lächelt sein nach innen gewandtes Lächeln und sagt leise:

»Spricht denn niemand von unserer Gesellschafts- und Wirtschaftsordnung? Man hat die Ärzte zu Geschäftsleuten gemacht, darf man da über die Folgen jammern?«

»Ja«, meint ein anderer, »es wäre richtig, die Ärzte aus der Beteiligung an der wirtschaftlichen Seite der Krankheit herauszunehmen.«

»Würde das nicht einen starken Glauben an unsere Berufskollegen voraussetzen? Gewiß, Tschechow hat einmal einer Künstlerin geschrieben, sie solle sich nicht über die Trägerschaft eines Theaters alterieren, sondern an den Seemann denken, der immer ein guter Seemann ist, gleichgültig ob er auf einem fiskalischen oder einem privaten Schiff arbeitet.«

Wieland schaltet sich noch einmal ein:

»Die wirtschaftliche Katastrophe, die heraufzieht, wird alles leichter machen.«

26. Februar 1977

Emil Belzner hat mein Appendicitis-Gedicht in der RNZ abgedruckt. Das erste Gedicht, das von mir gedruckt wurde, und sicherlich das letzte. Belzner ist krank und hat viele Fragen. »Marschieren, nicht träumen« hat mich einst sehr begeistert.

Wir wollen eine kulturelle Veranstaltung durchführen. Wozu haben wir das Bürgerhaus? Es ist allerdings etwas groß geraten, und um es zu füllen, müssen wir schon eine Zugkraft aufbieten. Landräte und Minister erscheinen plötzlich als nicht zugkräftig genug. Man fragt mich, und ich überlege hin und her. Die Leute sprechen ständig über Gesundheit, es gibt kein anderes Thema mit so weiter Verbreitung, also wäre ein prominenter Arzt schon attraktiv. Allerdings wird niemand kommen, wenn jemand spricht, den ich als Wissenschaftler für prominent halte. Es müßte eine andere Art Prominenz sein. Mir fällt der schnelle Chirurg aus dem Norden ein.

Ich hatte mit ihm ein paar Tage zuvor telefoniert. So mache ich den Versuch, ihn für uns zu gewinnen. Er sagt zu. Wir rücken ein Inserat ein, damit auch die ferne Kreisstadt davon Kenntnis nehmen kann.

Dann war der große Tag da. Julius Hackethal kam, aus St. Moritz, übrigens streckenweise per Hubschrauber, hatte aber von seiner Seite alles bestens organisiert. Aus vielen Richtungen kamen Wagen mit Patienten, die er mobilisiert hatte. Das Bürgerhaus war überfüllt, und ich erkannte auch die Ärzteschaft der Kreisstadt.

Hackethal trat an das Pult. Man konnte sehen, wie er Energien aus dem zahlreichen, lebhaften Auditorium einsog wie andere die frische Waldluft. Wie alle Ärzte, die sich nicht richtig vorbereitet haben, ging er gleich zur Kasuistik über: »Ein Fall von . . .« Das stieß auf leichte Schwierigkeiten, denn die eingeflogenen Patienten hingen am Saaleingang fest.

Er sprach gerade von einer durch Fehler anderer Ärzte fast völlig gelähmten Frau, die er wieder etwas beweglich gemacht hatte, und winkte zum Saaleingang. Dort wußte man sich nicht anders zu helfen, man faßte die Frau beherzt an Schulter und Hüfte, hob sie hoch und reichte sie dann waagerecht über die Tische hinweg bis zu Julius Hackethals Podium. Es verschlug ihm etwas (aber nur wenig) die Sprache. Die Stimmung wurde dadurch mächtig angeheizt, zumal die Hackethal-Patientin durch den ungewöhnlichen Transport nicht gelitten hatte und kräftig auspackte.

Aber dann kam die Stunde der Wahrheit. Hackethals ad hoc-Munition war zu Ende, er improvisierte einen Schluß, und es konnte diskutiert werden. Darauf nun waren die Ärzte aus der fernen Kreisstadt gut vorbereitet. Ein bestens präparierter Mann bestieg das Podium, ich konnte genau beobachten, wie sie ihn alle aufmerksam verfolgten, ihm zuwinkten, sich selber zunickten.

Er sagte einiges, was zu erwarten war und außer Ärzten niemand vom Stuhl reißt. Aber dann kam der gezielte Schuß: Er stellte fest, daß Hackethal eigentlich Karl-Heinz heiße, und fragte, weshalb er sich auf dem Buchtitel denn Julius nenne.

Ziemliches Beifallsgebrüll, die Ärzte waren zufrieden, nickten einander erneut zu. Souverän trat Hackethal an das Pult. Mächtig sog er Kraft aus dem wild bewegten Publikum ein. Seine Nasenflügel blähten sich.

»Wissen Sie«, sagte er, »Sie haben recht, ich heiße tatsächlich Karl-Heinz. Aber wie das so geht, ich habe mich mein Leben lang darüber geärgert.«

Es kamen Zurufe, einige im Publikum konnten das gut verstehen.

»Außerdem wußte ich«, fuhr er fort, »daß man in Düsseldorf die Zuhälter Karl-Heinzcher nennt. Ich suchte nach einer passenden Gelegenheit, diesen Namen abzuschütteln. Als mein Buch erschien, bat ich den Verlag, meinen anderen Vornamen, Julius, auf den Titel zu setzen. So geschah es auch. Ich war erleichtert. Allerdings rief mich ein paar Tage später ein Freund aus Paris an. ›Karl-Heinz‹, schrie er entsetzt ins Telefon, ›weshalb nennst du dich Julius? Weißt du nicht, daß in Paris die Zuhälter Jules heißen?‹«

Das war der nicht zu verkennende Höhepunkt, alles jubelte Julius zu, der übrigens in der Diskussion geradezu emporwuchs.

Zum Schluß stand er da wie Paracelsus, nur etwas eleganter gekleidet als der alte Barfußarzt. Hätten wir an diesem Tag Bürgermeisterwahl gehabt, er wäre wohl zum Bürgermeister gewählt worden. Der richtige Bürgermeister war übrigens auch dabei, trug den »Raiffeisen-Smoking«, die bekannte grüne Trachtenjoppe, und murmelte:

»Scheint ein Bluffer zu sein, Ihr Freund.«

Ich besuche den alten Doktor. Er sitzt zufrieden in seinem Sessel. Die Geschwulst hat durch das Steroidhormon ihren riesigen Entzündungswall aufgelöst, ist also kleiner geworden.

»Denken Sie immer noch, daß es Krebs ist?« fragt er, und etwas wie Triumph schwingt mit in dieser Frage.

Die Geschwulst ist kaum noch zu fühlen, das wäre bei Krebs nicht möglich, also wird es wohl kein Krebs sein. Ich zerstöre ihm diesen Glauben nicht.

»Eins ist das Zauberwort für meine kataphysikalische Philosophie«, sagt er, »die ich jetzt niederschreiben werde. Eins ist etwas anderes als die Eins, es ist Einheit, faßt zusammen, sehr Gegensätzliches womöglich. Das bedeutet, auf uns selbst angewandt: zu mir gehört etwas, das anders ist als ich. Ich bin immer nur in irgendeiner Verbindung mit etwas. Als Physiker möchte ich von Adhäsion sprechen: Dieses Etwas klebt an mir. *Hen kata pollon*, wie die alten Griechen sagen. Ich übersetze: Alles gehört zu Einem. Mir liegt dabei viel am ›gehören zu‹. Ohne Zugehörigkeit gibt es nichts. Immer handle ich gemäß oder auf Grund eines Einflusses, der daher kommt, wozu ich gehöre.«

»Ich sehe zum ersten Mal«, sage ich, »wie jemand Mathematik und Etymologie vereint – etwas Neues daraus formt.«

»Sagen Sie: zusammenwirft«, richtet er sich erfreut auf, »das heißt *symbolon*. Das *symbolon* steckt in jenem erschreckenden Satz Heraklits: Alles ist wie ein zusammengeworfener Kehrichthaufen! Dieses alte Bild habe ich nach meiner Weise etwas aufpoliert: *kata physin*, das heißt symbolisiert und phantasiert. Es ist Wahrheit und Dichtung.«

»Ja, so sitzen wir hier«, fährt er fort, »in diesem Dorf und denken über Fragen nach, über die schon so viele an sehr viel geeigneterer Stelle nachgedacht haben. Andererseits ist sicher jeder Ort geeignet, zu denken. Einen Vers schreib ich Ihnen ins Stammbuch:
Nachdenken heißt nicht Rätselraten!
Es heißt: in innerer Ruhe sich beraten!
Und wer das ernst und heiter tut,
Der denkt vermutlich immer gut!«

22. März 1977

Wie weit das Mißtrauen gegen die Ärzte geht, ergibt sich aus einer Bemerkung Ilja Ehrenburgs im zweiten Band seiner Memoiren. Er notiert dort, Maxim Gorkij sei, »wie ja bewiesen worden ist«, von seinen Ärzten umgebracht worden. Dann fährt er fort: »Inzwischen sind sie noch schlauer geworden. Sie stellen eine falsche Diagnose und kurieren den Kranken zu Tode«, und: »Ich habe immer festgestellt, daß sich bei manchen Menschen mit der Hochachtung vor der Medizin die Angst vor dem Arzt verbindet: vor dem sie behandelnden Arzt. Der Arzt kann etwas übersehen. Haben ihn Feinde angeworben, kann er ungestraft töten.«

Mit dem Ungestraften ist es in der UdSSR allerdings nicht weit her. Als Ehrenburg den Lenin-Preis erhielt, erhielt ihn gleichzeitig eine Ärztin, die der Regierung geholfen hatte, »die Mörderärzte zu entlarven«. Man schob den Tod von Shdanov und Schtscherbakov einer Ärzte-Verschwörung in die Schuhe. Bekanntlich war Stalin kurz vor seinem Tode gerade dabei, noch einmal eine Ärzte-Verschwörung aufzudecken; die ersten – meist jüdischen – Ärzte waren schon verhaftet, als er selber starb. Natürlich liegt es nahe zu mutmaßen, dabei hätten die Leibärzte ihre Hand im Spiel gehabt.

Ehrenburg berichtet auch über die Folgen: In den Kliniken war
»der Teufel los«; viele Patienten sahen ihre Ärzte an, als seien es
heimtückische Bösewichter, und weigerten sich, ihre Medizin
einzunehmen.

Eine Ärztin erzählte Ehrenburg: »Gestern mußte ich den ganzen Tag unzählige Pillen und Pülverchen schlucken, damit die
Kranken mir glauben, daß ich sie nicht vergiften will.«

Der Abbau der ärztlichen Position verläuft bei uns anders und
völlig undramatisch. Die bisher die Medizin nur flankierenden
Berufe, vor allem die Berufe des Sozialwesens, die Psychologen
und die nichtärztlichen Therapeuten, werden weiter in die
Behandlung hineingezogen. Das Spektrum der ärztlichen Aufga-
ben wird entsprechend reduziert. Die Ärzte könnten das heute
bereits voraussehen, wenn sie sich die Mühe machen würden, das
Vorlesungsverzeichnis einer der modernen Reformuniversitäten
oder Fachhochschulen einzusehen. Betroffen würden sie erkennen, wie dort in Bereiche, die sie für genuin ärztlich halten,
eingeführt wird.

Ärzte könnten bald eine Randgruppe sein: Sozialarbeiter mit
Schwerpunkt Medizin.

29. März 1977

Für eine Gesprächsrunde im Fernsehen mit Hackethal hatte ich
den bekannten und erfolgreichen Gefäßchirurgen eingeladen. Er
hatte auch zugesagt. Nun ruft er an, er könne nicht, der Vorsitzende seines Berufsverbandes habe sich dagegen ausgesprochen,
auch sonst sei ihm geraten worden, sich nicht zu exponieren. Der
ebenfalls eingeladene orthopädische Chefarzt sagt mit gleichlau-
tender Begründung ab.

Der Landrat ruft an, es sei ihm gelungen, DM 200 000,— für
das Jugendheim beim Sozialminister loszueisen. Er wolle, daß ich
es als erster wüßte ...

Post vom Regierungspräsidium in Sachen Schnellbahn. Das immer noch anhängige Raumordnungsverfahren müsse nun endlich abgeschlossen werden. Da neuerdings zwei Trassenführungen zur Diskussion stünden, sei eine letzte Anhörung unumgänglich. Karten mit entsprechenden Einzeichnungen sowohl der Trassen als auch der geplanten Bahnstromleitungsführungen sind beigefügt. 70 Dienststellen sind angeschrieben, auch unsere kleine Bürgerinitiative, und weitere sind in Kenntnis gesetzt.

Der Kelch wird also wohl an uns vorübergehen, aber mit der neuen, alternativen Trasse werden andere Orte bedroht. Man wird sehen, wie sie darauf reagieren. Inzwischen werden auch Stimmen laut, die die Schnellbahn fordern. Fälschlicherweise rechnet man wohl mit der Einrichtung von Bahnhöfen. Würden wir tatsächlich einen Bahnhof erhalten, wären wir die ersten, die den Protest gegen die ursprüngliche Trassenführung zurückziehen würden.

Der Landtagsabgeordnete ruft an, es sei ihm gelungen, DM 200 000,— für das Jugendheim vom Sozialminister zu erhalten, das Geld sei schon unterwegs, und er wolle, daß ich es als erster wüßte.

25. April 1977

Diskussion mit den Medizinstudenten in Mainz. Ich sehe, daß sich eine eigentümliche und verblüffende Wandlung vollzogen hat. Das Universitätsstudium ist so verschult durch das starre Curriculum, daß die Medizinstudenten in der Tat nicht in der Lage sind, neben ihrer Fächerpflichtlektüre – meist nur hektographierte Infos – ein weiterführendes Buch zu lesen. Ich empfahl, sich mit einem gerade erschienenen Buch über die soziologische Dimension der Persönlichkeit auseinanderzusetzen, aber alle winkten ab. Sie haben einfach keine Zeit dafür. Sie sind eingespannt und hasten von Testatprüfung zu Testatprüfung und dann zu den schriftlichen Staatsexamensprüfungen, die unter dem Motto *multiple choice* nach Art von Kreuzworträtseln strukturiert sind.

Dagegen die Studierenden des Sozialwesens! Sie haben alle Verschulung fortgeschoben! In jeder Vorlesung melden sich Kollegen, die fragen, ob ich nicht spezielle Literatur angeben könnte, oder darum bitten, zu einem bestimmten Punkt ein kleines Referat halten zu können. Alles Vorkommnisse, die in der Medizin ganz undenkbar sind, wie mir auch Johann Jürgen bestätigt. Das Examen ist dann keineswegs schriftlich, sondern mündlich und außerdem öffentlich. Die Clique der Freunde und Mitstreiter sitzt im Hintergrund, und es kommt schon vor, daß sie hörbar murmeln, wenn die Fragen ein vorher nicht abgesprochenes Gebiet berühren.

Irgendwann wird sich zeigen, daß die alten, ehrwürdigen »richtigen« Universitäten zu Fachhochschulen abgesunken sind, während die Fachhochschulen und Reformuniversitäten, auf die man so gern herabblickt, zu den letzten Stätten akademischer Freiheit werden.

30. Mai 1977

Herrliches Pfingstwetter.

Kurt M. steht plötzlich mit Prof. Aleksander M. aus Moskau vor der Tür. Sie haben eine Rundreise durch die Region gemacht, der Professor wollte einmal sehen, wie ein Landarzt bei uns lebt. Er geht sofort auf die Bibliothek zu und stellt mit Überraschung fest, wie viele Werke russischer Autoren ich – natürlich in Übersetzung – habe.

»Welcher Autor spricht Sie am stärksten an?« fragt er.

»Kein Autor, den man nennen könnte«, sage ich, »sondern die

russischen Märchen. Ich habe meinen Kindern die Märchen aller Länder und Zeiten vorgelesen, sie empfinden nichts, es sei denn, man würde sie umständlich erklären, sozusagen ein Märchen nach dem Märchen. Aber russische Märchen – da treten sie sofort in unseren eigenen Märchenwald ein: die Hexe Baba Jaga, die Mutter Wassilissa, die durch alle Länder zieht, ihre Söhne zu suchen, den Kater Kotofej und den Bären Mischa haben sie schon immer gekannt.«

Der Professor nickt, dann kommt er mit einem Satz, der an dieser Stelle kommen muß, ich habe ihn schon oft gehört und noch öfter gelesen (zuerst bei Tschechow), daß es keine wirklich zufriedenstellenden Übersetzungen aus dem Russischen ins Deutsche gibt.

Ich bezweifle das. Ich wüßte nicht, was Gogol für mich durch eine andere Übersetzung gewinnen würde oder Tschechow oder Tolstoj.

»Aber die Feinheiten«, sagt der Professor, »die Feinheiten sind verlorengegangen!«

»Wer kann sie schätzen?« frage ich, »die Slawisten, die sie kennen müssen, lesen – hoffentlich – das Original, für mich aber wären sie erst durch einen Anmerkungsapparat verständlich.«

Dann setzen wir uns, und er befragt mich, wie eine Landpraxis bei uns funktioniert, wie hoch mein Gehalt sei, ob ich Arzneimittel erhalte, wie viele Assistenten und wie viele Schwestern zur Verfügung stehen.

Es ist schwer, ihm dieses System zu erklären, denn es ist weder Fisch noch Fleisch: nicht sozialisiert (aber eine kleine Drehung würde genügen, und es wäre komplett sozialisiert) und nicht privat (aber eine kleine Drehung würde genügen, und es wäre komplett privat). Arzneimittel werden von mir verordnet, und zwar auf Kassenrezept, sie sind damit für den Patienten, abgesehen von einer kleinen Rezeptgebühr, kostenlos.

»Das wundert mich«, sagt er, »denn die kostenlose Medikamentenabgabe hat sich bei uns nicht bewährt. Wir haben sie schon sehr früh wieder abgeschafft.«

Dann fragt er, ob ich Medikamente vorrätig halten dürfe. Ich bejahe das, vorrätig darf ich sie halten, sofern sie mir von der pharmazeutischen Industrie als Muster zur Verfügung gestellt wurden, verkaufen darf ich sie nicht.

»Sie müssen Muster also kostenlos abgeben?«

Als ich bejahe, fragt er, ob ich auch Muster von Medikamenten gegen Asthma bronchiale hätte.

»Leiden Sie an Asthma?« frage ich.

»Nicht ich«, sagt er, »aber einer meiner Söhne. Könnten Sie mir wohl ein paar Muster mitgeben?«

Womöglich rechnet er damit, von mir eine Plastiktüte mit Präparaten ausgehändigt zu erhalten, aber so viele habe ich nicht da. Immerhin nimmt er fünf Schachteln mit und schaut recht glücklich aus. An weiteren Gesprächen hat er kein rechtes Interesse mehr; das Mittagessen dürfte warten, und beide fahren wieder davon.

---

3. Juni 1977

Die Tochter ruft mich an, dem Vater, unserem alten Doktor, gehe es nicht gut. Seit langem steht er nicht mehr auf. Ein paarmal ist er hingefallen, und ich bin hinübergeeilt, um ihr zu helfen, ihn wieder aufzurichten und ins Bett zu bringen. Es ist ihm entsetzlich peinlich, er macht dann die Augen zu, sieht mich nicht an, weil er nicht weiß, was er sagen soll. Aber an diesem Morgen wirkt er recht aufgeräumt. Er fragt mich, was ich von einer Griechenlandreise halten würde, wenn es ihm wieder besser ginge.

Ich rate ihm dringend dazu, und wir sprechen eine gute halbe Stunde über Orte, die er besuchen müßte, und solche, die er weglassen könnte, um sich nicht zu überanstrengen. Er ist sehr glücklich, als ich weggehe.

Eine halbe Stunde später ist er tot. Er hat mir einen Zettel hinterlassen, darauf steht:

»Als ich einmal gefragt wurde, wie ich es gemacht hätte, daß ich im hohen Alter noch so vergnügt und rüstig sei, antwortete ich dem Neugierigen:

Wer lange atmet,
Wer lange arbeitet,
Wer lange lange Pfeifen raucht,
Wer lange von einem geduldigen Arzt
Behandelt wird,
Lebt lange und in Heiterkeit.

Möglicherweise ist das eine Behandlungsmethode, die auch andere Ärzte übernehmen könnten.

Aber, so sage ich jetzt ganz leise zu mir, wäre es denn wirklich so erstrebenswert, daß die Menschen alle lange leben würden? Auch die Ärzte leben nicht allzu lange und kommen doch immer wieder.«

Darunter hatte er noch geschrieben:

»*En thymon chaire!*« – Ich grüße Dich von Herzen.

8. September 1977

Nach dem Tode des alten Doktors erwartete ich bei der Tochter einen Zusammenbruch. Ihr ganzes Leben war dem Vater gewidmet gewesen, nun war er tot. Konnte sie dem Leben noch einen Sinn abgewinnen? Sie war 42 Jahre alt, hatte eine gute Schulbildung, war durch die Gespräche mit dem Vater hochgebildet, hatte jedoch keinen Beruf erlernt, auf den sie hätte zurückgreifen können. Vor Jahren hatte sie einige nicht gewöhnliche Krankheiten durchgemacht, doch gesundheitlich ging es ihr jetzt gut.

Sie kleidete sich nicht schwarz, sondern hell, fuhr Rad, war – zumindest nach außen – vergnügt, zu Scherzen aufgelegt, kurz: sie schien alles gut zu verkraften. Ich war froh, keine Schwierigkeiten mit ihr zu haben, da sie hier ohne Anverwandte und

Freunde lebte. Aber es war, wie ich insgeheim fürchtete, die Ruhe vor dem Sturm.

Ich versuchte sie zu testen, lud sie abends ein, wir unterhielten uns lange, nichts deutete auf depressive Prozesse hin.

Der Sommer kam, wieder ein richtiger Sommer, mit schönen langen Abenden, da erlitt sie einen Nervenzusammenbruch, der nichts mit ihrem toten Vater zu tun hatte. Ich wurde von Nachbarn zu ihr gerufen, mußte ihr eine Beruhigungsspritze geben – ich habe vergessen, um welchen Anlaß es sich handelte. Was sie mir angab, stimmte übrigens, die Reaktion war nicht vorgespielt. Es war der 23. August.

Dann kam sie noch einmal in die Sprechstunde, bat um ein Schlafmittel, und zwar sagte sie, ich hätte ihr bereits einmal in ähnlicher Situation geholfen, sie habe sich damals den Namen des Mittels notiert, es hieß Luminal®, ob sie es wohl wieder bekommen könnte?

Ich schrieb es ihr auf, und wir verabschiedeten uns, denn ich wollte in Urlaub fahren – sie wußte es. Ich fuhr am Freitag, hatte noch meine Sprechstunde gehalten, der Vertreter kam erst am Montag, auch dies war ihr bekannt, und inzwischen bestand der Notdienst der fernen Kreisstadt. Den Nachbarn erzählte sie, daß sie kurz verreisen würde. Dann schloß sie alle Fenster. Hinterher gestanden sich alle ein, daß niemand sie hatte fortfahren sehen.

Montag früh kam Günter und wurde sogleich der Frage konfrontiert, was man machen solle. Sie hatte sich offenbar eingeschlossen, das Haus war abgesperrt, vielleicht war sie auch gar nicht darin?

Doch ihm schwante nichts Gutes, und er rief die Polizei an. Nachdem die Beamten eingetroffen waren, erörterten sie noch einmal die Lage, dann öffneten sie gewaltsam die Tür, eilten durch die Wohnung, kamen in ihr Zimmer. Auf dem Tisch stand eine Tafel, darauf war groß und klar geschrieben:

»Sollte ich noch nicht tot sein,
bitte keine Wiederbelebungsversuche!«

Sie lag im Bett, etwas verkrampft, tot, kalt, mit Totenflecken. Die Totenstarre war noch nicht aufgehoben, so daß Günter annahm, sie habe sich im Laufe des Samstags das Leben genommen: offenbar mit Tabletten, denn es lagen zwei Schachteln Luminal® auf dem Tisch.

Der Tod an diesem einst berühmten Schlafmittel ist wohl nicht sehr angenehm, die Leichen zeigen verkrampfte Haltungen. Im Todeskampf wird man sicherlich von Krämpfen geschüttelt; ungewiß bleibt, ob der Sterbende diese noch miterlebt oder nicht mehr. Der Tod tritt übrigens durch Atemlähmung ein, es ist ein Erstickungstod.

Das ist die Geschichte, die mir Günter erzählt. Sie ist abgeschlossen, das ganze Kapitel scheint abgeschlossen. Es wird nicht mehr lange dauern, und niemand wird mehr von den beiden sprechen, und auch die Verdienste, die der alte Doktor um den Ort hatte, nämlich die Mitgründerschaft des Heimat- und Verkehrsvereins, das Heranschaffen der ersten Kurgäste, werden damit vergessen sein.

Da schickt mir der fern von hier lebende Bruder eine Art Tagebuch, das er in ihrem Nachlaß gefunden hatte. Es ist nicht sehr alt, wurde erst vor einem Vierteljahr begonnen! Ich lese es mit tiefer Betroffenheit.

»Was ist die Zeit, gemessen am Atem der Welt«, lautet die erste Eintragung. Es folgen Zitate, zum Beispiel aus Ionesco: »Nur nicht denken, an nichts denken, über nichts urteilen, sonst werde ich verrückt.«

»Das Wissen um meine Einsamkeit ist so erschütternd, daß es zeitweise über die Grenzen dessen geht, wo ich noch etwas empfinden kann. Ich arbeite dann und handle wie im Traum. Alleine leben, wo Sinn, Liebe, Halt und Freude fehlen, wozu? Wozu ein Leben voller Entbehrungen und Krankheit mit aller Gewalt festhalten? Ich kenne hier niemand, den ich als ›Ersatzvater‹ ansehen könnte, und wäre trotz Fürsorge durch andere zu viel allein.

Mein Leben ist – und wäre – nur ein ›Überleben‹, und wozu das, wenn ich doch im Tode vereint mit denen bin, nach denen ich mich mit aller Liebe sehne? Also!«

Ich sitze lange vor diesen Aufzeichnungen. Ein Mädchen, das behütet war wie kaum eines. Ein Mädchen, das zwar nicht im Luxus lebte, aber doch fast alles zur Verfügung hatte, was es wünschte. Kleider, Schmuck, nichts Übertriebenes, aber geschmackvoll in angemessenem Rahmen. Das Skilaufen hatte sie aufgegeben, sie wollte mit Reiten anfangen. Bücher, Gespräche, Briefe mit vielen Freundinnen und Freunden. Und dann diese Aufzeichnungen. Was sie schreibt, klingt ausgefeilt, stilisiert. Ein womöglich angelesener Selbstmord? Denn waren die Leiden nicht mehr oder weniger literarischer Art?

Aber wir übersehen etwas, denke ich mir. Das Haus ist so groß geblieben, wie es war. Dann kommt der Abend. Der Vater, der einzige, der es immer mit ihr zusammen bewohnte, ist fort. Das Haus ist für sie leer, ausgestorben. Niemand spricht mehr. Totenstille.

Andererseits handelt es sich sicherlich nicht um einen Kurzschluß, sondern um eine lange Entwicklung. Die Todessehnsucht ist langsam gewachsen und sorgsam gepflegt worden. Sie war nicht stark genug, diesem Sog zu widerstehen.

Hier liefen gnadenlose Zwänge ab, innere Vorgänge in großer Einsamkeit. Niemals habe ich etwas davon gespürt, wenn ich bei ihnen war, das heißt sie haben es mich niemals merken lassen. Sie waren abgeschottet nach außen, vollkommen abgesichert. Was nach außen dringen durfte, war auf Wirkung berechnet – oder dem Zufall überlassen? Hatte der alte Physiker ein Schauspiel aufgeführt, das des Weisen, der sich gelassen anschickt, die letzte Reise anzutreten, und den Arzt noch düpiert, indem er ihn noch nach einer realen Reise fragt, die er niemals mehr antreten wird?

Diese Geschichte zeigt uns, daß wir in Wahrheit nicht helfen können.

Man beklagt die nach wie vor mangelhafte Stringenz der Medizin. Die Erbitterung, wenn etwas wieder nicht stimmt, regt sich am kräftigsten bei den Befund-Gläubigen. Der Beginn der modernen, d. h. mathematisierenden, sich an die exakten Naturwissenschaften anschließenden Medizin ist identisch mit der Erfindung des Befundes durch die großen Franzosen der ersten Jahre des 19. Jahrhunderts. Sehr schwer ist es in unsere deutschen Köpfe gelangt, die so voll waren vom Weltgeist und von den Substanzen und Lebenskräften, daß die Gradeinteilung der Fieber und die Messungen aller Art gar keinen Platz darin finden konnten. Inzwischen sind sie um so mächtiger in die Hirne eingedrungen, nichts kann sie wieder hinaustreiben. Es gibt eine Befund-Gläubigkeit, die jede denkbare Orthodoxie in den Schatten stellt.

Ich glaube, daß ich davon ziemlich frei bin. Und wenn ich mich dabei ertappe, wie ich an Befunden zu sehr hafte, dann nehme ich mir solche vor wie die folgenden:

Frau Anna S., 64 Jahre alt, kommt 1970 mit einem Geschwür am linken Arm, das nicht heilen will. Die Geschwüroberfläche ist mit Schorf bedeckt. Ich ahne nichts Gutes und weise sie dem Chirurgen zu. Der ahnt ebenfalls nichts Erfreuliches, schneidet das Geschwür heraus und schickt es dem Pathologen zur mikroskopischen Begutachtung. Daraus zitiere ich: »... es besteht kein Zweifel, daß es sich hier um einen malignen Tumor handelt, der in das Gebiet der Melanome gehört, und zwar liegt ein amelonotisches Melanom vor. Diagnose: Pigmentfreies, malignes Melanom. Gez. Prof. Dr. N. N.«

Ein pigmentfreies, also farbkörnerfreies Melanom, das ja gerade durch seine Dunkelfärbung ausgezeichnet ist, gibt es – so wie es eine Gelbsucht ohne Gelbfärbung gibt. Es ist die Problematik des 2×2, das nicht gleich 4 ist. Bei einem Melanom, das ja recht häufig am Arm anfängt, kommt im Grunde alles zu spät. Frau S. lebt noch heute, die Narbe am Arm hat sie längst vergessen.

Oder Silvester T., der 1970 wegen eines Narbengeschwürs kommt. Die Narbe entstammt dem Krieg, machte das Tragen orthopädischen Schuhwerkes nötig. Jetzt hat sich auf der Narbe ein Geschwür gebildet. Ich schicke ihn, nichts Gutes ahnend, zum Chirurgen. Dieser ist optimistischer als ich, er ätzt den Geschwürsgrund mit dem Höllensteinstift. Danach wird es jedoch nicht besser, so daß er eine Probe daraus entnimmt. Darauf der Pathologe an Hand des mikroskopischen Schnittes: »... bei Untersuchung des Präparates in mehreren Schnittebenen sieht man auch infiltrierendes Wachstum, so daß man ein Karzinom annehmen muß. Diagnose: Verhornendes Plattenepithelkarzinom. Gez. Prof. Dr. N. N.« Der erschrockene Chirurg nimmt darauf sofort das Bein im Oberschenkelbereich ab. Sowohl das Ätzen mit dem Höllensteinstift als auch die Entnahme einer Gewebeprobe aus dem krebsigen Geschwürsgrund hätte den Tumor nach heutigen Anschauungen »wild« machen, also zur Aussaat von Absiedlungen aufstacheln müssen – aber nichts ist geschehen. Heute (nach zwölf Jahren) sehe ich T. manchmal auf dem Bulldog über die Äcker fahren. Wir winken uns dann zu. Er hat alles gut überstanden, bewegt sich mit seiner Oberschenkelprothese, als wäre sie ihm als junger Mann angemessen worden.

Dann eine vierzigjährige Frau, scheu, zurückhaltend, hier neu zugezogen, sucht ihren lang vertrauten Frauenarzt am früheren Wohnort auf. Patienten hängen oft lange an Ärzten, zu denen sie Vertrauen gefaßt haben, und unternehmen beschwerliche Reisen, während sie am Ort selber nur um die Ecke zu gehen brauchten und ebenfalls beim Arzt wären. Der Gynäkologe führt eine Mammographie durch und erklärt ihr danach, die Brust müsse sofort abgenommen werden, es handle sich um Krebs.

Sie jammert, ist verzweifelt, jedoch nur am Telefon. Sie kommt nicht zu mir, zeigt mir ihre Brust nicht, so daß ich selber keinen Tastbefund erheben kann, der in den meisten Fällen schon einen recht präzisen Schluß erlaubt. Ich bin jedoch entschlossen, ihr in jedem Fall zu helfen, und schicke sie zu meinem Leib- und Magen-Radiologen.

Ich zitiere aus dem Befund: »Niedrigdosis-Mammographie: Innerhalb des Weichteilschattens erkennt man auf beiden Seiten des Drüsenkörpers einzelne fibrotische Einlagerungen . . . Offenbar sind die Fremdaufnahmen (!) in der zweiten Zyklushälfte angefertigt worden. Ich würde sogar von einer Probeexcision dringend abraten, allenfalls eine Kontrolluntersuchung nach vier Monaten verantworten. Gez. Prof. Dr. N. N.«

28. April 1978

Leo Tolstoj hat einmal das Wesen der Krankheit zu interpretieren versucht. In seinen Tagebüchern notiert er unterm 14. Dezember 1897, die Krankheit sei nicht unnütz und lästig. Sie sei vielmehr notwendig und wohltätig, denn nur durch sie würden wir aus den Verstrickungen des Lebens wieder gelöst und auf den Tod vorbereitet.

In einem der Märchen, die die Brüder Grimm aufgezeichnet haben, verspricht der Tod einem jungen Mann, der ihn gerettet hat, er werde ihn zum Dank nicht unvorbereitet überfallen, wie es bei den anderen Menschen geschehe, sondern vorher einen Boten schicken. Als er dann kommt, ihn zu holen, protestiert der junge Mann, er sei nicht gewarnt worden. Da erwidert der Tod: »Schweig, habe ich dir nicht einen Boten über den anderen geschickt? Kam nicht das Fieber, stieß dich an, rüttelte dich auf, warf dich nieder? Hat der Schwindel dir nicht den Kopf betäubt? Zwickte dich nicht die Gicht in allen Gliedern? Brauste dir's nicht in den Ohren? Nagte nicht der Zahnschmerz in deinen Backen? Ward dir's nicht dunkel vor den Augen?«

Wie exakt hier das Nachlassen, das Ermatten des Kreislaufs beschrieben wird! Übrigens hatte Tolstoj eine höchst moderne Anschauung: Der Tod, das wissen wir heute, naht niemals auf einer einzigen Schiene, er ist nicht monokausal, er kommt auf mehreren Gleisen, multikausal.

Die erste Zeile der Eintragung Tolstojs lautet: »Fühle mich sehr unwohl. Bin in der schlechtesten Stimmung und daher mit allem unzufrieden.« Durch diese für geistige Arbeit sehr ungeeignete Atmosphäre greift plötzlich eine neue Erkenntnis hindurch, die Tolstoj notiert. Ein neuer Gedanke stellt sich ein, die Umstände sind widrig, sie haben ihn weder gerufen noch gefördert – die Erkenntnis kommt, wann es ihr paßt.

Das Nachtgespräch des Herrn mit Nikodemus.

Ohne Datum

Der Pfarrer im Nachbarort ist vielseitig interessiert, sportlich, ein wirkliches Relais der Gemeinde.

»Sie müssen mir helfen«, sagt er zu mir, »meine Gemeinde entwickelt einen Starrsinn, dem ich nicht gewachsen bin.«

Es wundert mich, denn hier auf dem Lande ist der Pfarrer nach wie vor die geistliche Autorität und von daher auch autoritativ für vieles andere, sozusagen Weltliche. Die 800-Jahr-Feier der Gemeinde steht bevor, berechnet wie immer in solchen Fällen nach der ersten Erwähnung in irgendeiner Urkunde, die man gefunden hat. Meist ist es eine Schenkungsurkunde, so auch in diesem Fall – der Ort ist in Wahrheit also viel älter. Niemand weiß, wann er wirklich gegründet wurde. Für das Jahr 1179 jedenfalls ist die Schenkung durch den Abt eines entfernten Klosters an irgendeinen Adligen überliefert. Im Hintergrund muß man die fränkische Durchsiedlung des Chatten-Gaues sehen; fernste Vergangenheit.

»Vor 500 Jahren nun«, sagt der Pfarrer, und er seufzt schwer dazu, »ist hier bei uns etwas – zugegeben – Schreckliches passiert. Der Landgraf wollte mehr Geld haben, er nannte es Erbhuldigung, und die Bewohner unseres Dorfes lehnten die Zahlung ab, sie zahlten ihrer Meinung nach schon mehr als genug. Da ließ er die Reichsacht über sie verhängen und verurteilte daraufhin alle männlichen Einwohner über 14 Jahre zum Tode durch den Strang.«

»Sind sie wirklich alle aufgehängt worden?« frage ich entsetzt.

»Niemand weiß es«, sagt der Pfarrer, »es hat sich keine Nachricht darüber finden lassen. Aber wir wissen, daß Derartiges tatsächlich durchgeführt wurde. Es war eine recht rauhe Zeit . . . Nun aber soll im Festzug ein Wagen erscheinen, der darauf Bezug nimmt. An einer Wäscheleine sollen einige Männer-Puppen baumeln und dieses unselige Vorkommnis verewigen!«

»Sie mögen diese Erinnerung nicht? Aber woher wissen denn die Bauern davon?«

»Es hat sich im Gedächtnis erhalten, ich hätte es selbst nicht geglaubt. Niemand hat nachgeforscht, jedem waren diese Vorgänge vertraut. Mein Standpunkt ist einfach und klar: was 500 Jahre zurückliegt, soll man nicht künstlich beleben. Und außerdem hat sich bei uns gerade ein junges Mädchen in selbstmörderischer Absicht erhängt . . .«

»Aber ist die Geschichte nur ein Vorwurf für Festreden?« frage ich zurück, »800-Jahr-Feier ja, 800-Jahr-Gedächtnis nein, also das Gute hochhalten, das Böse verleugnen?«

»Was ist die Geschichte, Herr Doktor?« fragt der Pfarrer, nun plötzlich sehr müde. All diese Sitzungen sind nicht spurlos an ihm vorübergegangen.

»Die Geschichte ist etwas Fürchterliches«, antwortete ich zögernd, »eine Schädelstätte, der lange, fressende Schatten, der uns immer wieder einholt . . . Nein, ich würde diesen Festwagen genehmigen. Irgendwie gehört Mut dazu, ihn zu zeigen. Leben nicht noch Nachfahren jener mitleidlosen Adligen in der Nähe? Es gibt so viele Wüstungen hier – Flurnamen erinnern daran, daß es einmal bewohnte Ortschaften waren, und vielleicht sind diese Dörfer auf die gleiche schaurige Art entvölkert worden?«

»Ich weiß es nicht«, sagt der Pfarrer, »aber ich will meinen Widerstand nun aufgeben.«

Der Wagen bleibt im Festzug, die Welt ist darüber nicht untergegangen. An der alten Post stehen wir und sehen uns den

Festzug an, der Pfarrer, der Lehrer, der Postler und ich und übrigens ein Nachfahre jenes Ritters, der damals das Aufknüpfen befahl. Als der ominöse Wagen vorbeirollt, von einem kleinen Bulldog gezogen, die Puppen im Winde schwankend, sehe ich ihn von der Seite an. Sein Gesicht ist unbewegt, er bemerkt meinen Blick, wendet sich zu mir und sagt:

»Schlimme Zeiten damals, lieber Doktor, schlimme Zeiten.«

9. November 1979

Die Bäume im Wind. Manchmal erinnern sie mich an eine merkwürdige Geschichte. Ich denke an jenen letzten Besuch André Gides bei Paul Valéry. Valéry, auf seinem letzten Krankenlager, flüsterte Gide zu, er habe ihm noch etwas sehr Wichtiges mitzuteilen. Dann wurde seine Stimme immer leiser, schließlich tonlos. Aber unablässig bewegten sich seine Lippen. Eine halbe Stunde lang. Gide hörte zu, ohne etwas zu verstehen, aber auch ohne die Kraft, dem sterbenden Freund zu bedeuten, daß alles an ihm vorbeiging.

Abschiedsbotschaft eines großen Dichters an einen Freund, der ebenfalls ein großer Dichter ist, aber sie ist nicht zu verstehen. Tragödie des Verstehens in der Welt. Versagen der physikalischen Kommunikationsprozesse und zugleich Täuschung darüber, daß sie versagen. Botschaften, in den Wind gesprochen, der nicht hört. Am Ende sind wir umgeben von solchen Botschaften, die nie jemand gehört hat. Das uralte Epos wird immer neu erzählt.

Wer einen Beruf ausübt, gleichviel welchen, fragt sich irgendwann einmal, was er eigentlich macht. Ihm wird klar, daß er seine
Arbeit für andere verrichtet, daß er jedoch auch selbst daran
wächst. Irgend etwas fällt ihm auf, das nicht in das Regelschema
paßt, in dem sich seine Arbeit abspielt. Da ist etwa die Beobachtung, daß viele Menschen in eine Arztpraxis, d. h. zu mir, kommen und dabei Beschwerden angeben, die mich selbst niemals
dazu veranlassen würden, einen Arzt aufzusuchen. Aber natürlich
vergißt man dabei, daß man selbst ja Fachmann ist, und wenn man
sich in der Situation befände, ärztlichen Rat einholen zu müssen,
eben kein Fachmann wäre, die Dinge also wesentlich anders sehen
würde.

Jeder Arzt stellt das fest, wenn er eine Zeitlang praktisch tätig
war. Er hat es schon länger bemerkt, jedoch immer mit Begriffen
wie »undifferenzierte Gesundheitsstörungen«, womöglich »Klag-
samkeit« o. ä. abgetan. Nun wird ihm plötzlich deutlich, daß die
Patienten durchaus einen ernsten Grund haben, daß sie ihn aber
nicht vorbringen. Es genügt, wenn sie überhaupt mit jemand
sprechen, von dem sie annehmen, er verstehe von verschiedenen
Dingen mehr als sie selbst. Sie sprechen mit dem Arzt also über
etwas, das gar nicht der wahre Beratungsanlaß ist, sondern nur
vorgeschoben wird, um überhaupt mit ihm innerhalb des aufer-
legten Verhaltensmusters sprechen zu können. Da ich Arzt bin,
bringen sie etwas vor, das ihrer Meinung nach rechtfertigt, einen
Arzt zu konsultieren. Es ist dann durchaus nicht erforderlich, daß
das durchschaut und der eigentliche Grund doch noch aufgedeckt
wird. Es genügt diesen Patienten offensichtlich in vielen Fällen,
daß sie wegen ihres projizierten oder angenommenen Leidens
beraten werden.

Die Beratung selbst ist es, die wirkt – *the medium is the message.*
Ich meine, daß hier das Geheimnis der Macht der Schamanen und
Medizinmänner liegt. Diese wußten selbst so gut wie nie, was

eigentlich vorlag, und doch konnten sie helfen. Das Gesundheitssystem der Zauberer und Schamanen hat funktioniert und funktioniert noch heute, wo es existiert.

Dabei hat diese Beratung, die ganz und gar indirekten Charakter hat, nichts zu tun mit Psychotherapie im Wortsinne, nicht einmal mit allgemeiner Gesprächstherapie – sofern es möglich ist, eine emotional so besetzte Interaktion wie die zwischen Patient und Arzt völlig des Psychologischen zu entkleiden. Was wirklich geschieht, ist vielleicht als eine Art Transfundierung von Lebenserfahrung zu beschreiben.

Der Mensch beginnt da, wo von einer Rollenhaftigkeit nichts mehr zu bemerken ist. Erst wenn ich nicht mehr »der Arzt« wäre, dem ein bestimmtes Rollenverhalten unausweichlich vorgeschrieben ist, würde ich selber glauben, etwas geben zu können.

Aber täusche ich mich nicht? Vielleicht verliere ich für eine Minute in diesem Beratungsgespräch die »Charaktermaske« meiner Rolle für den Patienten, und es findet keine Konsultation, sondern eine Begegnung statt – nur weiß ich es nicht. Diese Minuten suche ich. Und die Menschen kommen, krank oder weniger krank – denn wer ist schon gesund? –, um diese Minute zu finden. Würde ich sie erkennen, wäre das Verhältnis gestört, ich wäre befangen, wüßte nicht, wie ich einer solchen Situation gerecht werden soll – es ist meine Stärke, daß ich diese suchenden Patienten nicht erkenne. Ich muß unwissend sein, sonst kann ich ihnen nichts geben. Ob sie es spüren, daß ich ihre wirklichen Gründe nicht kenne? Auch sie sind ja ihrer Rollenmerkmale ledig, orientieren sich nicht mehr an den Merkmalen des Status und der Position, und so berührt es sie nicht.

Wir sind so stolz auf unsere Wissenschaft, auf all die exakten Angaben und Messungen. Sicherlich ist das nötig, wenn vielleicht auch nicht so ausschließlich, wie wir glauben, wenn wir in der Klinik arbeiten. Von den Medizinmännern und Schamanen wurde gesprochen – hat unsere Medizin auch damit etwas zu tun? Das soll nicht behauptet werden. Der Arzt muß wissen, was wirkt, der naive Heiler weiß es nicht. Arztsein bedeutet einen Prozeß, an dessen Anfang die unreflektierte Sicherheit steht, der schöne Glaube an die Kurven und Meßwerte, ein Glaube, der in der Praxis irgendwann zerbricht. Doch die ärztliche Arbeit geht weiter, und schließlich stellt sich eine neue Sicherheit ein, die um die Relativitäten und Relationen weiß.

FÜNFTER TEIL

Gefährten

»Ist der Arzt vor die große Aufgabe gestellt,
einem psychisch kranken Menschen zu helfen,
stehen ihm zwei Wege offen: Er kann registrieren,
was krank ist . . . Er kann aber auch einen
anderen Weg einschlagen, er kann dem Kranken
zuhören wie einem vertrauten Freund . . .
Die eine (Richtung) beginnt nach dem Vorbild
der Naturwissenschaften . . . Die zweite Richtung
ergibt sich aus einem unmittelbaren Helferwillen.«

Eugen Bleuler, *Lehrbuch der Psychiatrie*, 1916

Ein Student der Volkskunde besucht mich. Er hat in der Region nach überlieferten Hausmitteln geforscht und bringt einen Stapel von Aufzeichnungen in seiner Jute-Tasche mit. Ich blicke ihn gespannt an.

»Ich weiß nicht, wie ich Ihnen nützlich sein kann«, sage ich, nachdem ich darin geblättert habe, »denn hier bei uns gibt es offenbar nicht viele Traditionen dieser Art. Jedenfalls habe ich nur ganz selten einmal davon gehört.«

»Das liegt daran, daß Sie Arzt sind«, erwidert er, »man geniert sich Ihnen gegenüber, denn natürlich hält man die Pflanzen und die Bräuche nicht mehr für zeitgemäß. Aber es hängt auch damit zusammen, daß diese Kenntnisse wirklich verloren gehen, und darüber wollte ich mit Ihnen sprechen.«

»Ich kann nur etwas zum medizinischen Aspekt sagen: Die Mittel der modernen Medizin, also der chemisch-pharmazeutischen Industrie, wirken im allgemeinen ziemlich prompt. Die Patienten sind erstaunt, wenn die Krankheit nicht schon nach einer Tablette verflogen ist. Sie mutmaßen dann, sie hätten etwas Falsches bekommen.«

»Das ist der Punkt«, sagt er nachdenklich, »und natürlich müßten Sie mehr darüber wissen. Ist es nicht eine andere Medizin, die plötzlich – zusammen mit der Industrie – entstanden ist, eine Medizin, die es vorher nicht gegeben hat? Ein Bakterium, eine Krankheit, eine Pille.«

»Sie beschwören Robert Koch, den mit ihm heraufgekommenen Ätiologismus, ja, nennen wir es einmal so: wir glauben, mit dem Erreger die Krankheit zu haben, für uns ist der Erreger die Krankheit, aber der alte Pettenkofer in München trank ein Reagenzglas mit Choleravibrionen vor den Augen der erschrockenen Studenten aus, und es passierte ihm gar nichts. Die Krankheit ist nämlich nicht der Erreger, sondern die Reaktion auf den Erreger – Pettenkofer passierte nichts, seine Magensäure zerstörte die Cholerabakterien. Einen anderen hätten sie umgebracht und eine Epidemie ausgelöst.«

»Das ist es also, wovon sich die Medizin bis heute nicht freigemacht hat – aber die alte Medizin vorher hatte es nicht mit dem Abstrakten, Gesetzmäßigen zu tun, sondern mit dem Ursprünglichen, Schwerklassifizierbaren, dem einzelnen in seiner Einzigartigkeit, mit dem wirklichen Leben.«

»Ich stimme Ihnen zu«, sage ich schließlich, »auch für mich greift die naturwissenschaftlich-klinische Medizin zu kurz. Wir behandeln die Person, aber wir sind nur fähig, entweder die Physis oder die Psyche zu behandeln, und sicherlich liegt das, was die Person aufbaut und trägt, jenseits dieses Gegensatzes von Körper und Seele. Wie aber gelangen die alten Bräuche zu diesem geheimen Zentrum?«

Der Student lächelt und wehrt ab, legt die Hand auf seine Papiere:

»So weit will ich nicht gehen. Vielmehr: mein Doktorvater hat es nicht vorgesehen, weiter zu forschen als über heute noch vorhandene und womöglich gebräuchliche alte Volksheilweisen. Mich interessiert besonders, weshalb sie so stark zurückgetreten sind.«

»Blicken Sie um sich«, sage ich, »wenn die Leute aufs Land fahren – ja, sie fahren, die Frauen sitzen mit auf dem Bulldog, sie gehen nicht mehr und greifen nicht mehr zu den Pflanzen längs des Weges. Übrigens: wenn sie es doch täten, würde es nichts bringen, denn diese Wege sind ausgebaut, rechts und links werden Gräben gestochen zur Entwässerung und ständig erneuert, die meisten Wege sind sogar asphaltiert. Und wenn das nicht wäre, so wage ich die Behauptung, daß auch dann die Frauen nicht sammeln würden, ganz einfach aus Mangel an Zeit. Die Technisierung der Landwirtschaft und der Dörfer hat nämlich manches erleichtert, nicht aber die Freizeit vergrößert, vor allem nicht die der Landfrauen.«

»Und die Wälder?« fragt er, »was ist mit den Wäldern?«

»Sie haben sich verändert, sie sind zu Holzplantagen geworden, ein nackter, gerader, riesiger Stamm neben dem anderen, oben dürres Geäst – Nadelholz, schnellwachsende Kiefern, die sich rentieren. Kein Platz mehr für Lungenkraut, Maiglöckchen, Walderdbeeren, Ehrenpreis, Wundklee – die Plätze für Waldmeister werden als Geheimtips behandelt, sogar hier bei uns, inmitten so vieler Wälder. Aber können Sie sich vorstellen, wie alles aussah, als es nur Laubwälder gab? Der Hohe Meißner besaß bis zur Mitte des 19. Jahrhunderts nur Laubwald.«

Er nickt, dann holt er noch einmal aus:

»Ich würde gern wissen, was Sie machen könnten, wenn es die Heilpflanzen noch gäbe?«

»Es gibt sie noch, aber die Fabriken stellen sie her, und ich verordne sie immer wieder. Maiglöckchen bei beginnender Herzschwäche. Früher war man so vorsichtig im Umgang mit Heilpflanzen, sie wurden weder mittags bei Hitze noch bei Regen oder nach dem Regen gesammelt, und es gab viele Bestimmungen, auf die man achtete. Die Lehrer waren verpflichtet, die Kinder darüber zu unterrichten. Die alten Lehrer waren große Botaniker. Die heutigen Lehrer sind Spezialisten, und das Fach Heilkräuter oder Wildfrüchte und Wildgemüse gibt es nicht mehr.«

»Welchen Vorteil sehen Sie in den Heilpflanzen – Vorteile, die dagegen die industriellen Fertigungen nicht haben?«

Ich muß etwas nachdenken, dann versuche ich eine Erklärung:

»Sie müßten einen Fachmann befragen, der sich ausschließlich diesem Problem zuzuwenden hat. Ich kann Ihnen nur meinen Eindruck wiedergeben. Ich glaube, daß Heilpflanzen, richtig angewandt, besser verträglich sind als die chemisch reinen Isolierungen ihrer Wirkstoffe. Und ich glaube noch eines: vielleicht hängt ihre bessere Verträglichkeit damit zusammen. Nach meiner

Erfahrung gibt es keine Krankheiten, sondern nur kranke Menschen. Wenn man das ernst nimmt, muß man jede Monotherapie als falsch ansehen. Die moderne Medizin will aber nur Monotherapie, sie lehnt schon Kombinationen mit nur einer einzigen, zweiten Substanz ab. Die Behandlung mit Pflanzen geht immer von der ganzen Pflanze aus, deshalb hat sie eine größere Chance, nicht ein einziges Merkmal, eine Krankheit, sondern den ganzen Menschen zu treffen.«

6. Januar 1980

So viele Jahre bin ich jetzt hier. Wie viele sind es? Ich muß nicht rechnen. Ich kann es sehen, jeden Tag auf der Straße sehen, in der Sprechstunde sehen. Die Vergangenheit ist wie ein Tag, als wäre alles erst gestern gewesen. Gestern gerade habe ich diese Windeldermatitis behandelt. Heute steht dasselbe Kind da und möchte die »Pille«. Übrigens gar nicht schüchtern, sondern selbstbewußt, als handele es sich um ein Hustenmittel. Oder es steht da schon mit dem eigenen kleinen Kind im Arm, legt es auf die gleiche grüne Liege, auf die es von seiner Mutter selbst einmal gelegt wurde, und wieder muß eine Windeldermatitis behandelt werden.

Was habe ich eigentlich damals gemacht? Das Leiden war damals so hartnäckig wie heute. Ich glaube, ich habe den Müttern zugeredet, die Gummihöschen zu lassen und die Windeln allstündlich zu wechseln. Heute sind Gummihöschen nicht mehr üblich, und wenn ich manchmal aus erstarrter Routine heraus noch danach frage, blickt mich die junge Mutter erstaunt an. Sie selbst bekam sie noch angezogen.

Lebendige Erinnerung: bei einem Krankenbesuch hing über dem Herd eine frisch gewaschene tropfnasse Windelserie, darunter brodelte die Suppe, der Topf war ohne Deckel. Nicht kleinlich sein in großer Zeit – und geschadet hat es niemand.

Während ich damals gedacht habe: wenn es nur gelänge, die

Mütter aufzuklären, würde alles besser, so muß ich heute zugeben: die Windeldermatitis ist unsterblich.

Dann die wilden Knaben von einst, deren Köpfe ich verbunden habe, weil sie mit Steinen oder den Fäusten ihrer Freunde kollidierten ... Heute sind sie etabliert, haben ein Haus gebaut, beobachten mißtrauisch die abendlichen Touren ihrer Söhne, noch mehr die der Töchter, und bauen für diese ein weiteres Haus, das diese aber nicht haben wollen. Sie, die sich früher über die Hämorrhoiden der Väter lustig gemacht haben, klagen heute selbst über Schwierigkeiten beim Sitzen. Ja, und ihre Väter sind inzwischen alt geworden, begreifen nicht, daß sie nicht mehr jung sind, möchten die Garben auf die Wagen stemmen, aber die Arme schmerzen, die Luft geht ihnen aus. Das kann nichts anderes als eine Krankheit sein.

»Wie alt sind Sie eigentlich?« frage ich dann, und ich muß zugeben, daß die Antwort mich jedesmal überrascht. Für mich sind sie nämlich so jung geblieben, wie sie damals waren, als ich hierher kam.

13. Januar 1980

Nach dreißig Jahren ärztlicher Tätigkeit frage ich mich, wer mich am stärksten beeinflußt hat.

Wie die meisten, die später Arzt geworden sind und nicht gerade aus einer ärztlichen Familie stammen, muß ich sagen: der Hausarzt. Er war lange zur See gefahren, bewohnte ein altehrwürdiges Patrizierhaus in unserer kleinen Stadt direkt an der Kirche. Er galt als barsch, aber tüchtig. Ich fürchte, er hielt nicht allzuviel von mir. Als ich ihm später einmal stolz sagte, ich studiere nun auch Medizin (er kam zu uns ins Haus, weil mein Vater sich das Bein gebrochen hatte), fragte er beiläufig nach dem Studienort. Als ich antwortete: in Rostock, murmelte er nur: in der Provinz also, ich hab's auch nicht anders erwartet.

Der zweite – das ist schon viel schwerer zu sagen. Ich denke, daß es Hans Curschmann war, den wir in Rostock den »klugen Hans« nannten. Nach besonders eindringlichen Vorstellungen von imponierenden Krankheiten kamen wohl Studenten zu ihm und sagten:

»Herr Professor, ich habe dieselben typischen Symptome, die Sie eben geschildert haben.«

Ich befand mich selbst einmal mit in dem Gedränge und hörte, wie er ungnädig antwortete:

»Sie haben nicht aufgepaßt, sonst müßten Sie wissen, daß es keine typischen Symptome gibt.«

Mehr als er selbst hat aber wohl die Lektüre seiner Bücher, vor allem seiner großen »Differentialdiagnose«, auf mich gewirkt. Dann nahm mich für ihn sehr der Umstand ein, daß er ein »Lehrbuch der speziellen Prognostik innerer Krankheiten« geschrieben hat, das einzige nach Th. Brugsch, das übrigens bis heute das einzige geblieben ist. Damals genügte es noch, Literatur anzuführen und auszuwerten, im übrigen sich auf die eigene klinische Erfahrung zu stützen. Heute müßte man wohl Serien von Langzeituntersuchungen und -beobachtungen zu jeder einzelnen Krankheit durchführen, um etwas Prognostisches über die inneren Krankheiten aussagen zu können. Deshalb wird eine neue Prognostik nicht mehr geschrieben werden.

Ich neige dazu, den Dritten in der Vergangenheit zu suchen, und dann schwanke ich zwischen verschiedenen ärztlichen Autoren, die alle auf mich nicht ohne Einfluß waren. Vielleicht sollte ich den alten Rademacher nennen, dessen gewaltige »Erfahrungsheillehre der alten scheidekünstigen Geheimärzte und treue Mitteilung der Ergebnisse einer 25jährigen Erprobung dieser Lehre am Krankenbett« (ich konnte die 4. Auflage von 1851 antiquarisch erstehen) mich immer wieder in ihren Bann zieht. Vieles von dem, was darin aufgeführt wird, halte ich prinzipiell für falsch, ja indiskutabel. Aber zu meiner Überraschung stelle ich dabei stets fest, daß es darauf gar nicht ankommt. Es ist vielmehr der Umstand, daß hier die Welt eines wirklichen Arztes, eines wirklichen Praktikers beschworen wird – ganz einfach, ohne Pathos, ohne Hintersinn, wie man ein Haushaltsbuch führt –, der dieses Werk so einmalig erscheinen läßt. »Ich kann nicht mehr geben, als ich habe«, sagt er zum Schluß, »wollte ich mehr geben, so müßten es Lügen sein.«

Die Heilpraktiker und Alternativen, die heute ohne echte Grundlage arbeiten, hin- und hergetrieben vom Wind wechselnder Moderichtungen und Aktualitäten, sollten sich einmal den alten Rademacher vornehmen oder Hufelands »Enchiridion oder Anleitung zur medizinischen Praxis« – ich besitze die 10. Auflage von 1857 –, beides hervorragende Kompendien dessen, was man heute mit einiger Berechtigung *alternative Medizin* nennen dürfte. Damals war es – Hochschulmedizin.

6. Februar 1980

Haikus – drei Zeilen genügen, die Welt zu verzaubern. H. Sakanishi hat bei Ärzten in Sapporo Gedichte dieser Art gesammelt und mir geschickt. Masatoshi Okamoto hat ihm diesen Dreizeiler aufgeschrieben:

Das Blut in der Plastikflasche
tropft langsam wie Blätter
vom herbstlichen Baum.

Auch bei uns sehen die Ärzte oft sinnend auf die Infusion, und vielleicht gehen ähnliche Bilder und Gedanken nicht sehr fern an ihnen vorbei. Aber niemand hat sie bisher aufgeschrieben. In manche dieser kurzen Gedichte kann ich keinen Sinn bringen, sie sind zu kurz. Aber dann dieses von Shimei:

Ein Schwerkranker
hat mich gefangen,
ein langer Sommer.

Viel ist von Krankenbesuchen die Rede, die Straße am Meer entlang, die Nebel, die vom Wasser herüberlangen, und manchmal denkt der Doktor auch an die ausgestorbene Ainu-Rasse, die einst dort lebte.

Georg S. ist auf der Durchreise hier. Er kommt vom Wiesbadener Internistenkongreß.

»Wissen Sie«, sagt er, »daß das bisherige Modell falsch ist? Drinnen im Dunkel die Vorträge, draußen die Heilmittelindustrie mit ihren Angeboten. Drinnen im Dunkel also die Experten mit Kurzvorträgen, von denen man nichts mitbekommt. Draußen die Laien, die ihre Waren anbieten. Aber wir brauchen die Ware, und wir brauchen die Wissenschaft.«

»Was würden Sie anders machen?« frage ich ihn.

»Ich würde es umgekehrt handhaben«, sagt Georg, »drinnen im Dunkel die Pharmavertreter mit ihren Sprüchen und Berechnungen, draußen in den Buden und Pavillons die Gelehrten. Ich sehe es geradezu vor mir, wie die Kolleginnen und Kollegen durch die Gänge lustwandeln, a ja, da ist ja der Schettler, fragen wir ihn mal schnell, wie man's denn nun wirklich mit dem Fettstoffwechsel halten soll, und da ist der Groß, mal hören, ob es Neues aus der Onkologie gibt – und den Martini da hinten können wir auch noch fragen . . .«

»Ich sehe es auch vor mir«, sage ich, »es wäre wunderbar. Denken Sie nur mal daran, wie es auf die Großen dieses Fachs wirken muß, wenn sie sehen, daß der Kollege, den sie eben gründlich über ihre Version aufgeklärt haben, zur Box gegenüber geht und dort die Konkurrenz befragt . . . wunderbar!«

Georg hat etwas Wunderbares vor. Er wird in einem Sanatorium für Krebsnachbehandlung eine regelmäßige Talkshow durchführen.

Je länger ich als Arzt arbeite, desto mehr schlägt mich das Unheilbare in seinen Bann.

Es ist ja nicht so, daß wir machtlos wären, wenn wir mit ihm umgehen. Schon können wir dem Unheilbaren auf vielen Wegen nahekommen, es auf seiner Bahn aufhalten, abdrängen, wenn auch nicht besiegen. Was uns fehlt, ist das Wissen – nicht das um das Wesen des Unheilbaren, sondern das um die Maßstäbe unseres Handelns. Ein junger Kinderarzt, der bei mir als Assistent arbeiten möchte, erzählt, daß seine Klinik eine Ausnahme darstelle. Dort würde man grundsätzlich jede Frühgeburt künstlich beatmen, wenn dies notwendig ist, und versuchen, das Kind zu retten.

»Ist das denn etwas Besonderes«, frage ich irritiert.

»Ja«, sagt er, »wissen Sie das nicht? Viele Kinderkliniken lehnen entsprechende Maßnahmen bei Frühgeburten unter 800 Gramm ab.«

Mir fällt ein solches Kind ein.

»Der kleine Thomas wurde mit einem Gewicht von 600 Gramm geboren, atmete nur unregelmäßig, hatte keine Spontanbewegungen – heute ist er ein gesundes, frisches Kerlchen.«

»Ich erinnere mich«, sagt der junge Kollege, »wir haben ihn aufgenommen, aber, wie gesagt, nicht jede Klinik würde das tun. 600 Gramm, unregelmäßige Atmung, keine Spontanbewegungen – das alles klingt nicht ermutigend.«

»Und wer entscheidet über Tod oder Leben?«

»Wie immer in Kliniken, der Chef entscheidet. Bei uns besteht die Anweisung, in jedem Fall den Versuch zu wagen. Bei anderen mag es anders sein, beispielsweise keine Behandlung unter 800 Gramm. Übrigens geht es nicht immer so gut wie bei Thomas. Wir haben gerade ein Kind, bei dem die Atmung nicht zu kommen scheint, bei dem sich inzwischen ein Wasserkopf gebildet hat, so daß wir jetzt eine Ventiloperation vornehmen lassen. Es ist also nicht so, daß diejenigen, die keine besonderen Mühen bei Geburtsgewichten unter 800 Gramm empfehlen, ohne Argumente wären. «

Häufig lesen wir von einem Menschen, der sein Bewußtsein verlor. Niemals lesen wir, daß jemand sein Unterbewußtsein verlor.

Das Unterbewußtsein ist auch in denen lebendig, die das Bewußtsein eingebüßt haben. Es ist sogar in jenen, die niemals ein Bewußtsein entwickeln konnten, in den kleinen Wesen, die man Mikrocephalen oder Anencephalen nennt, die durch eine Laune der Natur kein Gehirn mitbekommen haben. Immer wieder kommt diese Mißbildung vor. Ich kannte ein solches Mädchen, es konnte nicht stehen, nicht sitzen, natürlich nicht gehen, war taub und stumm und blind, wurde übrigens neun Jahre alt. Aber merkwürdig, wenn der Vater nach Hause kam und mit den Schlüsseln klapperte, zog ein Lächeln über sein Gesichtchen. Er bemerkte es wohl und klapperte öfter mit den Schlüsseln, wenn er sich zu dem Kind setzte. Dann lächelte es und war doch taub, stumm und blind.

Wenn der Mensch sein Unterbewußtsein verliert, ist er tot. Dann ist das dunkle, vollkommen geräuschlose, unsichtbare Leben erloschen, das die Organe und Gewebe durchzieht.

Ich meine, man muß hier präzisieren: Es ist nicht jenes Leben, das sich durch analytische Tricks heraufholen, beleuchten läßt. Ich meine vielmehr jenes Unbewußte, das immer unbewußt bleibt, aber aus dem wir leben: das Nichtbewußte.

Und noch eines: das Leben ist nicht mit dem Nervensystem identisch. In jedem Bereich der lebendigen Substanz, in jedem Teil läuft der vitale Prozeß ab – ein doppelsinniger Vorgang, der des Lebens, von dem wir nichts wissen, und der der zuständigen

Leistung des betreffenden Teils, den wir messen und beobachten. Es gibt also keinen isolierbaren Ort im Körper, den man als Sitz des Lebens bezeichnen könnte. Es gibt überhaupt keine Zentralen im lebendigen Organismus: weder für die Ernährung noch für die Formgestaltung, geschweige denn für das Bewußtsein, für die Seele.

Die Naturwissenschaften und die Medizin behelfen sich, indem sie unterstellen, das Zentrale könne irgendwie aus dem Dezentralen entspringen, gewissermaßen zusammenfließen. Sie leugnen die Idee, die allem zugrundeliegt und ohne die alles zerfließen und versinken müßte.

21. Juni 1980

Herzinfarkt, die Seuche unseres Jahrhundertendes – ich bin sicher, daß er früher nicht diese Häufigkeit gehabt hat. 1910 wurde er zum ersten Mal bei einem Lebenden diagnostiziert! Erst nach dem Ersten Weltkrieg fand er langsam Interesse, zunächst nur das der Ärzte. Gerhart Hauptmann brachte ihn zum ersten Mal auf die Bühne. Nach dem Zweiten Weltkrieg wurde er zu einer Epidemie.

Das Geheimnis dieser Erkrankung ist noch nicht gelöst. Schlimmer ist, daß wir auch bei der Behandlung nicht ganz sicher sind. Das optimale Verfahren, das ideale Vorgehen ist nach wie vor strittig. Die Mehrheit der Ärzte steht heute auf dem Standpunkt, daß die Diagnose – oder schon der Verdacht – zugleich die Indikation zur sofortigen Krankenhauseinweisung und Verbringung auf die Intensivstation ist. Einige meinen sogar, daß jedes andere Handeln als »Kunstfehler« gewertet werden könnte.

Ich werde gegen 23 Uhr zu einem Patienten gerufen. Er liegt in seinem Bett, die Familie steht besorgt herum, im schwachen Licht – die Watt-Zahl auf dem Lande ist niedrig – sehe ich ein verzagtes, auch wohl schmerzverzogenes Gesicht. Ich lege die Hand auf die

247

Stirn: kein Schweiß, kein Fieber; ich greife nach dem Puls, er geht ruhig, nicht allzu kräftig, auch leicht unterdrückbar, aber doch regelmäßig. Der Patient erzählt, daß ihm am Nachmittag beim Einkauf in einem Supermarkt schlecht geworden sei. Unter dem Kinn, zur Speiseröhre hin, habe er heftige Schmerzen gehabt. Er sei dann die fünfzig Kilometer bis nach Hause gefahren, habe sich hingelegt und natürlich darauf gewartet, daß ihm wohler werden würde. Da dies aber nicht geschah, habe man sich entschlossen, mich trotz der späten Stunde noch zu rufen.

Dann setze ich meinen Handoszillographen auf die Brust, eigentlich nur sicherheitshalber, um nichts zu versäumen. Die grüne, schnell verlöschende Linie zeigt zu meiner Überraschung die typische Kurve eines Vorderwandinfarktes. Aus dieser einen Ableitung, die das Gerät bringt, kann man nicht allzuviel ablesen, aber an dem Infarkt ist kein Zweifel; im übrigen weist es einen ruhigen Sinusrhythmus des Herzens aus.

Ich mache meine Injektionen und überlege. Nach meiner Auffassung könnte man den Patienten zu Hause lassen, er müßte im Bett bleiben, acht bis vierzehn Tage. Andererseits ist ein Infarkt immer mit einem Gefahrenmoment verbunden: dem elektrischen Selbstmord des Herzens. Plötzlich reißt der Rhythmus ab, der Herzschlag wandelt sich in Rasen um – so daß er kein Blut mehr fördert, Lebensgefahr tritt ein, Tod bei Kammerflimmern – all dies ist zu bedenken.

Der Familie sage ich etwa folgendes:

»Es handelt sich um einen Infarkt. Aber Sie sehen selbst, daß es dem Vater verhältnismäßig gut geht, die Schmerzen sind fort, der Puls ist ruhig, kein kalter Schweiß, kein Schock – er könnte also hier bei Ihnen zu Hause bleiben. Natürlich – niemand steckt dadrin! Auch der sich gutartig anlassende Infarkt kann entgleisen. Es kann schiefgehen. Was werden Sie dann sagen? Ich will es Ihnen abnehmen, Sie werden sagen: *Er hat ihn nicht einmal ins Krankenhaus eingewiesen!* Jetzt schicken wir ihn, das wäre die andere Möglichkeit, trotz der relativ günstigen Aussichten ins Krankenhaus. Dort macht der jüngste Assistenzarzt irgend etwas

Falsches, wie es ja vorkommt, und der Vater stirbt. Was werden Sie sagen? Ich will es Ihnen abnehmen, Sie werden sagen: *Alles, was irgend getan werden konnte, ist geschehen.*«

Nach einer Pause, ihren irritierten Blicken standhaltend, fahre ich fort:

»Damit habe ich Ihnen gesagt, wie es läuft. Nun müssen Sie selbst entscheiden. Bleibt er hier, komme ich in den ersten Tagen zweimal täglich. Wir werden regelmäßig alles kontrollieren. Anderenfalls, wenn Sie ihn lieber ins Krankenhaus bringen wollen, sollten wir es gleich in die Wege leiten. Ich rufe von hier aus sofort an.«

»Ich weiß nicht, wie ihr euch entscheiden wollt«, sagt der Sohn, »aber ich meine, er sollte hier bleiben. Es ist ja wahr, im Krankenhaus wird die Arbeit von Anfängern gemacht.«

»Es sind aber auch Chefärzte und Oberärzte da«, beruhige ich sie, »doch an der Front stehen tatsächlich die Anfänger. Übrigens muß jeder erst einmal lernen.«

»Aber nicht gerade an unserem Vater«, sagt die Mutter, »er bleibt hier. Seid ihr einverstanden?«

Sie sind es. Und es geht gut, wie ich es vorausgesagt habe.

Ich denke an die vielen Herzinfarkte, die ich hier schon behandelt habe – noch nie habe ich mir so viele Gedanken gemacht, wenn ich einen Patienten zu Hause ließ. Es ist kein Zweifel, die Einstellung der Öffentlichkeit zu den Ärzten und zur Medizin hat sich geändert, die Patienten sind andere geworden. Das hat seine unübersehbaren Vorteile, wenn man sich darauf einstellt. Die Patienten wissen, um was es geht, während sie früher nur geahnt, gebangt und gehofft haben.

Die Bemerkung, die Arbeit in den Krankenhäusern werde von Anfängern verrichtet, beschäftigt mich noch lange. Tatsächlich kommen die schwerer Kranken in die Krankenhäuser und damit zu Ärzten, die ihre berufliche Laufbahn erst beginnen. Hingegen werden die Kranken draußen, im sogenannten außerklinischen Raum, überwiegend leichter Kranke, von erfahrenen Ärzten behandelt.

Wäre es nicht sinnvoll, das Verhältnis umzudrehen: die Anfänger nach draußen, in die Praxen, die älteren, erfahrenen Ärzte aber in die Kliniken, zu den Schwerkranken? Es wäre immerhin denkbar, vielleicht sogar notwendig, nur – wer wollte derart die Gesundheitssysteme der Welt umkrempeln? Die sozialistischen Staaten mit ihrer voll sozialisierten Medizin haben das Problem auf eine einfache Weise gelöst: Sie haben die freie Praxis abgeschafft und auf diese Weise alle Ärzte in die Klinik geholt. Wo patientennähere Einrichtungen angeboten werden, etwa Ambulatorien, sind sie klinikähnlich, Fortsetzungen der Klinik »mit anderen Mitteln.«

29. Juni 1980

Sonntag nachmittag. Es klingelt. Der Patient vor der Tür ist blaß, verzerrt, mit einer Hand hält er sich den Bauch. Ich lasse ihn herein, frage, was los ist. Hastig erzählt er, er hat Magenschmerzen, sich steigernd bis zu Koliken, stechend, seit etwa einer Stunde, zu dem Zeitpunkt, da . . .

Ich fasse auf seinen Bauch, der Bauch ist weich, Operatives steht zunächst nicht zu befürchten. Ich drücke in den Rippenwinkel, der Patient krümmt sich, das schmerzt ihn. Hier ist auch eine deutliche Abwehrspannung. Erbrochen hat er nicht, kollapsig ist er ebenfalls nicht. Der Puls ist normal, auch der Blutdruck weicht nicht vom Gewohnten ab.

»Was ist geschehen?« frage ich.

Er ist von Beruf Sekretär einer Partei, und nun berichtet er:

»Unsere Frauenorganisation hat gewählt, einen neuen Vorstand, war turnusmäßig notwendig. Ich hatte die Einladungen hinausgeschickt, war nun hingefahren, um zu beobachten. Da wurde das Ergebnis der Wahl der ersten Vorsitzenden bekanntgegeben: 156 Stimmen dafür, eine Enthaltung. Fabelhaft, wie? So soll es sein! Aber leider war da ein Schönheitsfehler, und ich konnte mich nicht halten, stürmte auf das Podium, rief ins Mikrofon: ›So geht es nicht! Hier können nicht 156 Stimmen für die neue Vorsitzende abgegeben worden sein, denn es sind nur 126 Wahlberechtigte anwesend . . .‹ Verstehen Sie mich?«

»Ich verstehe«, sagte ich, »*corriger la fortune*, gehört das nicht zum Handwerk?«

»Ich hätte besser geschwiegen«, ächzt er, »denn was nun geschah, war fürchterlich – fürchterlich! 126 wahlberechtigte Frauen erhoben sich, stürmten nach vorn, auf die Bühne, auf das Podium zu – lächerlich zu sagen: handtaschenschwingend. Hier: mein Schlips – abgerissen, mein Hemd – zerfetzt, hier die Stirn – ich blute, und dann plötzlich dieser Schmerz. Ich werde ihn seither nicht mehr los.«

Was soll ich diagnostizieren? Es ist Sonntag, schon ziemlich spät, die Kliniken haben die Nachmittagsunfälle hinter sich und müssen nun etwas pausieren, denn bald kommen die Unfälle, die auf der Heimfahrt entstehen – von den Verwandten oder vom Wirtshaus. Sicherlich kann man hier abwarten, Operatives steht nicht an, wie es scheint. Japanische Untersuchungen haben aufgedeckt, daß ein Magengeschwür in Sekunden entstehen kann! Japan, das klassische Land der Päonien, des Tees und des Magenkrebses. Hier deutet alles darauf hin, daß es auch bei uns möglich ist. Der Stress – Parteisekretäre leben in Unruhe und Überforderung –, und dann dieses besondere Ereignis. Ich injiziere ihm ein Spasmolyticum, ein Mittel, das die Verkrampfung der glatten Muskulatur, wie sie die Wände der Hohlorgane durchzieht, löst. Es hilft sofort, der Patient richtet sich wieder auf, ist überglücklich, daß es so schnell ging. Ich verordne ihm ein Medikament, das die Magensäure bindet, und erzähle ihm kurz etwas über die unerläßliche Diät: keine Schnäpse, nichts Gebratenes, also weder Pommes frites noch Bratwurst.

Dann springt er schon wieder auf, entschuldigt sich, hastet zum Auto zurück, fährt weiter.

Daß eine gesundheitliche Behandlung mehr greifen muß als den körperlich sichtbaren oder indirekt feststellbaren Schaden, ist urälteste Überzeugung der Ärzte. Galen, Leibarzt Marc Aurels und sechs weiterer unglücklicher römischer Kaiser, hat ein kleines Buch über das Thema geschrieben, wie der Arzt den menschlichen Charakter behandeln soll.

Charakter ist einer der Begriffe, die aus der Mode gekommen sind. Allerdings ist der »Sachverhalt« geblieben: Wenn der Überfluß nachläßt, fängt man an, sich wieder am Charakter zu orientieren. Moderne Ärzte sprechen vom Verhalten wie die Soziologen und denken daran, es zu beeinflussen. Aber auch das ist recht alt, gar nicht modern. Dostojewskij läßt im »Doppelgänger« den Doktor Rutenspitz (von dem er anmerkt, er trüge auch vormittags bereits seine Orden) seinem Patienten Goljädkin erklären, es sei unerläßlich, »daß Ihre Behandlung in einer Veränderung der Lebensweise bestehen muß«. Sein Rezept ist durchaus soziologischer Art, er empfiehlt, sich mehr in das gesellschaftliche Leben zu integrieren, die Zurückgezogenheit und Stille daheim aufzugeben.

Ich sehe schon Schilder dieser Art an den Türen: »Dr. N. N., Medizin-Soziologe, Sprechstunden 8–10.«

19. Juli 1980

Die Frage nach dem Herzinfarkt drängt mich zu der Antwort, es gibt nur eine Krankheit, so wie es nur eine Gesundheit gibt, und diese eine Krankheit kommt von außen. Was immer die Coronararterien dazu bringt, sich zu verkrampfen, zu verquellen, zu verkleben, hat seinen Grund außen: im gesellschaftlichen Leben in seiner Gesamtheit, in einem sehr weiten Sinne, denn selbst wenn wir auf die Konstitution abstellen, müssen wir doch zugeben, daß Genetik immer exogen ist und sozial; ohne Begegnung zweier Menschen kein menschlicher Erbgang.

Ist es mit dem Krebs anders?

Nach dem Scheitern der Millionen-Dollar-Projekte, mit denen man in Amerika den Krebs somatisch erklären wollte, ist man neuerdings bemüht, seine Psychogenese aufzudecken. Was übrigens wesentlich billiger ist. Aber die Resultate, die bisher vorliegen, sind für mich ebenso entmutigend wie die vergleichbaren beim Krebs.

Das ist der derzeitige Status. So weit sind wir gerade gekommen, mehr wissen wir noch nicht. Wenn man doch dies immer bedenken wollte, daß wir erst anfangen! Eines Tages wird man sicherlich sehen, *daß es nur eine Krankheit gibt, so wie es nur eine Gesundheit gibt.*

Kommt dann auch die »eine« Tablette der Universalmedizin, der *one-world*-Theriak? Kein Zweifel, daß die Industrie damit aufwarten wird. Aber diese eine Krankheit wird so viele Facetten haben wie das Auge eines Insekts. Mit der »einen« Tablette würden wir alles zerstören, was wir bis dahin erreicht haben. Meine Söhne, wenn ihr hört, daß eine einzige Tablette ausreicht, gründet eine Bürgerinitiative gegen diese Tablette!

3. August 1980

»Um Gottes willen, komm schnell, Hans dreht durch!«

Die Frau eines Kollegen der Nachbarschaft. Ich fahre sofort zu ihm. Das schöne Landhaus lädt zum Besuch ein, im wahrsten Wortsinne, die Tür steht nämlich auf. Die Glasscheiben der Tür sind teilweise zersprungen, die Scherben liegen herum. Auch in der großen Diele sieht es nicht eben ordentlich aus. Allerlei liegt auf dem blanken Marmorfußboden, was dort nicht hingehört. Die Spur führt weiter durch das Eßzimmer, Stühle sind umgeworfen, der Tisch steht schräg (mag einige Kraft gekostet haben, denn es handelt sich um ein altes, schweres Stück). Dann betrete ich den Freisitz. Dort sitzt der Doktor, den Kopf auf dem Tisch, bewegungslos, rührt sich nicht. Schnarcht oder seufzt nur ab und zu, lebt also noch. Die Frau steht verstört daneben.

»Was ist los?« frage ich unsicher.

»Dreh dich um«, sagt sie.

Ich drehe mich um und erstarre, denn ich blicke etwa dreißig Gartenzwergen von der Größe zwischen einem und zwei Metern in die ernsten Augen.

»Es ist eine Sache des Geschmacks«, stammle ich.

Gartenzwerge, so groß und so massiv beisammen, wirken wahrlich anders als zwei, drei putzige Kerlchen zwischen den Rabatten. Sie berichtet mir – der Doktor scheint übrigens in tiefer Narkose zu sein –:

»Vor ein paar Jahren zog eine ältere, schwerreiche Dame in unseren Ort. Hans übernahm ihre Betreuung. Sie war Privatpatientin, zahlte stets unverzüglich und ohne Abzug. Hans spielte gelegentlich mit ihr Schach, und wie es so ist, sagte er dieses oder jenes Schmeichelhafte – zur Wohnung, zum Park, auch zu den Gartenzwergen.«

Sie begann zu schluchzen, aber ich konnte mir aus den Fragmenten doch ein ungefähres Bild machen. Der Doktor hatte sich in gegenseitigem Einvernehmen vor einiger Zeit von seiner ersten Frau getrennt und dieser einiges mehr mitgegeben, als vielleicht ratsam war. Unter anderem auch den großen neuen BMW. Er behielt dafür den kleinen, ramponierten Zweitwagen, der plötzlich sehr reparaturanfällig wurde. In dieser etwas gedrängten Situation starb die alte Dame. Ein paar Tage später ging ein Brief vom Amtsgericht ein, das den Doktor zur Testamentseröffnung einlud. Es waren noch gute sechs Wochen bis dahin.

Nun begann das Ratespiel, der Handel mit dem Unbekannten. Ob er sich wohl einen neuen BMW bestellen könne, denn die Einladung zur Testamentseröffnung bedeute ja, daß er bedacht worden war? Wie groß die Summe sein mochte, war ein ständiges

Thema von nun an. Ging man zunächst von zehntausend Mark aus (sie wird sich ja nicht lumpen lassen!), war man schnell bei zwanzigtausend, also einem schon entscheidenden Beitrag zum neuen BMW. Bei vierzigtausend wurde der Wagen geordert. Und heute war der Tag der Testamentseröffnung!

Alle im Testament Bedachten waren erschienen, soigniert gekleidet, in abgestufter Trauer, der Doktor am eindrucksvollsten: neuer dunkler Anzug, Hut, Handschuhe. Er hatte auch schon eine Kiste Champagner bestellt, der Tag sollte würdig begangen werden, er war es der alten Dame schuldig. Diese hatte übrigens großzügig alle bedacht, mit denen sie je zu tun gehabt hatte. Größere Summen gingen an Kirche und Verwandtschaft, auch an den Gärtner und die Haushilfe. Zum Schluß fiel der Name des Doktors, der mit Verwirrung folgendes hörte – aber nicht glauben konnte, daß er es wirklich hörte:

»Meinem langjährigen Hausarzt, dem stets hilfsbereiten Dr. N., vermache ich hiermit meine sämtlichen Gartenzwerge der Sonderanfertigung ›Artemis Super‹, da er diese so besonders geschätzt hat.«

Der Doktor stand auf, taumelte aus dem Saal, selbst fahren konnte er nicht, er bestieg ein Taxi, ließ sich nach Hause bringen. Er hatte nur ein Bedürfnis, sein Entsetzen über diese ungeheuerliche Ungerechtigkeit herauszuschreien, seiner Frau in die Arme zu sinken! Er taumelte auf die Veranda – und da stand er direkt und ungeschützt unmittelbar *vis à vis* den aufgefahrenen dreißig Riesen-Gartenzwergen. Er hatte natürlich gehofft, von daheim durch Telefonanruf die Skulpturen der Sonderanfertigung noch umleiten zu können, damit er sie gar nicht erst zu Gesicht bekäme – aber das Gericht hatte bereits alles geordnet. Noch während der Testamentseröffnung waren die Monster angefahren und auf der Veranda aufgebaut worden.

Der Doktor hatte einen Nervenzusammenbruch, gelehrter ausgedrückt, wenngleich nicht deutlicher: ein psychoreaktives Syndrom, auf das er bereits viele Gläser Cognacs gegossen hatte, der eigentlich zum Verschenken bestimmt und für den privaten Verzehr im eigenen Hause nicht ganz angemessen war. Irgendeine medikamentöse Hilfe war also nicht angezeigt. Ich gab aber den dringenden Rat, die Zwerge so schnell wie möglich wegschaffen zu lassen – gleichgültig wohin, damit er sie beim Wiedererwachen nicht noch einmal zu Gesicht bekäme.

Da zeigt sich übrigens, wie souverän Frauen sind – ich weiß nicht recht, wen ich außer der Müllabfuhr damit beauftragt hätte. Sie aber rief eine Baufirma an, verhandelte mit ihr, und innerhalb einer halben Stunde waren die sonderangefertigten Kunstwerke verschwunden, und es gab sogar noch etwas Geld dafür.

30. August 1980

Der stellvertretende Bürgermeister bringt mir eine Akte, auf die er zufällig im Staatsarchiv gestoßen ist: eine Untersuchung über den Krebs im Raume unserer Dörfer. Jahreszahl 1878! Damals schon hat das Krebsvorkommen beunruhigt.

Solange ich hier als Arzt arbeite, hat der Krebs nicht aufgehört, die Menschen zu verfolgen. Blicke ich die zwanzig Jahre zurück, sehe ich eine Prozession immer neuer Hoffnungen, gefolgt von einer gleich starken Prozession von Enttäuschungen. Man darf vielleicht nicht ohne weiteres sagen, daß wir nichts erreicht hätten, aber auch eine noch so wohlmeinende Bilanz bringt die schreckliche Wahrheit zutage, daß der Krebs heute so viele Rätsel aufwirft wie zuvor.

Der Mathematiker Peller entwarf 1936 ein »Gesetz von der inversen Assoziation«. Es besagt, auf den Krebs bezogen, daß die Summe der Krebse in der Welt gleich bleibt. Werden in irgendeinem Organ die spezifischen Krebse zurückgedrängt, nehmen sie in einem anderen Organ zu. Frauenärzte haben konstatiert, daß dem Rückgang des Gebärmutterkrebses eine Zunahme des Brustkrebses gefolgt ist.

Das Gesetz hat sicherlich weithin Gültigkeit. Die Infektions-krankheiten sind beherrscht, die großen Seuchen scheinen elimi-niert zu sein. Statt ihrer entwickelt sich ein fürchterliches Spek-trum chronischer Krankheiten, die wir als »degenerativ« einstu-fen, um anzudeuten, daß sie etwas mit Verschleiß, Alterung, Aufbrauch zu tun haben könnten. Der Arzt heute ist froh, wenn er eine akute Infektion diagnostiziert; jedenfalls ist sein Gemütszu-stand ein anderer als in jenen vielen Fällen, wo wieder eine neue Koronarsklerose, Nephrosklerose, Zerebralsklerose von ihm er-kannt wird.

1. September 1980

Karl W. ist mein Patient seit Beginn meiner hiesigen Tätigkeit. Seit 1958 ist er Landzusteller, Landbriefträger. Dieser Beruf wurde sein Lebensinhalt. Als die Post ihn bedrängte, er müsse entweder aufhören oder aus eigenen Mitteln ein eigenes kleines Postgebäude erstellen, zögerte er nicht. 1972 kaufte er eine bau-fällige Scheune an der Hauptstraße und baute sie um. Seither hat der Ort eine Post, die auch städtischen Ansprüchen genügen würde.

Zur Landpost gehört das gelbe Postfahrrad. Karl W. ist es durch alle Jahreszeiten gefahren. Manchmal, wenn ich mit dem Wagen nur langsam vorankam, sah ich ihn, wie er energisch sein gelbes Rad durch den Schnee schob. Oder bei strömendem Herbstregen, in der Dunkelheit, tauchte plötzlich im Scheinwerferlicht der Landbriefträger auf seinem gelben Rad auf.

Wer so die Post bringt, gewinnt Freunde. Viele Freunde.

»Was bringst du heute, Karl?« sagen die Leute.

»Ich bringe immer nur Gutes«, antwortet er.

Eines Tages erhält er selbst Post, und er hätte beim besten Willen nicht sagen können, daß sie gut war. Die Post hatte seine Pensionierung beschlossen. Der Hinweis auf das selbstgebaute kleine Postgebäude verfängt nicht, er hätte das ja nicht tun müssen. Er will sich in das Unausweichliche fügen, so beschließt er und ruft mich an.

»Sie müssen etwas für mich tun«, sagt er, »ich werde pensioniert, der Amtsvorsteher kommt, und er hat extra gesagt, ich brauchte niemand von der Presse zu bestellen, er würde alles regeln. Das hat mich stutzig gemacht! Können Sie nicht etwas über meine Arbeit hier schreiben? Verstehen Sie, meine Arbeit ist nicht so interessant für die Leute, aber vielleicht merken sie, wenn sie hören, daß es jetzt keinen Landzusteller mehr gibt, wie radikal das Land isoliert wird: Erst wird die Selbständigkeit genommen, die Dörfer gehen in einer Großgemeinde auf, die niemand will, dann verschwinden die Bürgermeister, der Pfarrer, die Schule, der Bahnanschluß, und nun folgt ihnen der Landzusteller, der einzige wirkliche Service, den die Post leistet.«

Ich überlege ein wenig, was zu machen ist, dann rufe ich die Redaktion des Kreisblattes an. Ich sage, der letzte Landzusteller gehe in Pension, nicht freiwillig übrigens, und sein altes gutes gelbes Postfahrrad muß er auch abgeben. Aller Welt Freund, die vereinsamte Oma hat er aufgerichtet, die zerstrittene Familie wieder zusammengeführt. Ob man darüber nicht etwas bringen könne?

»Mir tränen die Augen«, sagt der Redakteur, »was um Gottes willen ist das?«

»Der letzte Landbriefzusteller? So einer mit blauer Postlermütze und gelbem Fahrrad, noch mit Hosenklammern zu fahren, bei Wind und Wetter, das letzte Weihnachtspäckchen noch am Heiligen Abend 22 Uhr, niemals Feierabend, denn dann kommt noch ein Telegramm . . .«

»Aller Welt Freund«, sagt der Redakteur, »also der Schnaps an der Tür, der Weihnachtsstollen, das gute Trinkgeld. Wissen Sie, wir hätten schon längst mal was über die gute alte heile Welt bringen sollen, unser Verleger liebt das. Wo also spielt sich das ab? Und wann?«

Der große Tag kommt, die Vertreter der Post erscheinen. Es

geht feierlich zu, eine Urkunde wird überreicht, aber ein Pressemann ist nicht dabei. Auch meiner nicht, nebenbei bemerkt. Der kommt aber am nächsten Tag, macht ein langes Interview, dann muß Karl W. die blauen Sachen anziehen und das gelbe Rad vor die Tür fahren, es werden Aufnahmen geschossen. Die höheren Postbeamten denken um diese Zeit schon nicht mehr an Karl W.

Sie werden es bald, denn der Redakteur ist ein flotter Schreiber. Der letzte Satz seiner Reportage (»Zum Schluß noch etwas Grünes«, wird er wohl gesagt haben): »Und das gute alte gelbe Postfahrrad wird er auch abgeben müssen.«

Am nächsten Vormittag klingelt das Telefon bei Karl W. Sein früherer Chef ist am Telefon, der Amtsvorsteher:

»Karl«, sagt er, »dein gutes, altes Postfahrrad kannst du behalten! Steck es dir an den Hut!« Kein weiteres Wort, aber Karl schaltet sofort, greift die Zeitung, die er noch nicht aufgeschlagen hat, und liest, was er über die Verarmung des Dorfes gesagt hat und daß nun auch die Post mitzieht, die es eigentlich besser wissen müßte, da sie ja seit ihrem Bestehen der Verbindung dient. Diese Verbindung ist nun abgerissen. Er ruft mich an.

»Danke«, sagt er nur.

»Entziehungserscheinungen?« frage ich.

»Ich glaube nicht«, sagt Karl W., »nach diesem Anruf des Chefs ist es nicht mehr so schlimm.«

10. November 1980

Wir sitzen zusammen und haben nur ein Thema, die Neigung des Menschen, seinesgleichen und schließlich sich selber auszurotten.

»Tötungshemmungen bestehen bei den Menschen nicht«, sagt Dr. Caspar O., »wie wurden sie eliminiert? Die friedlichen Affen besaßen sie. Wie wurde aus ihnen der Mörder-Mensch? Vor rund 35 000 Jahren standen sich Neandertaler und Cro Magnon-Menschen gegenüber. Die Neandertaler wurden ausgerottet, unsere Vorfahren im engeren Sinne sind die Cro Magniden, seither führen wir die Mörder-Gene als Ausweis. Mit dem Auftreten des Menschen beginnt das Unmenschliche. Die heutige Situation mit der Möglichkeit, alle Menschen zu eliminieren, ist die logische Folgerung der Entwicklung des Menschen.«

»Die Logik ist zwingend«, sage ich, »nur hat sie einen Schönheitsfehler, der, irre ich nicht, der Logik selber anhaftet. Sie ist nur in ihrem eigenen System logisch, außerhalb desselben ist alles offen. Wir wissen zu wenig von den Neandertalern, zu wenig von den Cro Magniden. Haben sie sich wirklich ausgerottet? Haben sie sich nicht auch miteinander verschmolzen? In unserem Gen-Pool könnten auch Kopien von Neandertaler-Genen sein.«

»Gut, das wäre eine Lösung«, ruft der Psychiater, »bei uns sind diese Gene heterozygot. Jetzt kommt ein anderes, ebenfalls heterozygotes Lebewesen dazu, und schon ist alles homozygot, es kann losgehen! Homocid!«

»Bestätigt nicht alles, was wir heute erleben, den Niedergang? Stand es je so schlecht um den Menschen?«

»Es gab noch nie so viele Menschen«, kommt eine Zwischenbemerkung, »vielleicht macht uns das Gedränge nervös, aggressiv, was wir sonst nicht wären ... Es gibt Beispiele aus dem Tierreich, das Revierverhalten.«

»Seit je war vor allem dies der Hauptfaktor«, meine ich, »das Auftreten des Fremden. Die Urhorde bemerkt plötzlich an der Wasserstelle, zu der sie gezogen ist, Wesen wie sie selbst. Nur sprechen sie anders, verhalten sich anders, sind ebenfalls erschrocken. Furcht geht über in Aggression. So hat es sich langsam eingeschliffen: den Fremden zu vernichten oder wenigstens ihn sich absolut unterzuordnen.«

»Aber wir leben in einer Zeit extremer Kommunikation, jeder kennt alle Kontinente, kennt nicht auch jeder jeden? Wie soll da das Gefühl des Fremden aufkommen?«

»Weil nicht jeder jeden kennt. Wer nach Teneriffa fliegt, lebt dort wie in einem Vorort von Frankfurt. Um ihn herum sind

andere Frankfurter. Fremde sieht er als Bedienung – sich unterge-
ordnet.«

»Aber kann heute eine solche Primitivität noch wirksam sein?«

»Jeder Ehestreit, jeder Parteienkampf, jede Sportveranstaltung
lehrt es. Mir erzählte ein kehlkopfloser Patient, der sich unter
großer Mühe das Sprechen ohne Apparat angeeignet hatte, daß er
auf die Frage an einen Passanten, wie er am besten eine bestimmte
Straße finden könne, zunächst die Antwort erhielt: ›Du sprechen
Deutsch?‹ Ein Mensch wie wir alle, ein junger Mann übrigens –
aber auf Grund der unbekannten Sprache das Phänomen der
Fremdheit.«

»Wir kennen den Menschen zu wenig«, muß man zum Schluß
sagen, »und doch wissen wir, daß er kein Raubtier mehr ist, wie er
es vielleicht einmal war, wenn bestimmte Funde richtig gedeutet
werden.«

»Was ist der Mensch, wenn er kein Raubtier sein soll?«

»Das Lebewesen, das sucht. Er sucht übrigens nach dem Glück.
Es ist das, was ihn treibt und was ihn vieles in Kauf nehmen läßt,
Demütigung sowohl wie Unmenschlichkeit.«

Ohne Datum

Meistens spielt es sich so ab. Ein junger Mann erscheint, schlägt
die Fibel auf, nimmt seinen Kugelschreiber zur Hand, deutet
damit auf bunte Linien und erklärt, weshalb ein bestimmtes
Erzeugnis seiner Firma den identischen Präparaten anderer phar-
mazeutischer Firmen überlegen ist, so überlegen, daß die Nicht-
verordnung teils an Schwachsinn, teils an Kunstfehler grenzt.
Manchmal kommt ein Älterer. Der Blick will Einverständnis
signalisieren, vielleicht auch Komplizenschaft, augurisches Lächeln bittet um Frieden, und alles geht schneller, die Fibel wird,
kaum geöffnet, schon wieder zugeschlagen.

Einer kam, ein alter Hase, gedemütigt durch die vielen Jahre des

Anpreisens, stellte eine Unzahl seiner Präparate vor mich hin
und rief dann freudig:

»Kennen ja die Chose, senkt in jedem Fall den Arzneiko-
stendurchschnitt, und wenn Sie nicht wollen, hier ein paar
Adressen, Hilfsinstitutionen, Dritte Welt, Polen und so, können alles hinschicken, man freut sich darüber! Entschuldigen
Sie mich für heute, bin nicht ganz disponiert, auf Wiedersehen.«

Total betrunken. Verzweifelt. Es soll Ärzte geben, die dann
erboste Briefe an die Firmen schreiben.

Selten kommt ein anderer, ich könnte nicht sagen, woran
man ihn erkennt. Aber mit ihm kann man sprechen. Manchmal ergibt es sich, wenn man ein Wort hinwirft, das er auf-
nimmt.

»Away with drugs«, sage ich zu einem, »Verzicht auf Medikamente, habe ich gerade gelesen, soll in den USA der große
Schlager sein.«

»Kommt auch zu uns«, sagt er, »ist sogar schon da. Sie
müssen das aus großer Distanz sehen: die Naturprodukte verdrängen die Kunstprodukte.«

»Sie meinen den Tee«, frage ich, »zu dem die Leute vor den
Pharma-Firmen fliehen, der aber von den gleichen Pharma-Firmen hergestellt wird.«

»Wissen Sie«, sagt er, »1930, 1950, vielleicht noch gerade
1960 hatten die Pharma-Firmen das Gefühl, mit ihren Chemi-
kalien würden sie die Welt verändern. Tatsächlich haben sie
sie verändert. Vielleicht waren es nicht in erster Linie die An-
tibiotica, aber sicher die Psychopharmaka, dann die Pille, ja die
Pille wohl am meisten. Krankheiten und das Schicksal wurden
etwas, das man reparieren und korrigieren kann. Dann kamen
1970 und 1980, und die Produktionskurven sinken, das Image
leidet, das Prestige ist dahin. Die Menschen wollen nicht mehr
die Reparatur, sondern das Schicksal.«

»Nach zwanzig, dreißig Jahren Rezepteschreiben«, sage ich,
»bin ich selbst soweit.«

»Ja, erst die Pharma-Firmen, dann die Ärzte, natürlich auch wir Pharma-Berater, und alles nur, weil die Meinungen der Patienten sich geändert haben.«

Er ist ein kluger, sympathischer Mann, mittlerer Jahre, verdient gut bei der Firma, das Haus wird bald abgezahlt sein, die Kinder besuchen das Gymnasium, und ich erwidere ihm:

»Was glauben Sie, weshalb die Patienten sich so sehr geändert haben?«

Er hebt die Schultern, meint, da gebe es vieles.

»Ich denke nur an eines«, sage ich, »es fing an, als die Patienten merkten, daß sie bei Ihnen, in Ihren Firmen und entsprechenden Abteilungen als Zielgruppen bezeichnet werden.«

Er tritt erschrocken zurück:

»Halten Sie die Werbung für falsch?«

»Ich halte sie für ein Unglück, und übrigens nicht nur in der Pharma-Branche.«

Er fängt sich sofort, die Leute aus der Industrie sind gut trainiert, Stehaufmännchen, so etwas wirft sie nicht um.

»Ah, die Politik«, sagt er, »wie gut ich das verstehe.«

»Nein«, sage ich, »es ist das Ganze. Alles, was wir tun, ist heute Werbung. Früher war es Ware, noch früher eine Tat, heute ist es Werbung. Das sieht so aus: Irgend etwas ist schlecht, womöglich ganz schlecht. Ein Mittel gegen zu niedrigen Blutdruck erzeugt Zuckerkrankheit, nur als Beispiel. Dann wird erklärt, man lege ja nur eine Wassermanschette um die schlappe Ader, in sehr seltenen Fällen könne allerdings ... man dürfe das aber nicht überschätzen ... und außerdem genüge es, mit dem Medikament aufzuhören ... der Zucker vergeht schon wieder. Einmal war die Welt schön, heute ist sie geschönt. Das meine ich – die beste aller Welten, selbst die Atombombe dient nur der Abschreckung. Candide hat sich einfach geirrt, und Tartuffe ist ein positiver Held.«

»Darüber sollten wir einen Abend lang sprechen«, sagt er, im Besitz des Allheilmittels, »einen Abend lang, nach gutem Essen, bei gutem Wein. Bestimmen Sie Ort und Zeit, bringen Sie

Kollegen mit, die dafür aufgeschlossen sind, unsere Firma würde sich freuen, Sie als ihre Gäste begrüßen zu dürfen.«

Es ist mir peinlich, daß ich ihn im Stehen abgefertigt habe. Schnell unterschreibe ich die Quittung für die überreichten Probepackungen, entschuldige mich. Er äußert volles Verständnis, schließlich seien noch viele Patienten abzufertigen. Er gibt mir noch einmal seine Visitenkarte (es ist die zweite, die erste hat er beim Empfang abgegeben), bittet um möglichst baldigen Anruf, verbeugt sich knapp, ist fast souverän.

Der Pharma-Referent. Wie leicht man ihm unrecht tut. Fast alles, was in den letzten zwanzig Jahren neu auf den Markt kam, ganze Therapierichtungen, hat er eingeführt. Von den modernen Rheuma- und Zuckermitteln bis zur Pille und natürlich immer wieder neuen Psychopharmaka.

19. September 1981

Ich will mir eine Geschichte erzählen, wie man nur sich selbst Geschichten erzählt: eine wahre Begebenheit und so, als sei sie für uns erfunden, nur für uns so abgespielt worden. Nach so vielen Jahren Medizin bleiben mir Fragen, die ich lösen möchte: Was geschieht denn bei einer Behandlung? Der Splitter im Finger wird herausgezogen, das gebrochene Bein wird gerichtet, schließlich ist alles wieder, wie es vordem war.

Aber dann kommen eingreifendere Behandlungen, keineswegs etwa psychotherapeutische, nein, längere medikamentöse Behandlungen, und man bemerkt, ohne es sich bewußtzumachen, daß der Kranke mit der Gesundung ein anderer wird. Manchmal nur unmerklich – oder liegt es daran, daß wir keine Kenntnis davon nehmen, weil er es verschweigt, weil es für ihn selbst vielleicht gar nicht deutlich geworden ist? –, manchmal aber auch sichtbar, greifbar.

Dann nehmen wir davon Kenntnis, ein wenig betroffen, denn

darauf haben wir ja nicht gezielt, und manchmal denken wir, daß er nun eine andere Position einnimmt im Lebensspiel: nicht weil er klüger geworden wäre (allerdings macht jede ernstere Krankheit klüger), sondern weil er mehr von sich selbst weiß.

Ich will die Geschichte nicht heute beginnen lassen, sondern werde etwas zurückgreifen, mehr als zweihundert Jahre. Damals gab es einen exemplarischen Fall – möglicherweise gab es damals mehrere dieser Art, aber dieser eine ist uns gut überliefert, er ist aus verschiedenen Gründen besonders geeignet, nacherzählt und reflektiert zu werden. Wir können dieses Ereignis übrigens präzis datieren.

Es ist die Nacht vom Mittwoch auf den Donnerstag, vom 7. auf den 8. Dezember 1768. Ein Arzt ist in großer Verlegenheit. Er ist zu dem angesehenen Ratsherrn geholt worden, dessen Sohn er schon seit längerem, wenngleich ohne rechten Fortschritt, behandelt.

Der Sohn ist ein ausgeflippter Student, aus Leipzig nach Hause zurückgekehrt, »völlig fertig«, krank an Leib und Seele, »das Gehirn verdüstert«, wie der verkrachte Studiosus später selbst schreibt, »vom schweren Merseburger Bier«. Ängste bedrücken ihn, er ist nicht in der Lage, sich zu irgend etwas Vernünftigem aufzuraffen, sei es auch nur zu einer »vernünftigen Lebensart«. Verschiedene alternative Heilmethoden hatte er übrigens durchaus versucht, Schlafen auf harten Brettern, ohne warme Decke, Kaltwasseranwendungen, und war dadurch nur noch maroder geworden.

Am Hals hatte er eine Geschwulst. Die Eltern zogen einen Chirurgen zu, der sie kurzerhand aufschnitt. Was sich dabei entleerte, und ob überhaupt etwas herauskam, wissen wir nicht. Allerdings ist durch die pingelige Buchführung des ehrenwerten Vaters dokumentiert, daß der Chirurg 96 Gulden dafür erhielt – ein prächtiges Honorar! Der Chirurg ätzte die Wunde noch mehrfach, was dem leidenden Studiosus »eine höchst verdrießliche Aussicht auf jeden neuen Tag« gab.

Der Arzt, der außerdem zugezogen wurde, war in der Stadt

hoch angesehen. Er gehörte zu einem einflußreichen Pietistenkreis, aber sein Ansehen hatte noch einen anderen Grund. Er wußte nämlich immer »einige geheimnisvolle, selbstbereitete Arzneien im Hintergrund zu zeigen«, von denen alle wissen durften, nicht aber sprechen: denn auch damals schon war den Ärzten die Zubereitung eigener Medikamente untersagt. Zu seinen wirklichen Trümpfen gehörte ein ausgesprochenes Geheimmittel, das er noch niemals angewandt hatte, ein mysteriöses Salz in einer gläsernen Phiole, von dem ebenfalls jedermann wußte, daß es in äußerster Not die absolute Rettung sein würde.

Der Studiosus wurde immer kränker, was der Doktor auch unternahm. Nichts schlug an. Den Namen dieses Doktors verschweigt uns der Studiosus übrigens in seinen Memoiren, sagt aber immerhin von ihm, es habe sich um einen »unerklärlichen, schlaublickenden, freundlich sprechenden, übrigens ganz abstrusen Mann« gehandelt.

Der Studiosus beschreibt seinen eigenen Zustand später folgendermaßen: ». . . eine gestörte und man dürfte wohl sagen für gewisse Momente vernichtende Verdauung brachte solche Symptome hervor, daß ich unter großen Beängstigungen das Leben zu verlieren glaubte und keine angewandten Mittel weiter etwas fruchten wollten«. Die Dinge spitzten sich zu, bis zu dieser Nacht im Dezember, von der er dann schreibt: »In diesen letzten Nöten zwang meine Mutter mit dem größten Ungestüm den verlegenen Arzt, mit seiner Universalmedizin hervorzurücken; nach langem Widerstande eilte er tief in der Nacht nach Hause und kam mit einem Gläschen trockenen Salzes zurück, welches in Wasser aufgelöst von dem Patienten verschluckt wurde und einen entschiedenen alkalischen Geschmack hatte. Das Salz war kaum genommen, so zeigte sich eine Erleichterung des Zustandes, und von dem Augenblick nahm die Krankheit eine Wende, die stufenweise zur Besserung führte.«

Das Geheimmittel hatte also nicht versagt! Man kann sich die Erleichterung des Doktors vorstellen, der sicherlich in höchster Verlegenheit war, als die Mutter ihn in dieser Nacht zwang, Farbe zu bekennen. Sein Name war übrigens Johann Friedrich Metz, damals 47 Jahre alt und gerade drei Jahre in der Stadt niedergelassen. Und der Studiosus war Johann Wolfgang Goethe, 19 Jahre alt.

Als Ärzte fragen wir uns natürlich, um was es sich gehandelt haben mochte! Die Geschwulst wird sicherlich mit Tuberkulose in Verbindung zu bringen sein. Der Chirurg war vom Glück begünstigt, daß sie bereits inaktiv war, sonst hätte der Schnitt deletäre Folgen gehabt. Die Krankheit, die Dr. Metz behandelte, ist sicherlich psychosomatisch zu sehen, wobei im Vordergrund eine starke Verstopfung, eine therapieresistente Verdauungsstörung gestanden hat, die mit heftigen Koliken aufwartete – eben jene Zustände, von denen der junge Goethe gequält wurde und in welchen er sein Ende erwartete. Unterm 17. und 18. Januar 1769 ist des weiteren eine Verschlechterung zu beklagen, Goethe gestand an diesem Tag in einem Brief an Lange, sein Kopf sei für ernsthafte Arbeit noch zu schwach. Am 13. April 1769 erhielt Dr. Metz sein Honorar – übrigens nur 48 Gulden, weniger als der Chirurg, doch keine unbeträchtliche Summe. Vater Goethe zumindest schien die Krankheit damit als beendet angesehen zu haben. Er hatte sie, sehr zum Ärger seines Sohnes (der anmerkt, er würde es ihm nie vergessen), nicht so völlig ernst genommen wie die anderen Familienmitglieder und wohl vor allem eine gewisse Selbstdisziplin beim Sohn vermißt.

Was tat der Sohn inzwischen? Er hatte sich, schon bevor Dr. Metz das Wundersalz preisgab, mit den von diesem empfohlenen Büchern beschäftigt, mit einer Literatur, die auf Paracelsus und letzten Endes auf die Neuplatoniker zurückwies. Besonders wurde Georg von Wellings dunkles »Opus mago-cabbalisticum« studiert, das 1735 erschienen und jetzt – 1760 – gerade in zweiter Auflage herausgekommen war. Goethe urteilte später, viel habe es nicht gebracht, »außer daß man sich zuletzt in eine gewisse Terminologie hineinstudierte und mit derselben nach eigenem Belieben gebarte«. Aber er las nicht nur die okkulten Schriften – nach der erfolgreichen Behandlung fing er an, selbst in die Praxis einzusteigen. »Kaum war ich einigermaßen wiederhergestellt und konnte mich, durch eine bessere Jahreszeit begünstigt, wieder in meinem alten Giebelzimmer aufhalten (im 3. Stock, zur Straße hin gelegen), so fing ich auch an, mir einen kleinen Apparat zuzulegen, ein Windöfchen mit einem Sandbade war zubereitet, ich lernte sehr geschwind, mit einer brennenden Lunte Glaskolben in Schalen verwandeln, in welchen die verschiedenen Mischungen abgeraucht werden sollten. Nun wurden sonderbare Ingredienzien des Makrokosmos und Mikrokosmos auf eine geheimnisvolle wunderliche Weise behandelt ...«

Aber die Wirkung des Dr. Metz reichte noch weiter. Wir lesen unterm 30. Dezember 1768: »Unglück ist auch gut. Ich habe viel in der Krankheit gelernt, das ich nirgends in meinem Leben hätte lernen können ... drei volle Wochen nicht aus der Stube gekommen, und mich hat fast niemand besucht als mein Doktor« (Brief an Käthchen Schönkopf). Und am 17. Januar 1769: »Es ist viel mit mir vorgegangen; ich habe gelitten und bin wieder frei, meiner Seele war diese Calcination sehr nütze, meine relativen Umstände haben sich auch dadurch gebessert, und wenn mein Körper (wie sie behaupten) auch jetzt eine wahre Hoffnung zur Besserung haben kann, ... so weiß ich keinen glücklicheren Vorfall in meinem Leben als diesen schrecklichen!« (Brief an Langer).

Was eigentlich war geschehen? Ich sehe diese wohlbelegte Geschichte unter zwei Gesichtspunkten: einmal hinsichtlich dessen, was eigentlich zwischen Patient und Arzt vorgeht, zum anderen hinsichtlich der Frage, was denn im Grunde die ärztliche Tätigkeit darstellt und bewirkt. Zweifellos lag hier keine gewöhnliche Behandlung vor, wie sie täglich geschieht, sondern etwas, das eher aus dem Rahmen fiel. Ein besonderer Patient, ein besonderer Arzt: der Student ein ausgeflippter Jugendlicher, die Hoffnung der Eltern, jetzt völlig gescheitert (»gleichsam als ein Schiffbrüchiger zurückgekehrt«, sagt Goethe selbst in »Dichtung und Wahrheit«), sowohl somatisch als auch psychisch krank. Der Arzt ein Mann mit Nimbus, angesehen, bewandert sowohl in der Medizin seiner Zeit als auch in den esoterischen Künsten der alten

Wundermänner und Scheidekünstler. Das wäre der erste Eindruck, den wir sogleich zu erweitern haben, denn die Art und Weise, wie Dr. Metz vorging, erlaubt die Ergänzung. Wir können sagen, daß er in diesem jungen Mann eine Entelechie erkannte, eine noch verdeckte Begabung, und daß er deshalb zweigleisig vorging. Einmal behandelte er, gut vier Wochen lang, im Sinne der Schulmedizin seiner Zeit: erfolglos. Nach Goethes Angaben scheint er an Einengung der Speiseröhre (durch die Geschwulst) gedacht zu haben. Dann, als die Krankheit einen Höhepunkt erreichte, der Patient und Angehörige aufs äußerste beängstigte, griff er zu seinem Elixier. Der ausgeflippte Student wurde, wenn wir diesen Ausdruck gebrauchen wollen, von einem »faustischen« Arzt behandelt, zunächst auf die Art der regulären Therapie, dann auf faustische Weise. Indem wir diesen Ausdruck wählen, nehmen wir auf die Tatsache Bezug, daß Goethe sein ganzes späteres, beeindruckendes Leben in seine Faust-Dichtungen einströmen, sich darin vollenden ließ.

Daraus müssen wir doch wohl folgern, daß der uns im übrigen unbekannte Dr. Metz mehr behandelt hat als nur einen kranken Körper, mehr auch als – wie man damals gesagt hätte – eine irrende Seele. Er hat, vom Resultat her betrachtet, ein Leben umgeschaffen, neu gestaltet – mit einer ungewöhnlichen Art, einer irrationalen Art, zu diagnostizieren und zu therapieren.

War dieser Dr. Metz ein präexistenter Psychosomatiker oder gar Psychoanalytiker? Diese Frage müssen wir verneinen. Für die Psychoanalyse ist bei Goethe ja wahrhaft ein weites Feld ausgebreitet! Denken wir an die enge, fast inzestuöse Beziehung zu seiner Schwester Cornelia, an die starke Mutterbindung, an das eigentümliche, analytisch bedeutsame Verhältnis zum Vater ... Und wahrscheinlich waren diese Dinge dem Arzt bekannt. Nur – den Dr. Metz hat das alles überhaupt nicht gekümmert. Er hat sich nicht dafür interessiert, ja er hat auch in keiner Weise psychosomatisch gedacht. Mit seinem Elixier – vermutlich war es nur Glaubersalz – hat er eine einfache materielle Substanz eingesetzt und den Körper dadurch befreit. Die psychologischen Untiefen seines Patienten nahm er überhaupt nicht in Augenschein. Er wußte von ihnen, wollte aber nicht in die Triebstruktur eingreifen, er wollte auf den Geist einwirken. Das hat er getan, und zwar so erfolgreich, daß der junge Mann aus seiner Depressivität, der inneren Verwahrlosung ebenso wie aus der körperlichen Krankheit herauskam. Jedoch nicht als derjenige, der er vorher gewesen war, sondern als ein anderer. Der Goethe danach ist ein Mensch, der nun um seine Entelechie weiß.

Dr. Metz hatte das nicht durch die Gabe des fraglichen Glaubersalzes erreicht. Diese gezielte Medikation war außerordentlich gut vorbereitet: Alle, der Patient wie die Angehörigen, wußten von der Existenz eines Universalheilmittels; der Patient war eingeführt in jene esoterischen Gedankengänge, aus denen heraus ein solches Universalmittel erst wirklich zur Geltung kommen kann (Lektüre als Therapie!) und der Patient war eingeführt in die Makrokosmos-Mikrokosmos-Lehre, den Paracelsismus, so daß ihm einsichtig war, wahre Heilung müsse sich auf den ganzen Menschen, nicht nur auf ein Organ oder ein Symptom beziehen.

Die Medikation des Glaubersalzes als des höchsten Geheimmittels erfolgte als Höhepunkt dieser Einweihung, ich finde keinen passenderen Ausdruck dafür: denn alles, was Goethe später rückblickend über die Zeit nach der Behandlung dieser Krise schrieb, läßt erkennen, daß er eine Pforte durchschritten hatte und sich fortan einer neuen Welt näherte. Er war nunmehr auf einem anderen Wege, überhaupt auf einem Wege, verglichen mit der wegelosen Zeit in Leipzig.

Für mich selbst bezeichne ich das, was wir Ärzte Tag für Tag machen, als »helfen«. Für das, was jener Dr. Metz tat, möchte ich den Begriff des »Heilens« reservieren. Wir Ärzte helfen, aber wir heilen nicht – es sei denn im Ausnahmefall (wenn wir selbst ergriffen sind).

Wenn ich mir diese Geschichte erzähle, frage ich mich: Gibt es heute noch solche Patienten, gibt es heute noch solche Ärzte, kommen heute noch solche Behandlungen zustande?

Es bestehen einige Schwierigkeiten, auf diese Fragen zu antworten, darüber bin ich mir klar. Der hier gesuchte Patient müßte ja kein Schriftsteller sein, der später darüber berichtet. Er kann jeden beliebigen Beruf haben, und damit wird es unwahrscheinlich, daß er uns überliefert, was mit ihm geschehen ist. Er spürt vielleicht, daß er ein anderer geworden ist, aber er führt es nicht auf den Umgang mit dem Arzt zurück. Goethe selbst ist vielleicht ein Beispiel dafür: Man spürt es, reflektiert es, aber man verdrängt die Rolle des Arztes dabei. Der, dem man am meisten geholfen hat, wird immer noch der, der uns am ehesten haßt.

Ein Förster kam zu mir, aufgelöst, in großer Erregung: Er hatte gerade seinen obersten Vorgesetzten mit der Waffe bedroht, übrigens wegen einer Kleinigkeit – die Verwaltung hatte die Reparatur eines Fensters abgelehnt. Er schrie das Entsetzen heraus, das ihn überkam, da er nun merkte, was er getan hatte! Ich konnte ihn beruhigen, schließlich mit ihm sprechen, und dabei wußte ich sofort, ich werde ihn niemals wiedersehen, denn diesen Einblick in sein Inneres wird er mir nicht verzeihen.

Wo die absolut intime Person berührt wird, wachsen Panzer. Es gibt kein Sich-Öffnen, und wo es herbeigeführt wird, bleibt nichts ungetan, es zu vergessen. Goethe vergaß den Namen seines Arztes. So oft er ihn auch erwähnt, den Namen nennt er nie. Wenigstens nicht mehr, nachdem er sich der Bedeutung dieser Begegnung klar geworden ist.

Es gibt also solche Patienten, denn der Mensch hat sich in den vergangenen zweihundert Jahren nicht geändert, aber wir erfahren nichts von ihnen. Es gibt sicherlich auch solche Ärzte, und auch von ihnen würden wir nur erfahren, wenn sie darüber schreiben.

Ich kenne einen Arzt, der hier zu nennen wäre. Er schrieb mir einmal, sehr enttäuscht am Ende seines Lebens vom Medizinbetrieb, und wie so vieles Indirekte zwar manchmal Hilfe bringe, Heilung jedoch verstelle. Er hatte sich auf die Behandlung des schweren Asthmas spezialisiert. Wenn ein Mensch im asthmatischen Anfall zu ihm gebracht wurde, sprach er sofort auf ihn ein: »Hören Sie auf der Stelle auf, sich voll Luft zu pumpen! Sie denken, Sie bekommen keine Luft, Sie müßten ersticken? Sehen Sie sich im Spiegel an. Sie sind bis oben hin voll Luft gepumpt! Sie werden sie gar nicht wieder los, so voll sind Sie von Luft! Stellen Sie das tiefe Atmen ein, sofort, jetzt gleich, atmen Sie nicht mehr so stark, atmen Sie ruhig, flach, leise!«

So redete er weiter, und wenn es keinen Erfolg brachte, sozusagen noch gleich an der Tür, dann hob er seine Stimme, wurde energisch, schrie den Schwerkranken an! Und siehe da – oft genug wurde es besser! Der durch diesen Empfang schockierte Kranke hörte tatsächlich auf, sich »voll Luft zu pumpen« – was ja die exakte Bezeichnung für das ist, was geschieht, was aber vom Kranken selber ganz anders empfunden wird, nämlich als Luftmangel, nicht als Luftüberfluß. Brachte auch dies keinen Erfolg, führte er den Kranken zur Liege und bat ihn, sich hinzulegen – etwas, was normalerweise kein Kranker mit diesem Leiden freiwillig macht, da sich dann ja noch das Gefühl verstärkt, keine Luft mehr zu bekommen. Lag er aber einmal, fing der Arzt an, ihn zu massieren, auf eine besondere Weise, und natürlich sprach er dabei ständig auf ihn ein, beruhigend, stützend, tröstlich.

Seine Erfolge waren außerordentlich. Leider schrieb er ein Buch darüber, das zwar die Kenntnis seiner Methode verbreitete, die Ärztekammer aber zu dem Urteil brachte, hier werde Selbstreklame betrieben. So mußte der alte Doktor noch ein Disziplinarverfahren über sich ergehen lassen. Der Vorsitzende Richter sprach nur eine Verwarnung aus, und unter den mürrischen Blicken der ärztlichen Beisitzer, die als juristische Laien zu exemplarischer Bestrafung tendieren, sagte er: »Nach dem Buchstaben des Gesetzes ist mein Urteil richtig, nach dem Geist der Medizin ist es ein Fehlurteil. Aber ich habe hier nur die rechtliche Seite zu vertreten, über die medizinische müßten die Herren Ärzte selber einmal nachdenken. «

Wenn heute ein Patient im asthmatischen Anfall zu mir gebracht wird oder, was die Regel ist, ich zu ihm gerufen werde, müßte ich eigentlich, als Schulmediziner, gar nichts sagen. Natürlich kommt niemand um ein paar Floskeln herum. Aber das Wesentliche ist etwas ganz anderes: Ich öffne meinen Koffer, ziehe ein Asthmamittel in einer Spritze auf, meist ein Steroidhormon, lege die Staubinde an und injiziere. Im allgemeinen werde ich schnell Herr des asthmatischen Anfalls – wenn es nicht gelingt, gelingt es übrigens auch der Klinik nicht sogleich, und eine längere stationäre Behandlung beginnt. Ich versuche also, den Anfall aufzufangen, und wenn der Anfall stärker ist, weise ich in eine Klinik ein.

Natürlich könnte ich auch sitzenbleiben am Krankenbett und weiter mein Bestes versuchen – früher haben sich die Ärzte viele Nächte mit solchen Einsätzen um die Ohren geschlagen. Heute ist der Arzt davor bewahrt, und zwar nicht etwa weil es ihm an Engagement fehlt, sondern weil die Angehörigen des Patienten, schließlich auch der Patient selber, es nicht wollen. Was nicht im Handumdrehen geschieht, ängstigt: Eine Krankheit hat sofort nachzugeben, und wenn sie sich weigert, muß der nächste Arzt, die Klinik, ran.

Das heißt doch: ich arbeite mit Chemie, mit einer außerordentlich komplizierten, präzisen Chemie; in der wäßrigen Lösung verbirgt sich das geheimnisvolle Cyclopentanoperhydrophenantren. Es ist das Grundgerüst der wichtigsten Lebenselixiere, des roten Blutfarbstoffs, der Gallenfarbstoffe, der männlichen sowie der weiblichen Sexualhormone ... Und wenn ich das sagen könnte, würde vielleicht die Wirkung prompter, zuverlässiger sein, wer weiß. Aber ich sage es nicht, weil es mir peinlich wäre. Ich brauchte im Prinzip gar nichts zu sagen, es genügt, daß ich injiziere.

Der alte Doktor aber brauchte keine Arzneimittel, sein Instrument war nicht die Spritze, sondern das Wort, übrigens auch die Hand.

Ich muß mir eingestehen: wo unsere moderne Medizin erfolgreich ist, in den schweren Fällen, ist sie stumm. Das Wort ist Schnörkel, Beigabe, jedenfalls kein genuiner Bestandteil der Therapie. Die Therapie ist averbal. Das erzeugt das Unbehagen an der modernen, erfolgreichen Medizin.

---

2. Oktober 1981

Ekkehard Sch. lädt mich ein, ein Gespräch auf einem Naturheilkunde-Kongreß zu moderieren: zwischen Köhnlechner, Issels, Hackethal, van Aacken und zwei weiteren bekannten Heilpraktikern. Eine kleine Anzeige genügt, und die Mainzer Rheingold-Halle ist überfüllt. Etwa 2000 Zuhörer sind gekommen. Zu keinem medizinischen Kongreß wäre auch nur ein Bruchteil von ihnen erschienen.

Was erwarten die Menschen? Sie wollen hören, wie man ein neuer Mensch wird. Die Medizin ist nicht so wichtig – sie wollen ihr Leben ändern.

Am Abend sitzen wir in der Suite von Ekkehard Sch. zusammen, und ich habe Gelegenheit, sie näher kennenzulernen. Issels zeigt, weshalb er Erfolge bei nachweislichem, unheilbarem Krebs erringen konnte: Es ist der Einsatz seiner Persönlichkeit, der ihn auch da etwas erreichen ließ, wo die naturwissenschaftlich-klinische Medizin am Ende war. Temperamentvoll und in ständiger Bewegung und Sprache sagt er, sofort würde er wieder eine Klinik übernehmen, hundert Betten etwa würden ihm genügen. Inzwischen arbeitet er in einem eigenen Onkologischen Zentrum am Tegernsee mit zwanzig Mitarbeitern.

Ernst van Aacken ist selbst im Rollstuhl der Sportler, der er immer war, *father of the slow long distance running*, wie er in den USA heißt; langsames Ausdauer-Training übersetzt er selbst,

Therapie vieler Krankheiten und der Persönlichkeit, fügt er hinzu. 1972 verlor er bei einem Übungslauf beide Beine, weil ein englischer Militärkraftwagen ihn überfuhr. Ich frage ihn, wie es dazu kam, wie alles abgelaufen ist. Er erzählt bereitwillig – ohne Pathos, so wie man ein Krankenprotokoll schreibt:

»An jenem verhängnisvollen Tag, dem 10. November 1972, nach einer allzu langen Praxis, waren meine Trainingsschüler bereits einen anderen Weg gelaufen, und ich wählte, um ihnen zu folgen, einen abkürzenden sogenannten Wirtschaftsweg, einsam und verlassen zwischen den Feldern. Es war stockdunkel, es regnete, ich lief, mich vorschriftsmäßig links haltend, durch Sturm und Regen etwa 3 Kilometer, wendete und machte mich auf den Heimweg, um auf die Hauptstraße zu kommen. Dabei mußte ich von links nach rechts wechseln, und in diesem Augenblick, 40 Meter vor der Hauptstraße, erfaßte mich, wie man mir später berichtete, der Wagen eines englischen Soldaten von hinten und zerschmetterte mir beide Beine, warf mich 7 Meter durch die Luft, so daß ich in einem morastigen Acker landete.

Daß ich damals gerettet wurde, verdanke ich dem Zufall oder der Fügung Gottes – es war wohl also kein ›Zufall‹. Ich hatte zwanzig Minuten im Acker gelegen, der englische Soldat befand sich im Schock, konnte mir nicht helfen, mein Kopf hatte die Kühlerhaube zerschlagen, dem Verstand war zwar, wie sich später zeigte, nichts passiert, aber ich war bewußtlos. Als ich im Krankenhaus ankam, hatte ich nur noch 19 Prozent Hämoglobin, ein Fuß war im Acker liegengeblieben. Die Kollegen im Krankenhaus versuchten das Äußerste, schnitten meinen Venenarm auf und retteten mich zunächst durch eine Transfusion. Nach zwei Stunden soll ich erwacht sein, und ich glaube mich noch zu besinnen, daß meine Frau sich über mich beugte. Am nächsten Tag wachte ich verwundert auf und fragte, was eigentlich losgewesen sei, denn ich fühlte überhaupt nichts. Weder irgendwelche Schmerzen noch den Verlust der Beine! Man sagte mir, beide Beine seien zerschmettert worden, rechts in elf Stücke, links in neun Stücke, und zeigte mir nun die Röntgenbilder. Ich erschrak zutiefst und sagte sofort: ›Was, um Gottes willen, haben Sie da mit Schienen und Drähten, Schrauben und Nägeln zusammengeflickt, das ist doch mein sicherer Tod, ich will aber noch leben! Sie waren nicht im Krieg, dennoch sollten Sie wissen, daß so etwas niemals heilen wird, ich also sterben muß, denn meine Beine werden absterben.‹

Die Kollegen waren konsterniert, ein junger Assistent sagte: ›Freuen Sie sich doch, daß wir die ganze Nacht gearbeitet haben, in zwei Jahren können Sie wieder laufen.‹ Ich erwiderte ihm: ›Sie sind ein ahnungsloser Engel. In einigen Jahren wissen Sie es besser, so etwas heilt nämlich nicht. Die Beine müssen sofort ab, ich will ja noch leben!‹ Bestürzung auf den Gesichtern meiner Kollegen, und der Chefchirurg kam alle Stunde, nach mir zu sehen, ich aber änderte meine Meinung nicht. Am dritten Tag, beim Verbandwechsel, lagen große schwarze Fleischstücke im Verband. Der Chirurg war entsetzt. Ich sagte: ›Nun, wie ist es jetzt? Machen Sie die Beine ab oder nicht?‹ Am nächsten Tag kam der Chefarzt des Unfallkrankenhauses Duisburg-Bucholz, dem ich von vornherein mit der Forderung das Wort abschnitt, die Beine endlich zu amputieren, da ich nicht zugrunde gehen wolle. Er besah sich alles und sagte dann: ›Ja, Sie haben recht, die Beine müssen amputiert werden.‹ Am nächsten Tag wurde rechts bis übers Knie amputiert, zwei Tage später auch links unterhalb des Knies. Ich atmete auf und war guter Dinge.

Ich lag zehn Tage allein unten im Haus, dritter Klasse, da ich mir die erste Klasse nicht leisten konnte, und die Pflege durch eine alte Nachtschwester von auswärts kostete mich einen großen Teil meiner Nerven. Sie schimpfte mit mir, wenn ich im Fieber war, aus dem Bett gefallen war, gab mir nachts nichts zu trinken, und ich hielt still ... Aber langsam reifte in mir der Wahn, aus dem Fenster zu springen und nach Hause zu gehen. Beim Versuch, diesen Wahn in die Tat umzusetzen, fiel ich kopfüber auf den Steinboden. Nun verlegte mich der Chef auf seine Privatstation und es stand äußerst schlecht um mich, denn nichts half, gar nichts!

Etwa nach drei Wochen erlahmte langsam meine Widerstandskraft, ich wog wahrscheinlich nur noch 40 Kilo und sah nach den Aussagen meiner Angehörigen entsetzlich aus. Als man mir drei Tage hintereinander ununterbrochen Kochsalzlösung infundiert hatte, sagte ich dem Chefarzt: ›Wir werden so nichts erreichen, denn Sie haben mir sechs bis sieben Liter Wasser gegeben und nur sechs bis sieben Gramm Salz. Geben Sie mir doch pures Salz.‹ Er fragte mich nach dem Grund, und ich sagte ihm: ›Wenn ich beim Marathonlauf in größter Hitze etwa bei Kilometer 32 war, dann waren mit dem Schweiß pro Liter etwa sechs bis sieben Gramm Salz verloren, das macht bei 32 km etwa 28 Gramm, – und dann gibt man entweder auf, oder man stirbt.‹ Der Chefarzt schüttelte den Kopf, veranlaßte aber, daß mir ein kleiner Topf mit Salz gebracht wurde. In fünf Stunden leckte ich etwa 100 Gramm Salz auf – an sich eine tödliche Dosis, wie Sie wissen! Sie bekam mir jedoch in diesem Zustand ausgezeichnet! Seit Tagen hatte ich nichts mehr essen noch trinken können. Am nächsten Tag schon war mein Lebenswille wieder da! Ich verlangte nach Ochsenschwanzsuppe. Später kam Milch dazu, und nach acht Tagen war ich gerettet. Ich fing dann im Bett an zu trainieren und machte an einem Griff über dem Bett Klimmzüge, im Bett Liegestütze und alle mir möglichen gymnastischen Übungen.«

»Sie mußten nicht erst lernen, wie ein doppelt Amputierter, der hingefallen ist, aufsteht?« fragte ich. »Nein«, lachte er, »das war mir aus meiner ganzen sportmedizinischen Praxis klar. Ich wurde übrigens noch einmal nachoperiert, überstand das fast ohne Narkose und heilte dann meine letzten Wunden selbst mit Pyoctannin. Ich bekam Prothesen, machte den Gehkurs, der sonst sechs Wochen dauert, in sechs Tagen, gab aber das Gehen wieder auf und lernte auf dem Heimtrainer wieder radfahren, was ich dann sieben Jahre lang jeden Morgen durchführte, und zwar zehn Kilometer in zwanzig Minuten. Seit zehn Jahren arbeite ich oft bis Mitternacht. Zu mir kommen nur Schwerkranke, die Trost und Gespräche brauchen und vor allem eine genaue Untersuchung . . .«

Die Amtsärzte finden keine großen Amtsärzte in ihrer Geschichte. Immerhin eines Mannes aber müßten sie gedenken, und dieses Gedenken setzt freilich eine gewisse intellektuelle Sensibilität voraus: Ich meine Justinus Kerner. Kerner war Schriftsteller, Dichter, Freund vieler in der Geistesgeschichte bedeutenden Persönlichkeiten, wodurch er allerdings aus dem Rollenklischee der meisten Amtsärzte herausfällt. Bei den Amtsärzten wird man wohl diejenigen gesondert sehen müssen, die diesen Berufsweg gewählt haben, weil er ihnen Zeit und Muße für eigene Arbeiten gibt: meist medizinhistorischer Art. Manche schätzen vor allem das beamtete Leben, unter ihnen hätte Kerner sich sicherlich nicht wohl gefühlt.

Seine Bedeutung sehe ich in der Funktion des Landarztes, die er ja ebenfalls ausübte. Außerdem darin, daß er den sehr gründlichen, wissenschaftlichen Versuch unternahm (und ein Leben lang diese Richtung bewahrte), die Hochschulmedizin mit der Volksmedizin zu vereinen, ohne die eine Richtung gegen die andere auszuspielen. Nie ist er mit seiner eigenen Lehre gegen die Hochschulmedizin aufgetreten wie Mesmer, der Magnetiseur, oder Hahnemann, der Begründer der Homöopathie. Und sehr präzis erkannte er, worum es bei der, wie wir heute sagen, außerschulischen Therapie (er sprach von der magnetischen oder sympathischen) geht: daß nämlich dabei »der heilende Arzt auch zugleich das Heilmittel sein muß«; daß ferner diese Kuren angezeigt sind vor allem »bei Krankheiten, die halb physisch halb psychisch sind«, also bei den psychosomatischen.

An die Landärzte seiner Zeit gewandt, sagte er 1843 auf einer Versammlung des regionalen Ärzte-Vereins: daß auf diese Weise empfohlene, überlieferte und angewandte Mittel »nicht immer auf Aberglauben und Finsternis, sondern wirklich sehr häufig auf die innigste Naturverbindung basieren«. Und: »Zuletzt möchte ich mich der Annahme ganz hingeben, daß so wie wir Ärzte das

278

Volk noch über sehr vieles zu belehren und dessen wahren Aberglauben auszurotten haben, wir auch vom Volk selbst noch manches lernen können.«

Aber wie sollen heutige Ärzte vom Volk lernen? Alle Wege bei uns sind versperrt, und die Volksmedizin der Dritten und Vierten Welt, die in der Tat Interesse findet, ist uns zu fremd, steht nicht in unseren Traditionen – aber bei der Volksmedizin käme es gerade auf die Überlieferung an.

---

2. November 1981

Hat Krebs etwas mit Erdstrahlen zu tun? – Vornehmer, ja fast wissenschaftlich könnte man von Lokalfaktoren sprechen.

Es war mir damals durch Vermittlung eines Universitätsinstituts gelungen, einen Fachmann dieses suspekten Gebietes zu finden.

Lange verhandelten wir um passende Termine, endlich ist er gekommen. Er hält sich nicht lange auf, sondern fährt gleich in den Ort, um ihn zu vermessen. Spät am Abend schaut er wieder herein. Er ist gar nicht erschöpft, sondern lebhaft, fast aufgeregt.

»Eine solche Bündelung von Krebsstrahlen habe ich noch nie erlebt«, sagt er, »aber erlauben Sie mir, zuvor diesen Raum kurz zu kontrollieren? Ich möchte mich nicht gern auf eine Reizzone setzen, da ich leicht Beschwerden seitens der Bandscheibe habe.«

Er holt ein metallenes Instrument aus dem Diplomatenkoffer und vollführt messende Bewegungen über den Sesseln und der Couch. Von der Couch tritt er erschrocken zurück:

»Offensichtlich ein Krebspunkt«, sagt er. »Sie sitzen doch nicht zufällig immer dort?«

»Nein«, sage ich, »ich liege dort – dort pflege ich nämlich mein Mittagsschläfchen zu absolvieren.«

Er räuspert sich, dann sagt er:

»Hochinteressant, diese beiden Plätze sind grundverschieden! Dieser Sessel hier ist ein Schlafsessel!«

Birke sitzt darauf, nebenbei bemerkt, und tatsächlich bestätigt sie diese Diagnose noch im Laufe des Abends. Wenn ich mich richtig erinnere, haben schon viele Gäste sich dort eine Zeitlang aus dem Gespräch ausgeschaltet.

»Dies hier«, sagt er verschmitzt, »ist dagegen ein Quasselpunkt, hier werde ich mich niederlassen. Wissen Sie, daß Sie in den alten Kirchen einen solchen Quasselpunkt genau unter der Kanzel zu finden pflegen? Die alten Baumeister wußten Bescheid!«

»Was sind das denn für Strahlen«, frage ich ihn, »die Sie mit Hilfe Ihrer Antenne messen?«

»Mikrowellen«, sagt er, »nichts anderes, und um es gleich vorwegzunehmen, ihre Stärke liegt im Null-Bereich. Einen Zeigerausschlag würden sie nicht auslösen können.«

»Und weshalb reagieren Sie mit Ihrer Antenne?« fragt Birke.

»Oh, es ist keine Manipulation«, er hebt beschwichtigend beide Hände, »ich berufe mich auf Altmeister Goethe, der gesagt hat, das feinste Meßinstrument sei der Mensch.«

»Es ist eine subjektive Meßmethode«, sagt Birke.

»Ganz richtig«, erwidert er, »aber sie kann kontrolliert werden, auch durch Blindversuche. Freiherr von Pohl hat sie exemplarisch durchgeführt, nie in der Wohnung selbst untersucht, sondern außerhalb, um das Haus herum oder vom Keller aus gemessen, um jede Beeindruckung durch die Kenntnis der Wohnung auszuschalten.«

Ich frage ihn, ob er diese terrestrische Strahlung für den alleinigen Krebsauslöser halte. Er schüttelt den Kopf:

»Nein, sie ist ein Kofaktor, allerdings ein außerordentlich wichtiger. Gelingt es, ihn auszuschalten, schaltet man meistens auch den Krebs aus.«

»Wie könnte man das?«

»Sehr einfach, das Bett fortrücken oder die Wohnung wechseln.«

»Das würde bedeuten, daß die Bewohner des kleinen Dorfes, in dem Sie gemessen haben, fortziehen müßten?«

»Ja«, sagt er eifrig, »fortziehen, das Dorf dem Erdboden gleichmachen . . .«

»Aber wie kommt es zu solchen Strahlungen gerade dort?«

»Erdstrahlen gibt es überall«, belehrt er mich, »sie sind für uns viel stärker als kosmische Strahlen, weil sie uns viel näher sind. Es sind nicht einfach unterirdische Quellführungen, die diese Strahlen auslösen, sondern tektonische Abbrüche und Verschiebungen, über die es zu solchen Strahlungen kommt. Lassen Sie mich hier Ihre Leitung zum Fernseher unterbrechen und wieder flicken. Dann messen Sie die Strahlung. Sie werden finden, daß an der reparierten Stelle ein Störfeld einen Meter weit hinein in die Wohnung reicht.«

»Sie sind Physiker?«

»Zitieren Physiker Goethe«, lächelt er fein, »ich bin Altphilologe.«

»Dann könnten wir über Aristophanes sprechen«, schlägt Birke vor, »besonders über seine Komödie ›Plutos‹, die zweitausend Jahre vor unserer Zeit den Sanatorien- und Geheimmittelschwindel darstellt und entlarvt.«

»Natürlich!« ruft er begeistert, »kein besseres Thema zum Abschluß dieses erfolgreichen Tages!«

9. November 1981

Vor Jahren bat mich Hans M. um Material über das Thema Krankheit und Arbeitslosigkeit. Ich hatte keines, denn die Leute hier gehen zur Arbeit und lassen durch ihre Frauen noch Landwirtschaft treiben. Arbeitslosigkeit, wenn sie denn kommt, trifft sie nicht so hart wie die Städter. Allerdings sind im Laufe der Jahre die landwirtschaftlichen Nischen immer kleiner geworden. Und die Arbeitslosigkeit hat zugenommen.

Am Sonntag kommt ein Patient, der, wie er sagt, eine Kleinigkeit am Gesäß hat. Als er sich hingelegt und das Gesäß entblößt hat, zeigt sich die Kleinigkeit als riesiges, rotes Geschwür.

»Man wird es aufschneiden müssen«, sage ich, »und Sie müssen liegen, streng. Der Eiter könnte in die Blutbahn gelangen . . .«

»Ich muß aber morgen zur Arbeit«, antwortet er, »deshalb komme ich heute. Unsere Abteilung hatte zehn Mann, sieben sind schon entlassen, und die Geschäftsleitung wartet darauf, daß einer von uns krank wird – dann bekommt er ebenfalls die Papiere.«

Ich beschränke mich auf einen kleinen Schnitt, um wenigstens etwas Eiter abzulassen, dem Gewebe Luft zu schaffen, ermahne ihn dringend, zu Hause zu bleiben. Er schüttelt den Kopf:

»Sie können sich da nicht reinversetzen, wir haben unsere ganze Landwirtschaft abgeschafft, ich bin auf diese Arbeit angewiesen.«

Julius Moses hat 1931, im Zuge der Weltwirtschaftskrise, »für Regierung und Parlamente« eine Denkschrift »Arbeitslosigkeit – ein Problem der Volksgesundheit« veröffentlicht. Eine Stelle daraus: »Wenn man sie (die älteren Arbeiter) fragt, fehlt Ihnen was, so erhält man oft die Antwort: ›Herr Doktor, mir fehlt nichts als die Arbeit.‹ Es ist eine bekannte Tatsache, daß fleißige Arbeiter, denen die Arbeitsmöglichkeit plötzlich entzogen wird, seelisch und körperlich schwer leiden und auch direkt zugrundegehen können. Es ist so, als ob ihnen ein Teil ihres eigenen Ichs genommen wird.«

Arbeitslosigkeit – die wiederentdeckte Pathologie.

19. November 1981

Könnte es nicht sein, daß einmal Patienten herkämen, um ganz klar und unzweideutig festzustellen, daß wir seit Jahrzehnten die falschen Ärzte ausbilden? Wir bilden an unseren Universitäten Fachleute für aufwendige Untersuchungen und den Umgang mit kostspieligen Apparaten aus. Die Patienten würden aber schlicht darauf hinweisen, daß es ihnen vor allem darauf ankäme, angehört und verstanden zu werden. Wir bilden Techniker aus, Gesundheits- oder Krankheitsingenieure, aber keine Ärzte. Ärzte nämlich sind immer – in dem Wort schwingt es mit, wenn auch immer wieder vergessen – Seelenärzte.

Aber auch mit der Seele allein ist es natürlich nicht getan. Der heutige Arzt ist ein Puffer, ein Neutralisations- und Vermittlungsfaktor zwischen dem einzelnen und der Gesellschaft, d. h. zwischen dem Individuum und den Behörden, zwischen dem Individuum und der Familie und dem Arbeitsplatz.

Der Arzt hat von der Seele nichts gehört, solange er studierte, und in den Kliniken wohl auch nicht. Von der Art und Weise, wie er zwischen Patient und Bürokratien Interessen des Patienten wahrnehmen soll, weiß er nichts, zumal er beim Umgang mit seinen eigenen Bürokratien Schwierigkeiten hat.

Die Institutionen bestimmen unser Handeln, längst auch das Denken. Bislang wird die ärztliche Arbeit nach der einzelnen Leistung bezahlt. Das war weder vor noch nach dem Kriege üblich, der Arzt erhielt pro Krankenschein einen bestimmten Betrag, der pauschal abdeckte, was er getan hatte, mochte es nun viel oder wenig sein. Der gleiche Betrag stand für die einmalige Verordnung von Hustensaft und für die allwöchentlichen Besuche und Mühen bei einem Krebskranken. Der ganze politische Einsatz der Ärztefunktionäre nach dem Kriege ging dahin, diesen wenig befriedigenden Zustand zu ändern. Als es erreicht war, setzten sie sich zur Ruhe, mit ihren Lorbeerkränzen, und spielten Establishment.

Inzwischen ist ihnen alles davongelaufen, an ein Einholen der veränderten Verhältnisse ist nicht zu denken. Die Einzelleistungshonorierung wird wieder verschwinden, denn niemand kann sie bezahlen. Es wird also die sogenannte Kopfpauschale der guten alten Zeit wiederkommen. Was sollen dann die vielen Apparate?

So etwa skizziere ich mir die Entwicklung auf dem Gesundheitssektor, die vor uns liegt und langsam auf uns zukommt. Das bedeutet nichts anderes als den Umschlag: fort von der indirekten, unbezahlbaren Medizin zurück zur direkten, humanen Medizin. Die gesellschaftliche Entwicklung wird etwas herbeiführen, was im Grunde alle wollen und fordern, für die Ärzte aber einen Abschied bedeutet: vielleicht nicht vom Establishment – sie sind nun einmal Golfer und Rotarier und *upper ten* –, aber von ihren finanziellen Möglichkeiten.

Die Geschichte ist eine unheimliche Größe. Niemand hat es deutlicher gefaßt als Hegel mit seiner Wendung von der »List der Vernunft«.

22. November 1981

Die Krankheiten, die genannt werden können, sind nicht die wirkliche Krankheit. Die wirkliche Krankheit ist nur eine, und wir wissen keinen Namen für sie. Wenn wir sagen, sie kommt von außen, so sagen wir das Wesentliche, doch bisher hilft es uns nicht.

Ottmar Katz hat die Biographie des Hitlerschen Leibarztes, Theo Morell, geschrieben. Man liest sie mit Erschütterung: überlebensgroß ein Spießer. Als Hitler ihn nach neun Jahren, eingeschlossen in seine Bunker und Gänge unter der Reichskanzlei, fortschickte mit dem Bemerken, was noch zu tun sei, könne nun auch der SS-Begleitarzt machen, brach er in Tränen aus: Er habe sich doch nichts zuschulden kommen lassen, wird er dabei gedacht haben. Tatsächlich hat er sich nichts zuschulden kommen lassen, und damit ist etwas sehr Wichtiges über die ärztliche Standesgeneration gesagt.

Tausendachthundert Jahre früher: der Kaiser Marc Aurel läßt seinen Leibarzt Galen in den Palast holen, er hat Durchfall und ist etwas fiebrig. Galen untersucht ihn, dann verordnet er Purpurwolle, die mit Spezereien getränkt dem Kaiser auf den Leib gelegt werden soll, und verlangt ein kurzes Fasten.

»Wie«, sagte der philosophierende Kaiser, der alles durch-

284

schaute, »für mich Purpurwolle, warum kein gewöhnliches Handtuch?«

»Weil Sie ein Kaiser sind«, sagte Galen, »nur das Besondere wirkt, ein Handtuch wäre bei Ihnen nichts Besonderes, ist es vielleicht für den Sklaven. Für den Kaiser die Purpurwolle und die Abstinenz.«

»Sie sind ein bemerkenswerter Philosoph«, sagte Marc Aurel, »und ein großer Arzt. Niemand hat mir bisher etwas verboten, und niemand hat mir so unverblümt gesagt, daß auch für den Kaiser Brimborium gemacht werden muß wie für alle Patienten.«

Ein solches Gespräch wäre zwischen Hitler und Morell nicht möglich gewesen.

---

26. November 1981

Ich stelle mir vor, wie das Leben eines alten Landarztes zu Ende geht.

Von außen ist nicht eben viel zu sehen. Noch immer praktiziert er, versorgt seine Kranken. Etwas müder ist er geworden.

Es betrifft nicht so sehr das arbeitsteilig ihm Zugewiesene, das Ärztliche, sondern mehr das, was darüber hinausgeht. Er hört, daß die Schule nun doch geschlossen wird, und er fragt sich, ob er noch einmal anfangen soll, sich zu engagieren: Antichambrieren im Schulamt, beim Regierungspräsidenten, in den Vorzimmern der Ministerien – lohnt es denn? Seit er hier praktiziert, hat er keinen weißen Kittel getragen. Hat er den Patienten nicht etwas vorenthalten? Etwas, was sie eigentlich gebraucht hätten? Viele Zweifel sind da, aber auch eine gewisse Sicherheit. Fehler, die ihm früher passierten, würde er heute vermeiden, aber interessiert es ihn noch?

Ich stelle mir weiter vor: Die Frau ist ihm vor einigen Jahren gestorben. Ohne sie hätte er die Söhne nicht über die Hürden der Schule gebracht. Ohne sie hätte er sie nicht zielstrebig im Studium halten können. Ohne sie wäre die Praxis aus den Schienen gelaufen. Die Organisation lag bei ihr, das Haus, die Steuern, das Finanzamt, die Abrechnung – alles. Sein eigener Anteil an der Arbeit kam ihm, je länger sie tot war, immer geringer vor. Er hatte sie im Hause aufgebahrt, es war ein kalter Wintertag, die Fenster waren auf. Die ganze Nacht hatte er bei ihr gesessen, die ganze Nacht hatte er mit ihr gesprochen – all das, wozu sie im Leben niemals Zeit gehabt hatten, war nun endlich durchgesprochen worden. Als der Morgen dämmerte, war er eingeschlafen. Von draußen wehte es herein, verlorene weiße Flocken. Der Sohn, der die Nacht durch gefahren war, wickelte ihn in Decken, gab ihm heißen Tee.

Jetzt ist er wieder da, sitzt neben dem Vater am Schreibtisch. Der alte Doktor entnimmt einer kalikoschwarzen Mappe einen Objektträger mit einem bläulich-roten Ausstrich, legt ihn unter das Mikroskop, stellt umständlich den Spiegel ein.

»Wir könnten ein kleines Experiment veranstalten«, sagt der alte Arzt, »sieh mal her.«

»Es ist wie bei Robert Koch«, sagt der Sohn, »die enge Landarztbude in Hinterpommern, aber eine neue Epoche. Zeig her, ich werde dir sagen, um was es sich handelt.«

Der junge Arzt blickt in das Mikroskop, stellt das Objektiv für seine Sehstärke passend ein.

»Hm«, sagt er dann, »interessant. Alles voller weißer Blutkörperchen. Eine Leukose, ohne Zweifel.«

»In der Tat«, nickt der Arzt, »und welcher Typ, mein Sohn?«

»Ein selten schönes Bild«, sagt der Sohn, versunken im Anschauen des Todes, hier ausgestrichen auf klarem, kaltem Glas, »auf Anhieb würde ich sagen: ein unreifer Typ, also doch ziemlich akut. Vielleicht hat der Patient aber auch nur eine Infektion durchgemacht, dann spräche dieses Bild für eine leukämoide Reaktion. Sein Schicksal wäre ganz anders. Jetzt ist er vielleicht sehr müde, schlapp, aber dann würde er sich erholen. Lebt er noch?«

»Er lebt noch«, nickte der Doktor, »aber leider hat er keine

Infektion durchgemacht. Es handelt sich also um keine leukämoide Reaktion, sondern um eine Leukämie. Welche Beschwerden hat er?«

»Hm«, sagt der Sohn, »die Mattigkeit nannte ich schon. Er wird ab und zu Fieberschübe haben, so daß er denken könnte, er habe eine Grippe, die berühmte ›übergangene Grippe‹, und natürlich wird er immer schwächer. Er ist ganz blaß, denn der rote Blutfarbstoff schwindet dahin.«

»Richtig«, sagt der Doktor, »aber er hat keine Grippe durchgemacht, er weiß, daß ihm die Vernichtung droht.«

»Schrecklich, das zu wissen . . .«

»Alle diese Krankheiten kommen vor, sie stehen in den Büchern, unser Wissen darüber erweitert sich, variiert etwas, aber sie zu erleben – das ist etwas anderes. Wie lange würdest du diesem Patienten noch geben?«

»Wohl nicht mehr lange, Vater, es könnten natürlich noch zwei, drei Monate sein . . .«

»Würdest du ihm etwas verordnen?«

»Es gibt da verschiedene neuere Möglichkeiten, Vater. Merkaptopurin und seine Derivate, die cytotoxischen Substanzen . . .«

»Du weißt, wie sie wirken?«

»Ja, allerdings. Wenn es ein naher Angehöriger von uns ist, sollten wir darauf verzichten, hat unser Oberarzt gesagt.«

»Aber du würdest es diesem Patienten doch sagen, daß seine Tage gezählt sind?«

»Zumindest den Angehörigen. Beim Patienten müßte man erst herausbringen, ob er es vertragen kann.«

»Nein«, sagte der alte Arzt, »einem solchen Patienten mußt du es in jedem Fall sagen. Es ist sein Schicksal, und er muß Bescheid wissen. Und wenn du es ihm verschweigst und nur den Angehörigen mitteilst, lebt er die letzten Tage inmitten von Tuscheln und Geheimniskrämerei, von Lüge und Rede hinter vorgehaltener Hand.«

»Ich stimme dir zu«, sagt der Sohn. »Was aber, wenn er es nicht verträgt? Ich könnte mir vorstellen . . .«

»Nein, du kannst es dir nicht vorstellen, es bleibt immer Theorie. Aber gut, soweit man es sich vorstellbar machen kann, was wäre denn möglich?«

»Ja, könnte der Betreffende nicht in Panik verfallen, in Entsetzen: warum gerade ich? Was habe ich denn getan? Und alles lebt so weiter wie bisher, als wäre gar nichts geschehen, als hätte ich nie gelebt?! Da gibt es viele, die gern abtreten könnten, Schwerstbehinderte, Oligophrene, Idioten, Lebensmüde, Zerebralsklerotiker, Spastiker – warum gerade ich?!«

Der Sohn hat sich in diese Vorstellung hineingesteigert, denkt der alte Arzt, deshalb schreit er dies heraus, als beträfe es ihn selbst.

»Hör zu«, sagt er, »du bist es ja nicht!«

»Aber beinah, Vater, denn du bist es!«

»Du hast es – gemerkt?«

»Ja, ich habe es gemerkt.«

»Ich weiß, daß ich es dir nicht hätte sagen sollen, aber ich bin hier so allein – niemand könnte ich so etwas erzählen. Ich konnte es nicht mehr tragen – verzeih, daß die Wahl auf dich fiel.«

»Was wollen wir tun, Vater?«

»Keines dieser Krebsmittel, weißt du.«

»Aber doch wenigstens ein Steroidhormon, hoch dosiert ...«

»Laß uns überlegen, was bringt es?«

»Vielleicht die Remission ...«

»Remissionen gibt es nur bei der chronischen Form, und diese hier tendiert zur akuten.«

Der Doktor schüttelt leise den Kopf. Er ist ganz blaß, erst jetzt fällt es dem Sohn auf. Die Lippen sind blutleer, die Augenhöhlen hohl, der Blick wie abwesend.

»Hast du – Angst, Vater?«

»Nein«, antwortet er, »aber es ist kein Heldentum. Es liegt daran, daß ich es immer noch nicht richtig begriffen habe.«

Durch den Sohn geht ein Zucken, er weint, er fällt dem Vater um den Hals, stammelt:

»Vater, Vater – ich glaube es nicht, ich glaube es nicht!«

»Kein Mitleid, Junge«, sagt er und schiebt ihn zärtlich von sich, greift ihm in das Haar, streichelt die Stirn, »– vor allem kein Selbstmitleid. Reif sein – weißt du, was das heißt? Reif ist man, wenn man nicht mehr weinen kann.«

»Es ist kein Selbstmitleid, Vater«, sagt der Sohn, »und ich pfeife auf solche Reife!«

»In Kürze werde ich dir fehlen, und was dir da fehlt, ist ein Stück aus deinem Leben. Du willst etwas fragen, wie war das doch damals, willst schon zum Telefon greifen – aber ich bin nicht da. Meine Erinnerung in dir verblaßt langsam, eine Zeitlang hörst du noch meine Stimme, nach ein paar Jahren siehst du nichts mehr, hörst du nichts mehr.«

»Aber es ist kein Selbstmitleid, Vater, denn du warst doch da, du bist doch da, an dir bin ich gewachsen. In der Großstadt, beim Studium, immer warst du dabei, auch wenn ich nicht an dich gedacht habe.«

»Weißt du«, sagt der Vater, »wir sind Gestalten ohne Dauer, die dennoch aneinander glauben, du und ich – das Flüstern in den Bäumen.«

»Vater, wir sind beide Ärzte! Ich kenne andere Ärzte, Kapazitäten auf ihrem Gebiet, mit den neuesten Entwicklungen vertraut, in Kontakt mit den amerikanischen Kliniken und Instituten. Wir können doch etwas tun, wenn wir es nur wollen!«

»Nein«, sagt der alte Arzt, »wir können nichts wirklich tun. Ich habe keine Chance. Ich brauche weder die Kapazitäten noch ihre Kliniken und Forschungslabors. Alles was ich brauche . . . ich will in meinem Haus bleiben . . .«

»Ich verspreche es dir«, sagt der Sohn.

Medizin ist auch dies, zu wissen, daß es keine Hilfe gibt, und doch sich zuzuwenden, *at the bedside*, Seite an Seite – Gefährte sein.

Die Lektüre von Provinzzeitungen ist weder uninteressant noch ermüdend. Immer wieder kommen nachdenkenswerte Begebenheiten zur Sprache. Eine davon, die mir besonders unglaubwürdig erscheinen würde, wollte sie mir jemand erzählen, will ich hier notieren.

Am 6. September vergangenen Jahres schoß ein Jagdpächter von einem Hochstand in der Gemarkung Gerensburg auf ein Lebewesen, das er für ein Wildschwein hielt. Es war allerdings ein aufrecht gehender Mensch, der Mensch wurde getroffen und fiel sofort um. Er war auf der Stelle tot. Für die Polizei war es schwierig zu ermitteln, da der Tote schwer zu identifizieren war. Er hatte keinerlei Papiere bei sich, so daß man zunächst vermutete, es handele sich bei ihm um einen Einbrecher. Von der Polizei wurde sogar das Bundeskriminalamt eingeschaltet. Gegen den Jäger, der den tödlichen Schuß abgegeben hatte, ist ein Verfahren wegen fahrlässiger Tötung eingeleitet worden.

Bei der Verhandlung, über die heute berichtet wird, sagte der Todesschütze aus: »Es knackte im Unterholz. Dann gab es wieder eine Pause. Dann knackte es wieder, ein typisches Schwarzwild-Geräusch.« Das Nachtglas (8 × 56) ließ ihn ein Stück Schwarz-wild auf etwa 30 bis 40 Meter erkennen, das aus dem Wald spitz auf ihn zukam. Daraufhin hob er die Waffe, entsicherte und schoß. Er stieg sofort vom Ansitz herunter und eilte zu dem vermeintlichen Wildschwein. Im Schein seiner Taschenlampe erkannte er den katastrophalen Fehlschuß, die Freunde riefen entsetzt aus: »Fritz, komm mal! Du hast einen Menschen er-schossen!«

Angeblich war Halbmond, und nach allen Aussagen einwand-freies Büchsenlicht, als der 43jährige Fußgänger aus einer Entfer-nung von 29 Meter erschossen wurde. Der Tote befand sich etwa 22 Meter vom Waldrand entfernt auf einem Stoppelfeld. Der Staatsanwalt erinnerte deshalb den Jäger: »Sie dürfen nur schießen, wenn Sie ein Stück Wild einwandfrei angesprochen, sprich: erkannt haben!« Der Angeklagte erwiderte: »Ich habe bis heute nicht einen Zweifel, daß ich etwas anderes als ein Stück Schwarzwild gesehen habe.« Vielleicht, so äußerte er den Verdacht, sei der Mann geduckt gegangen. Tatsächlich ist er nicht auf allen vieren gekrochen, sondern hat sich ganz normal über das Stoppelfeld bewegt: Die von der Kripo rekonstruierte Geschoßbahn läßt keinen Zweifel daran, daß er aufrecht gegangen ist.

Der Richter: »Wenn die Sicht so gut war, wie Sie sagen, dann muß man Ihnen vorwerfen, daß Sie nicht genug geguckt haben; war die Sicht aber ungünstig, dann hätten Sie nicht schießen dürfen.«

Der Staatsanwalt, offenbar selber Jäger, verteidigte den Angeklagten, indem er darauf aufmerksam machte, schon die Absicht, ein Wildschwein zu schießen, also die entsprechende Erwartung, könne zur Erscheinung eines Trugbildes geführt haben.

Urteil: 7000 DM Geldstrafe wegen fahrlässiger Tötung, Rückgabe der beschlagnahmten Waffe an den Schützen, nichts sonst. Nicht einmal der Jagdschein ist eingezogen worden, vom Waffenschein ganz zu schweigen.

Später einige wenige Leserbriefe, die unter der Überschrift: »Unglaubliches Urteil: Waidmannsheil!«

16. Juli 1982

Krankheit, selbst eine leichte, ist wie ein Erdbeben – der Arzt macht es sich selten klar. Schon sein Erscheinen in der Wohnung, in der nichts auf Inspektion eingestellt ist, ganz besonders aber die Einweisung in ein Krankenhaus, heraus aus der gewohnten, vertrauten, schützenden Umgebung in eine kalte, aseptische Umwelt sind beinahe Katastrophen, auch wenn sie verschieden stark empfunden werden. Im Grunde zittert selbst der beherrschte Intellektuelle, wenn er hört, er soll in die Klinik. Manchmal trifft es auch Ärzte und deren Angehörige. Das sind Dramen ganz besonderer Art. Einmal erleben sie nun eine für sie vollkommen ungewohnte, ganz neue Seite der Medaille – und dann pflegt ihnen in der Regel allerlei zu passieren, was an Patienten normalerweise vorbeigeht.

Birke hat sich beim Autofahren – auf einem Waldweg stand ein Baum im Wege – die rechte Hand geprellt. Wir erwarten Besuch, Freund Winckelmann will kommen, wie immer mit dem Hubschrauber. Das Essen muß noch vorbereitet werden, Birke macht das am liebsten allein, Hilfe stört nur. Aber die Hand ist dick geschwollen, kissenartig, wie die Chirurgen sagen, auf dem Handrücken, bläulich verfärbt – also ein dicker Bluterguß. Beim Betasten entdecke ich eine umschriebene Stelle starken Schmerzes. »Vermutlich ein Mittelhandknochenbruch«, sage ich, »wir machen einen Verband mit . . .«

»Wie«, sagt Birke, »wird meine Hand gar nicht geröntgt?«

Sobald sonst vernünftige Menschen zu Patienten werden, tauchen sie ein in das Meer des Irrationalismus und der Regression, das alle Patienten unterschiedslos aufzunehmen scheint. Laut sage ich:

»Selbstverständlich, ich werde dich gleich in die Klinik fahren!«

Es folgt eine kurze Diskussion um den Stellenwert der verschiedenen, sich anbietenden Kliniken. Wir entscheiden uns für die, die wir am schnellsten erreichen können, und fahren los. Schon nach ein paar hundert Metern höre ich über mir den Hubschrauber. Wozu mit dem Wagen durch das lange Tal? Wir wenden, und ich bitte die Freunde, uns doch schnell in die Klinik zu fliegen. Sie sind auch sofort einverstanden. Birke begeht den Fehler, in der Klinik anzurufen, ob der Hubschrauber-Landeplatz frei sei. Ich weiß nicht, ob die Klinik überhaupt von Hubschraubern angeflogen wird, vermute aber, daß, sollte es doch einmal unterlaufen, dort sämtliche Fahnen gehißt werden. Birke meint, sie wollte nur eruieren, ob man vielleicht irgend etwas auf dem Hubschrauber-Landeplatz abgestellt habe, Kisten oder Autos, alte Klinikbetten, man kenne das ja. Wir starten sofort, und tatsächlich wird die

Strecke, für die ich mit dem Wagen doch gut und gerne zwanzig Minuten benötige, in genau fünf Minuten einschließlich Landung bewältigt.

Ich blicke, während wir langsam hinuntergehen, auf die Eingangstür und stoße Birke an. Sie sieht ebenfalls dorthin und zuckt die Schultern. Etwas beängstigend, was sich da zeigt: Jeder Chefarzt ist durch seinen Oberarzt vertreten, alle stehen sie in gespannter, sprungbereiter Haltung bereit, dazu zahlreiche Schwestern und Pfleger mit drei bis vier Tragbahren, als würde gleich das traurige Resultat einer Autobahn-Massenkarambolage abgeliefert.

Als sie uns, unvermeidlicherweise eher lässig, aussteigen und in der aus Filmen bekannten geduckten Haltung zu ihnen laufen sehen, bemächtigt sich ihrer ein wenig Unmut. Sie schieben es, soweit ich es verstehe (da viele Ausländer in solchen Momenten sich ihrer Muttersprache bedienen) auf die Telefonzentrale, die grundsätzlich alles falsch verstehe. Nicht ohne gewissen Stolz hebe ich Birkes Hand, die ich vorher noch mit einem Verband versehen habe, und bahne mir den Weg zur chirurgischen Abteilung. Unterwegs läuft der interne Chefarzt an mir vorbei, ich grüße erfreut, aber er ruft nur: »Keine Zeit, ein Hubschrauber landet.«

Nun beginnt der zweite Teil, Ärzte oder Angehörige von Ärzten erleben Verschiedenes, was man, wie gesagt, normalerweise nicht erlebt. Der chirurgische Oberarzt, Stabsarzt der türkischen Armee, knallt mit den Hacken und verbeugt sich. Zur Röntgenaufnahme steht ein Araber bereit. Er berichtet mit Emphase, daß ein neuer Entwickler eingefüllt worden sei. Es stimmt tatsächlich, denn das erste Bild ist zu hell, man sieht nur mit großer Phantasie die ungefähren Umrisse des knöchernen Skeletts einer Hand, irgendeine diagnostische Beurteilung ist nicht möglich. Beide sehen einander unsicher an. Die Aufnahme wird wiederholt.

»Weshalb mußten wir bloß hierher«, klagt Birke, deren Hand wieder energisch auf den Tisch gedrückt wird. Die zweite Aufnahme zeigt Neger im Dunkeln, sie ist rabenschwarz. Inzwischen sind bereits zwanzig Minuten vergangen. Ich erkundige mich etwas irritiert nach dem Chefarzt.

»Chef operiert«, sagt der türkische Stabsarzt und knallt die Hacken zusammen.

Die dritte Aufnahme ist von einer Qualität, die man normalerweise ebenfalls dem Papierkorb anvertraut hätte, aber wir lassen es dabei. Man kann dies und jenes erkennen, auch Mittelhandknochen. Ich zeige auf eine feine Bruchlinie.

»Ist Sesamkörper«, sagt der Stabsarzt und knallt mit den Hacken, »keine Bruch.«

»Was Sie darüber denken, wollen wir nicht diskutieren«, sage ich, »mir genügt das Bild, zeigen Sie es Ihrem Chef, und wenn er auch Sesamkörper sieht, sehe ich sie ebenfalls, Mahlzeit.«

»Mahlzeit«, schmettert der Stabsarzt, und der Araber ruft uns noch verschiedene Entschuldigungen nach. Good bye.

Wir klettern wieder in den Hubschrauber, steigen schnell auf und entfliehen dieser Stätte angewandter Wissenschaft.

»Die Sonne Allahs über diese Klinik, sie hat es nötig«, sagt unser Pilot mit einem Blick zurück.

(Zwei Tage später kommt der Arztbrief des Chefarztes: Es ist doch eine Fraktur.)

»Das ist die Medizin im ländlichen Raum«, sage ich zu unseren Freunden, »woran erinnert Sie das?«

»An Tschechow«, meint der Historiker, »und es wäre sinnvoll, wenn sie dort Hausmittel anwenden würden wie er, Umschläge, Tees, nichts Kostspieliges.«

»Das vermisse ich sowieso«, füge ich hinzu, »die alten Hausmittel sollten Einzug halten in die kleinen Krankenhäuser, die ja im Grunde nichts anderes darstellen als die Fortsetzung der ambulanten Medizin mit stationären Mitteln«.

Ein Ärzteverband hat zu einer Fortbildung eingeladen. »Sehr herzlich«, wie es heute heißt (das einfache »herzlich« überzeugt nicht mehr), und eine Pharma-Firma bittet »anschließend zu einem kleinen Imbiß«. Man ist telefonisch zu erreichen, aber ob man gefunden wird, ist eine offene Frage.

Thema übrigens: »Der Arzt im atomaren Notfall«.

Ich denke zurück, 1937 oder 38; bis in das kleinste Nest liefen Aufklärungskampagnen, Thema: Das richtige Verhalten beim Fliegerangriff. Es wurde gleich eingeübt: erst den Boden entrümpeln und, wenn Brandbomben fallen, mit der Feuerpatsche drauf, dann den Sand darüber geschüttet – vermutlich sind einige hunderttausend Häuser dadurch gerettet worden. Gute alte Zeit, möchte man beinahe sagen, aber der Gedanke erstickt schon in den Ganglien.

Der Oberstabsarzt, der referiert, ist jung, sympathisch, cool. Haltung tadellos, neue Uniform ohne Frühstücksorden – er wird einmal Karriere machen. Entsetzen und Panik, Notfälle hat er noch nicht kennengelernt. Desto unbefangener kann er darüber sprechen. Zuerst die berühmte Definition: »... das Bestmögliche für die größte Zahl zur rechten Zeit und am rechten Ort.« Spricht er vom Glück? Es handelt sich um die Versorgung im atomaren Ernstfall.

Menschen als brennende Fackeln, nicht Hunderte, sondern viele Tausende – aber von der psychischen Reaktion spricht er nicht –, vielleicht habe ich es überhört, denn die makabre Situation betäubt mich lange. Allmählich höre ich, was er doziert. Die Gradeinteilung der Katastrophe, abhängig von der Stärke der Bombe, aber man weiß natürlich, welche Bombe ausgewählt wird; nur eine, also kein Massenabwurf von Atombomben. Wie wird sie ausgesucht? Computer arbeiten mit. In den USA brachten die Generalstäbler bei ihren Planspielen das Hattenbach-Dreieck ins Gespräch – fatale Bevorzugung des sonst nie bevorzugten Nordhessen. Dann kommt es auf die Windrichtung an oder die örtliche Luftzirkulation.

Wenn die Bombe fällt, ist innerhalb eines gewissen Kreises, sagen wir 1 km – aber das kann variieren – alles tot. Dann kommt ein zweiter Kreis, hier überlebt man schon etwas – rund 40 Prozent sind aber ebenfalls tot. Die Probleme beginnen nunmehr: nicht mit den Toten, sondern mit den Lebenden. Sie müssen als atomverseucht gelten und dürfen nicht den Umkreis verlassen. Man wird sie mit Gewalt hindern müssen. Zuvor muß man sie selektieren – wie in Auschwitz an der Rampe, denn natürlich kann man sie nicht alle versorgen. Man spricht vorsichtshalber von Triage. Den Ausdruck hat noch niemand gehört. Der Triage-Arzt soll ein Chirurg sein und innerhalb von zwei Stunden sein Handwerk beendet haben.

Man wird die Panik annehmen müssen, entfesselte Fluchtversuche, verstopfte Straßen, brennende Häuser, alles von Angst getrieben, und übrigens nicht Hunderte oder Tausende, sondern im ganzen gesehen vielleicht hunderttausend! In diesem Inferno soll der Triage-Arzt selektieren nach dem Grad der Schädigung, eine Verletztenkarte ausfüllen, Anweisungen geben, und alles in zwei Stunden – nur am sauberen Reißbrett in klimatisierten Stabsquartieren kann man sich vorstellen, daß das möglich ist.

Es ist nicht möglich. Zudem ist der Triage-Arzt nach kurzer Zeit selber verseucht und muß ausgewechselt werden, kann sich einreihen in irgendeinen der Züge der Opfer.

Der junge beherrschte Oberstabsarzt erzählt weiter: über die thermischen Schäden, sowohl durch Strahlung als durch Flammenwirkung. Wichtig ist, daß brennende oder mit heißer Flüssigkeit getränkte Kleider sofort heruntergerissen werden, weil schon 20 Sekunden Hitzeeinwirkung genügen, die Haut völlig zu zerstören. Man muß also kühlen, und am besten geht es mit kaltem Wasser; 15 Minuten etwa sollten die Umschläge dauern. Dabei muß man den Prozentsatz der verbrannten Haut schätzen und anhand der bekannten Skala die Gefahr beurteilen, die für den Verletzten besteht. Je nachdem werden Infusionen angelegt.

Der Vorsitzende erhebt sich sichtlich verstört. Er hatte anderes erwartet und blickt unsicher in die Kollegenschaft. Die zeigt Pokergesichter – niemand weiß so recht, was er sagen soll. Dann fragt er selber, ob man denn wirklich mit genügend Infusionsflüssigkeit rechnen könne, schließlich würden ja sogar Hunderttausende von Flaschen höchstens einen Tag reichen.

Der Oberstabsarzt lächelt. Wie es auf dem zivilen Sektor steht, wisse er natürlich nicht. Die Bundeswehr habe vorgesorgt. Er müsse allerdings gleich erklären, daß die Bundeswehr dem zivilen Sektor keine Hilfe angedeihen lassen könne!

Aber nun haben die Kollegen Feuer gefangen, sie sind schon voll im humanitären Rettungswerk, fragen (als ob sie selbstverständlich verschont bleiben), wieviel Grad das Wasser für die kalten Umschläge haben dürfe. Der Oberstabsarzt ist erfreut, bemerkt Kooperation, gibt klipp und klar an: 15–20 Grad. Was hätte er sonst sagen sollen?

Doch da kommt Subversives. Ein Kollege fragt lauernd, was denn bei einem Ausfall der Wasserversorgung geschehen könnte. Man müsse ja wohl an Hamburg oder Dresden denken. Der Oberstabsarzt hat nicht daran gedacht, sekundenlang ist er befremdet, dann sagt er, das sei ein anderes Thema; die Maßnahmen nach dem Katastrophenfall, dazu könne er hier nicht sprechen.

Jemand steht auf, schwerfällig, ein alter Kollege, Kriegsteilnehmer: »Was Sie uns hier erzählt haben, bestätigt die Warnungen der Friedensapostel! Ich habe das nie glauben wollen! Packen Sie ein, junger Mann, die erste Bombe pustet nämlich alles weg, zuerst die übereifrigen Ärzte mit ihrem temperierten kalten Wasser!«

Die Kontrolle behalten: Der Oberstabsarzt weiß, was er sich schuldig ist. Freundlich sagt er: »Erste Hilfe, wie wir es von den Verletzungen und Unfällen kennen, gibt es im atomaren Notfall nicht. In Friedenszeiten, also bei einem Reaktorunfall, wäre die Verbringung in Spezialkliniken möglich. Im Kriege wird man, da unsere Feldlazarette den Zivilisten nicht zur Verfügung stehen, an die schnelle Einrichtung von Notkrankenhäusern denken müssen. Improvisation wird das Gebot der Stunde sein!«

Der alte Herr ist schon an der Tür, wendet sich noch einmal um, fragt: »Selbst wenn es möglich wäre, was sollte in den Notkrankenhäusern geschehen?«

»Diese müssen als Isolierstationen aufgefaßt werden«, sagt unverwandt freundlich der Oberstabsarzt, »denn das Wichtigste ist, die Strahlenverseuchten zu isolieren.«

Der Vorsitzende erkennt die Notwendigkeit, die Diskussion zu beenden. Auch wartet der Imbiß. Er hebt beide Arme mit einer Geste der Hilflosigkeit: »Also haben wir nichts, von Hilfe ist keine Rede. Ich danke Ihnen.«

Mir fällt etwas ein, aber nur zögernd notiere ich es hier. Es klingt zu optimistisch, doch mir scheint, eine andere Hoffnung haben wir nicht. Im Zweiten Weltkrieg wurde an der Ostfront zweimal versehentlich Giftgas von der Roten Armee verschossen. In beiden Fällen war die Entschuldigung per Funk schon bei den deutschen Stäben, ehe die Meldung von der Front dort eingegangen war.

In diesem Falle allerdings würde jede Entschuldigung zu spät kommen. Die atomaren Reaktionen, einmal freigesetzt, würden ihr Werk so oder so tun.

Ich gehe, während alles hinausströmt, auf den Vorsitzenden zu, dem ich seit vielen Jahren durch Austausch politischer Meinungen und lyrischer Gedichte verbunden bin:

»Sag, guter Freund, wir würden natürlich nicht davonkommen, ob mit oder ohne Kaltwasserumschläge, aber meinst du, daß die Bundeswehr davonkommen könnte? Nach meiner Meinung hat dieser junge Karriere-Offizier etwas zu viel verraten, nämlich daß die Bundeswehr ebenfalls hilflos ist.«

Er blickt mich müde an, dann murmelt er:

»Komm in den totgebombten Park und schau ...«

»Sollte man nicht eine Resolution fassen?« insistiere ich.

»Es ist schon niemand mehr hier, und bei der Gulaschsuppe sind die Kollegen geistig nicht mehr erreichbar. Auch sind die Auffassungen zu unterschiedlich. Einige werden es ganz anders verstanden haben als wir und wären befremdet ...«

»Sie schlafen im Wachen«, sage ich, »und wenn sie geweckt werden, fallen sie natürlich vom Dach. Dafür wäre gerade noch Zeit.«

»Die Studenten und jungen Ärzte tun es doch«, sagt der Vorsitzende, »überall sind Gruppen und Initiativen tätig. Geh zu ihnen, unterstütze sie.«

»Es ist also eine Generationenfrage«, sage ich, »wir kamen aus dem Krieg wie die neue Generation aus dem Nachkrieg – entschlossen, etwas zu tun. Wir haben es getan, nun sind wir mutlos und wissen nicht, sollen wir es halten, und können wir es auch? Sie sind dabei etwas zu tun, und wenn ich es richtig sehe, handelt es sich um den Versuch, das zu machen, was wir versäumen.« Nach einer Weile, während auch wir dem Ausgang zugehen, setze ich hinzu:

»Was uns fehlt, ist ein dezentralisiertes Gesundheitssystem wie in Südamerika. Nur damit könnten die Dörfer der betreffenden Region überleben.«

»Du hast recht,« sagt der große Vorsitzende, »und weißt du auch weshalb? Weil nämlich zunächst, wenn eine Atombombe runtergeht, niemand merken würde, daß es sich tatsächlich um den nuklearen Ernstfall handelt! Es können Stunden, ja vielleicht Tage vergehen, ehe der oberste Verwaltungsbeamte sich entschließt, den atomaren Notstand zu erklären und damit die überregionalen Hilfsprogramme auszulösen. Das heißt: bei einer solchen Katastrophe sind wir auf uns selber angewiesen, weitere Hilfe gibt es nicht. In deinem Dorf hängt alles an deinem Landarztköfferchen. Ist dir das klar? Dann gute Nacht, komm gut nach Hause.«

Ich stehe vor einer Versammlung von Krebskranken und soll über Gesundheit sprechen – ein Albtraum? Aber es ist eine reale Situation. Der Chefarzt hat mich eingeladen, vor seinen Patienten zu sprechen, ich habe ein kleines Manuskript vorbereitet, einige Zahlen zusammengetragen, aber oben auf dem Podium wird mir – und zwar schockartig – klar, auf was ich mich eingelassen habe. Denn vor mir sitzen zwei- bis dreihundert Krebskranke.

Ich verzichte darauf, das Manuskript aus der Tasche zu ziehen, denn es ist für diesen Zweck unbrauchbar. »Sie alle sind krank«, sage ich, leise vor Befangenheit, »so hat man Ihnen gesagt, und ich frage mich, ob Sie es wirklich sind.«

Denn was ist eigentlich Gesundheit? Abwesenheit von Mängeln, von Krankheiten? Aber ist der Mann mit dem amputierten Bein krank, der Junge mit dem großen Muttermal krank? Hierbei handelt es sich um abgegrenzte, kleine Bereiche, man kann deshalb nicht über den Körper als Ganzes urteilen. Gesundheit kann offenbar durch Teileinschränkungen nicht in Frage gestellt werden. Man kann gesund sein, auch wenn man . . .

Dies alles würde wohl auch für die Veterinärmedizin gelten. Gewiß ist der Mensch ein Wirbeltier, aber er ist außerdem mehr als ein degenerierter oder progredierter Affe – seine Gesundheit hängt von etwas ab, das man beim Tier nicht findet. Zwar sträubt sich der moderne Mensch, der auf der Höhe der naturwissenschaftlichen Halbbildung seiner Zeit steht, zuzugeben, er sei womöglich mehr als ein domestiziertes Tier, dennoch gibt es Unterschiede, die schwer zu verwischen sind. Da ist die menschliche Fähigkeit, sich zu verlieren, sich zu suchen, sich zu finden. Das Tier dagegen ist immer sicher, es sucht sich nicht, und würden wir versuchen, ihm seine Biographie zu schreiben, würden wir entdecken, daß wir die Biographie der Art – oder Unterart – geschrieben haben. Biographie ist nur beim Menschen möglich, denn nur er hat Schicksal: eine Geschichte, die er hinter sich herschleppt, die ihn geprägt, verändert, deformiert, aber auch vielleicht reif gemacht hat.

Die menschliche Gesundheit hat etwas damit zu tun, daß er bestimmte Krankheiten durchlaufen hat, körperliche, seelische, soziale Krankheiten. Nicht vollkommen leidfreie Scheingesundheit also ist das Ziel, sondern Bewältigung der Krankheit. Diese Gesundheit schließt Krankheit nicht aus, fordert aber eine Bejahung, die durch allen Zweifel – und alle Verzweiflung – hindurchgegangen ist. Gesundheit hat etwas mit Sinn zu tun, und Sinn muß erarbeitet, erkannt werden.

Darüber kann man noch vieles sagen, aber es sitzen Kranke dort unten, sie blicken auf mich und fragen sich, was schlägt er uns denn vor, was sollen wir tun? Sie sind sehr empfindlich – wer wäre es nicht? Ich fordere sie auf, sich zusammenzutun, Selbsthilfegruppen zu bilden nach dem Vorbild der Halhuberschen Coronargruppen. Kranke treten zusammen und tauschen Erfahrungen aus, ergänzen einander – Gesundheit, die menschliche Gesundheit, ist vielleicht ohne Gespräch gar nicht möglich? Ohne Gespräch hätten wir nur die animalische Gesundheit, und inmitten dieser Gesundheit könnten wir krank sein.

Aber im Plenum wird Kritik laut, die Ärzte seien dagegen. Schwer vorstellbar für mich: ein Krebskranker ist eine so schwere Bürde auch für den Arzt, daß er dankbar sein müßte, wenn sich jemand anbietet, sie mitzutragen.

»Die Ärzte sind ja kränker als wir!« ruft eine Patientin dazwischen, »manchmal frage ich mich, wie kann ich *ihnen* helfen?«

Eine gute Frage, antworte ich, und machen Sie das, was Sie hier auch getan haben, sprechen Sie zu ihnen. Ruhig und nicht aufgeregt, Sie müssen geduldig mit den Ärzten sein. Die Ärzte müssen sich heute mit so vielen Problemen herumschlagen, von denen ihnen beim Staatsexamen nichts gesungen wurde. Reden Sie mit ihnen, dann werden Sie sehen, Ärzte sind auch Menschen.

Alles, was auf diesem Gebiet geschieht, sollte vernünftig geschehen. Ich wüßte unter den gegenwärtigen Verhältnissen kein Ziel, das sich mehr lohnte als dies: vernünftig leben.

Der Bürgermeister hat einen Beschluß durchgesetzt. Jedes Braut-
paar muß drei Birken pflanzen, wenn es getraut werden will. Er
sieht den Ort in nicht zu ferner Zeit umgeben von hellen Birken-
wäldern.

»Das Dorf wird etwas Verzaubertes haben«, sagt er, »Birken
verdecken nichts, sie sind Lichtbringer, und doch legen sie einen
Schimmer von Undeutlichkeit um alles.«

»Sie werden mit dem Alter ein Poet«, sage ich, »wer hätte das
vor zwanzig Jahren gedacht? Leider wissen wir nicht, wer diese
Birkenwälder, wenn sie denn zustandekommen, sehen wird.«

»Werden Sie mit dem Alter ein Pessimist?« fragt er, »das kenne
ich nicht an Ihnen. Allerdings – ich kenne Sie zu wenig. Zwanzig
Jahre sind eine zu kurze Zeit. Aber eines ist sicher, irgendwer wird
hier leben, und Bäume kann man nicht ausrotten. Sie kommen
immer wieder.«

»Die nukleare Gefahr«, erwidert Birke, »die künstliche Kern-
verschmelzung ist eine Rückkehr in die älteste Urzeit, in die Zeit,
bevor es Leben gab!«

Er nickt nachdenklich, dann meint er:

»Sie rechnen also damit. Aber rechnen Sie ruhig auch mit
denen, die nach uns kommen. Da gibt es ein altes Landsknechts-
lied, es hat den Refrain:

   . . . Die Enkel fechten's besser aus.

Wollen wir uns daran halten?«

Welch ein Sommer in diesem Jahr!

Was uns sonst anzieht, läßt uns jetzt ruhig – die ausgebleichten
Ruinen der alten Tempel, der Tanz der Männer auf den griechi-

schen Inseln, das smaragdene Wasser in den Fjorden, die langsam ziehenden Herden. Wir gehen durch die heimischen Wälder, die Wälder der Brüder Grimm.

Haben sie ihre geheimnisvolle Kraft behalten? Etwas, das überspringt, und das auch der spürt, der sie nie gekannt hat?

Zwar – wenn ich am späten Nachmittag durch die Dörfer fahre, flimmert es bläulich hinter den kleinen Fenstern. Stumm sind alle, Kinder und Großeltern, sie schauen stumm, wie die Maschine erzählt. Die Maschine erzählt knarrend und wird immer lauter, damit niemand merkt, daß sie gern so erzählen würde, wie damals erzählt wurde, als man sie noch nicht erfunden hatte.

Dieses Land hier liegt weitab von den großen Heerstraßen, haben die Brüder Grimm gesagt, deshalb hätten sich die alten Erzählungen hier besser erhalten. Überlieferung als Konsequenz von Rückständigkeit, kann das gemeint sein? Es muß etwas anderes sein, mehr als dies, denn die Ausstrahlung ist nicht erloschen. Die alten Heerstraßen wurden inzwischen erneuert, gewaltige Betonbahnen drücken sich durch die Landschaft. Durch diese Landschaft, die ein nicht auflösbares Gewebe ist von bewaldeten Bergen, grünen Tälern, die sich lang hinstrecken, Quellen – immer noch fließenden Quellen –, kleinen Dörfern, hart arbeitenden Menschen.

Wer erzählt diese Welt, fragt der Landarzt sich dann. Die Welt hat einen epischen Grund, und allmählich fangen wir an, zu verstehen, daß die Dinge nicht gemacht sind, sondern erzählt. Gespenstisch das monströse Weltgemälde der Wissenschaft – aber die springenden Tänze der Atome, die verschlungenen Reigen der Moleküle sind nur Außengerüst, Skizzen zu einem transzendentalen Roman. Die schaffende Innerlichkeit hat den Schluß noch nicht erfunden.

Kein Sommer ist wie dieser. Die Menschen haben keine Zeit, krank zu sein. Der Landarzt ruht sich aus, die Rezepte vergilben. Weit kann er in die Wälder gehen, die sich hinter den Bergen verlieren.

Niemand begleitet ihn auf diesem Weg. Aber er versteht nun, weshalb er ihn gehen mußte, diesen und alle anderen Wege, die er gegangen ist.

Sag mir die Stunde der Rückkehr.